아시아/일본

ASIA/NIHON
by Masafumi Yonetani
© 2006 by Masafumi Yonetani
Originally published in Japanese by Iwanami Shoten, Publishers, Tokyo, 2006.
This Korean language edition published in 2010
by Greenbee Publishing Co., Seoul
by arrangement with the proprietor c/o Iwanami Shoten, Publishers, Tokyo

아시아/일본—사이(間)에서 근대의 폭력을 생각한다

초판 1쇄 인쇄 _ 2010년 7월 20일
초판 1쇄 발행 _ 2010년 7월 25일

지은이 · 요네타니 마사후미 | 옮긴이 · 조은미

펴낸이 · 유재건 | 주간 · 김현경
편집팀 · 박순기, 박재은, 주승일, 태하, 임유진, 김혜미, 김재훈, 김미선
마케팅팀 · 이경훈, 박태하, 정승연, 황주희, 이민정 | 디자인팀 · 권진희, 서주성
영업관리팀 · 노수준, 이상원, 양수연

펴낸곳 · (주)그린비출판사 | 등록번호 · 제313-1990-32호
주소 · 서울시 마포구 동교동 201-18 달리빌딩 2층 | 전화 · 702-2717 | 팩스 · 703-0272

ISBN 978-89-7682-516-2 93910
이 도서의 국립중앙도서관 출판시도서목록(CIP)은 e-CIP 홈페이지(http://www.nl.go.kr/ecip)에서
이용하실 수 있습니다.(CIP제어번호 : CIP2010002539)

그린비출판사 나를 바꾸는 책, 세상을 바꾸는 책
홈페이지 · www.greenbee.co.kr | 전자우편 · editor@greenbee.co.kr

아이아 총서 007

아시아/일본

사이間에서 근대의 폭력을 생각한다

요네타니 마사후미 지음
조은미 옮김

B
그린비

| 일러두기 |

1 이 책은 요네타니 마사후미(米谷匡史)의 『アジア/日本』(岩波書店, 2006)을 완역한 것이다.

2 이 책의 주석은 모두 각주로 되어 있으며, 지은이 주와 옮긴이 주로 구분되어 있다. 옮긴이 주의 경우 내용 끝에 '―옮긴이'라고 표기했다.

3 본문에 옮긴이가 첨가한 말은 대괄호([ ])를 사용해 구분하였다.

4 외국 인명이나 지명, 작품명은 2002년에 〈국립국어원〉에서 펴낸 '외래어 표기법'을 따라 표기했다.

5 신문·잡지 등의 정기간행물, 단행본, 전집 등에는 겹낫표(『 』)를, 기사, 논문, 단편 등에는 낫표(「 」)를 사용했다.

책머리에

아시아/일본의 근대 경험. 그 뒤얽힌 관계를 되짚어 보기 전에 먼저 쑨원(孫文)의 '대아시아주의' 강연의 의미부터 음미해 보고자 합니다. 이 강연에는 아시아 연대론에 담겨 있는 연대/침략의 양의성과 관련하여 그것이 누구에 의한 연대/침략인지, 누가 누구를 향해 호소한 것인지, 그것은 어떻게 수용되었으며, 거기에 어떠한 교섭의 장이 열렸었는지를 포함하여 비판적으로 재고해 가기 위한 단서가 각인되어 있기 때문입니다.

쑨원의 '대아시아주의'는 1924년 11월 혁명파의 거점인 광둥(廣東)을 출발해 베이징으로 향하던 도중 고베(神戶)에 들렀을 때 한 강연입니다. 쑨원은 '대아시아주의'라는 주제로 제국주의에 저항하는 '아시아' 연대를 설파하고, 일본에 연대를 호소함과 동시에 강도 높은 비판을 가함으로써 일본 제국주의에 대한 자기비판이 가능한지를 묻고 있습니다.

저는 여기에서, 쑨원이 강연의 서두에 "오늘은 여러분이 과제를 정하고 저에게 강연할 것을 요청해 왔습니다. 그 과제가 바로 '대아시아주의'입니다"라고 양해를 구하고 있다는 점에 주목하고 싶습니다. '대아시아주의'라는 강연의 주제(당일의 강연은 '대아세아문제')를 정한 것은 쑨원 자신이 아니라 강연을 의뢰한 일본 측이었습니다. 이 강연은 고베상업회의소(神戸商業会議所)가 주최하고 여러 신문사가 후원하여 이루어졌는데, 그들이 '대아세아문제', '대아시아주의'라는 주제로 강연을 의뢰했고, 이를 받아들이는 형태로 쑨원이 강연을 했다는 경위를 서두에서 굳이 언급하고 있는 것입니다.[1]

이 단서는 쑨원의 어떤 자세를 보여 주고 있다고 할 수 있습니다. 원래 '아시아주의'는 근대 일본인이 먼저 외쳤던 것이지 중국인이나 조선인 쪽에서 먼저 말한 것이 아닙니다. 일본인이 먼저 주장하고, 그것을 동아시아의 중국인이나 조선인에게 동조를 구하여 서로 연대하면서 구미(歐美)에 대항하자고 설파했던 것입니다. 여기에는 일본이 '대아시아주의'라는 명분으로 아시아 연대와 해방을 말함과 동시에 일본이 아시아를 침략해 간다는, 즉 연대와 침략이 양의적으로 뒤얽힌 문제가 일관되게 이어져 있습니다.

당시 중국 혁명파인 쑨원이 보기에 '아시아주의' 혹은 '대아시아주의' 자체는 이미 의심스러운 것이었습니다. 쑨원 스스로가 '대아시아주의'라는 이념을 내걸고 그 이념하에 자발적이고 적극적으로 연대를 제창할 상황이 아니었습니다.

이 강연이 열린 1924년은 1910년의 한일병합, 1915년의 21개조 요구를 거쳐 1919년의 3·1독립운동, 5·4운동으로 인해 반제항일운동이 표면적으로 드러난 이후의 시점입니다. 동아시아의 입장에서 본다면 일본에서는 뚜렷하게 제국주의가 진행되고 있었고, 중국에서는 뤼순(旅順)·

---

1) 이하 인용은 今里禎 訳, 『孫文選集』 第3卷, 社会思想社, 1989에 따름.

다롄(大連) 회수운동(1923년)과 일화배척운동(日貨排斥運動)이 일어났으며 반제 민족운동의 창끝이 일본을 향하고 있던 시기입니다. 중국 혁명파 리다자오(李大釗)는 「대아시아주의와 신아시아주의」라는 1919년의 논고에서 명확하게 '대아시아주의'는 '대일본주의'의 다른 이름일 뿐이라고 비판하고 있습니다.[2]

그리고 1924년 미국에서 배일이민법(排日移民法)이 의회를 통과하자, 일본에서는 다시 '대아시아주의'가 되살아나면서 아시아 연합을 통한 구미에의 대항을 외쳤습니다. 그러나 그것은 일본 자신이 중국인 이민에 대한 배타적 정책을 취하고 있다는 사실에는 무자각적인 것으로서 중국으로부터 가차 없는 비판을 받을 만한 것이었습니다.

이러한 시기에 이루어진 강연이었기에 쑨원에게 '대아시아주의' 자체는 처음부터 의심스러운 것이었습니다. 그러나 쑨원은 군이 '대아시아주의'라는 이 주제의 강연에 응했고, 이를 역이용하여 '아시아주의'가 지닌 연대의 이념을 일본 쪽에 되돌려 줌으로써 그 연대가 과연 실질적으로 어느 정도 가능한 것인가를 일본에 반문하는 형태로 강연했던 것입니다. 우리는 쑨원이 '아시아주의'라는 주제하에 중국/일본 사이에 심각한 갈등이 내포되어 있음을 군이 그 주제 속에 짜 넣으면서 강연했다는 점에 주목해야 합니다.

이 유명한 강연은 한편으로는 '서양'·'유럽'의 '패도'문화, 다른 한편으로는 '동양'·'아시아'의 '왕도'문화를 대비시키는 이항대립적인 지정학적-문화론적 담론을 통해 '유럽'의 제국주의에 맞서 '아시아'가 어떻게

---

2) 小島晋治 外 編, 『中国人の日本人観100年史』, 自由国民社, 1974에 수록.

연합하여 대항할 수 있을 것인가를 이야기하는 기조를 취하고 있습니다. 이에 대해 '유럽'이 만들어 낸 이항대립적 도식에 저항한 쑨원조차도 이를 내면화하고 있었던 것은 아닌가, 그리고 '정체'된 '아시아'상을 반전시켜 번창하는 '아시아'를 명확하게 내세우는 형태로 '유럽'과 대치시킴으로써 이항대립의 구도 자체를 상대화하지 못한 것은 아닌가 하는 의혹이 지금까지 지적되고 있습니다.

그러나 여기서 주목하고 싶은 점은 단지 '서양'·'유럽' 대 '동양'·'아시아'라는 이항대립을 쑨원이 되풀이하고 있다는 것이 아닙니다. 오히려 쑨원은 '동양'·'아시아' 안에서 갖가지 균열과 저항이 일어나고 있고 또 어떤 국면에서는 그것이 중요한 정치성을 품고 있다는 사실을 잘 알고 있었으며, 이것을 염두에 두고 강연을 했다는 점입니다.

이 강연에서 쑨원은 '아시아주의'라는 것이 과연 누가 누구에게 말하는 아시아 연대인가를 묻고 있습니다. 또한 호소하고 있는 아시아 연대의 이념이 그것을 받아들이는 측에게 어떻게 수용되고 또 우회되거나 거절되는가 하는 문제도 이 부분에서 읽을 수 있습니다. 이런 의미에서 이 강연은 매우 중요한 텍스트라고 할 수 있습니다.

이 강연의 전반부에서는 아편전쟁 이후 불평등조약으로 종속을 강요받고 반(半)식민지화된 중국과 마찬가지로, 일본 또한 불평등조약으로 출발한 '반식민지'에 지나지 않았다고 지적하고 있습니다. 그러나 그런 일본이 마침내 발전을 이루어 서양과 조약개정을 실현하고 독립을 회복하여, 이것이 아시아 부흥의 징조가 된 것처럼 말함으로써 일부러 일본에 대해 일종의 립서비스를 하고 있습니다.

이어서 쑨원은 러일전쟁기의 한 에피소드를 소개합니다. 당시 유럽에 체재하고 있던 쑨원은 수에즈 운하를 통해 인도양을 지나 극동으로 돌아오는 도중, 아무래도 일본이 이기고 있는 것 같다는 뉴스를 듣게 되었는데, 여기서 그는 당시 중동인들이 보인 반응을 소개하고 있습니다.

"수에즈 운하를 지날 때의 일이었습니다. 현지의 많은 사람들이 저를 만나러 왔습니다." 그들은 반가운 모습으로 쑨원에게 "당신은 일본인입니까?"라고 물어 왔습니다. "아니, 중국인이오. 당신들 무슨 일이라도 있소?"라고 되묻자, 동해 해전(일본해 해전)에서 일본이 승리했다는 뉴스를 이야기해 주면서, 이것은 "동양의 민족이 서양의 민족을 이겼다"는 것과 같은 것이라며 매우 기뻐하더라는 모습이 쑨원의 견문담을 통해 전해졌습니다.

그러나 여기서 중요한 것은 그 뒷부분입니다. "러시아에 대한 일본의 승리는 아시아 전 민족에게 영향을 미쳤습니다. 그 영향이 대단히 크지 않았을까요?"라며 중동 사람들의 반응을 소개한 후에, 다른 한편 동아시아 사람들에 대해서는 다음과 같이 말하고 있습니다. "일본이 러시아를 이겼다는 뉴스가 동방에 있는 아시아 사람들에게는 그다지 중요한 뉴스로 여겨지지 않으며 그다지 기쁜 일이 아니었을지도 모릅니다."

이것은 아시아주의나 아시아 연대를 생각할 때 서아시아와 동아시아에서의 일본에 대한 반응에 차이·낙차가 있었다는 것을 시사합니다. 서아시아·중동의 경우는 일본 제국주의가 아닌 영국·프랑스·러시아 등의 유럽 제국주의 열강에게 억압당했던 경험을 가지고 있습니다. 이런 까닭에 극동의 일본이 러시아에 승리했다는 사실은 '우리'가 승리한 것이나 마찬가지라며 기뻐할 만한 입장이었다고 할 수 있습니다.

그러나 동아시아에서는, 특히 청일·러일전쟁 이후 일본 자체가 제국주의화하여 동아시아를 침략하는 국가가 되었습니다. 중국·조선·타이완 사람들은 일본이 점차 강하게 압박하리라는 것을 예감하면서 러일전쟁을 경험하였습니다. 따라서 동아시아에서는 일본의 승리를 두고 '아시아'의 승리라며 기뻐할 수만은 없었습니다. 이러한 사실을 쑨원은 20년 뒤에 회고하면서 이야기하고 있는 것입니다.

쑨원은 이러한 단서를 일부러 끼워 놓으면서 서양에 식민지화되면서도 좀처럼 대항할 수 없었던 아시아의 나라들이 서로 연대하면서 부흥해 갈 수 있는 가능성에 대해서 이야기하고 있습니다. 만약 동아시아 최대 민족인 중국과 일본이 연대할 수만 있다면 커다란 세력이 되어 유럽에도 대항할 수 있다, 그러나 중국인도 일본인도 그 가능성을 깨닫지 못한 채 지금도 제휴하지 못하고 있다. 중일관계는 이미 압박하는 일본과 저항하는 중국이라는 냉엄한 항쟁 관계였기 때문에 쑨원은 그것을 강하게 의식하면서 위와 같이 말했던 것입니다.

그 뒤에는 '패도문화'와 '왕도문화'를 대비해서 이야기한 뒤, 마지막으로 러시아와 일본에 대해 언급하는 부분이 있습니다. "현재 유럽에는 새로운 국가가 하나 있습니다"라고 러시아를 거론하면서, 러시아는 '유럽'의 '패도문화'에서 '아시아'의 '왕도문화'로 이행하여, 저항하는 '아시아' 측으로 접근해 왔다고 말하고 있습니다. 이는 러시아혁명 이후의 소련을 가리키는 것입니다. 이 당시 소련은 중국의 혁명파에 접근해 있었습니다. 즉 중국과 소련이 제휴하여 중국혁명을 진행시키면서 동아시아의 제국주의 체제를 변혁하고자 했던 시기였습니다. 이런 이유로 원래는 '유럽'의 제국주의 국가였지만 저항하는 '아시아'를 지원하는 쪽으로 돌아선 나라로서 소련을 거론하고 있습니다. 그리고 일본에 대해서는 본래 '아시

아'의 국가이면서도 러시아와는 반대로 제국주의화되어 버린 나라로서
문제 삼고 있습니다.

그리고 강연을 이렇게 끝맺습니다.

당신들 일본 민족은 구미의 패도문화를 받아들이는 동시에 아시아의 왕
도문화의 본질도 가지고 있습니다. 일본이 훗날 다가올 세계문화를 마주
하여 과연 서양 패도의 앞잡이[番犬]가 될 것인가, 동양 왕도의 방패가 될
것인가는 당신들 일본 국민이 잘 생각해서 신중하게 선택하기에 달려 있
습니다.

이처럼 제국주의를 둘러싼 태도를 결정할 선택지를 일본인에게 제시
하면서 어느 쪽을 택할 것인지, '아시아주의'를 외치고 아시아 연대를 호
소하는 당신들 일본 국민이 잘 생각하라는 식의 물음을 남기며 일본 제국
주의에 대한 비판을 내포하는 말로 강연을 마무리하고 있습니다.

이 강연에서는 당시의 정치적 상황이나 쑨원이 생각하는 혁명 전략
에 대해서는 거의 언급하지 않고 있으므로, 쑨원이 일본에 대해 구체적으
로 어떠한 요구를 가지고 있었는가는 이 강연만으로는 좀처럼 읽어 낼 수
없습니다. 당시의 쑨원은 바야흐로 국민혁명·반제운동에 박차를 가하고
자 했습니다. 즉, 그는 중국과 소련이 제휴함에 따라 국내에서는 국민당과
공산당이 합작하는 국민혁명을 필두로 베이징의 군벌정부 타도를 향해
서 나아가고 있었습니다. 또한 베이징의 군벌정부를 압박하여 불평등조
약을 강요하면서 제국주의 체제를 구축해 온 열강에 맞서 조약개정 요구
를 강화해 나가려던 시기이기도 했습니다.

이 강연에서 직접적으로 요구하고 있지는 않지만, 쑨원은 앞으로 중국혁명이 진행될 경우 일본이 중국에 대한 불평등조약을 개정할 생각이 있는지, 그리고 중국혁명을 지원할 수 있는지 그 동향을 살피고 싶었던 것입니다. 이런 까닭으로 일본을 방문하고 정부 요인 및 민간의 유력자들과 회담하면서 일본 각층의 사람들이 그런 의지가 있는지 없는지를 묻고 확인하려 했습니다. 쑨원은 이러한 태도로 일본을 방문해 강연했던 것입니다. 또한 쑨원은 당시 일본이 영·미와 함께 워싱턴 체제를 구축하고 동아시아의 제국주의 체제를 형성하고 있었지만, 과연 그것을 유지해야 할 것인지 아니면 중국의 반제·민족운동을 지원하고 연대해 가는 방향으로 전환할 것인지, 또 그럴 가능성이 있는지에 대해서도 생각하고 있었습니다.

'아시아주의'라는 이념을 둘러싸고 무엇이 문제가 되었는가를 생각해 보면, 이 강연으로부터 여러 가지를 읽어 낼 수 있습니다. 일본의 압박에 저항하고 있는 조선·중국과 제국주의 국가인 일본 사이에서 과연 아시아 연대가 가능할 것인가, 이것은 대체 누구에 대한 연대인가, 이것은 어떤 식으로 호소되고 또 어떤 식으로 받아들여질 것인가. 이러한 일련의 물음들이 예리하게 제기되었고 또 그것이 이 텍스트에 각인되어 있다는 그 사실 자체가 중요합니다.

쑨원은 1925년 봄에 타계했으므로 이것은 말년의 유언과도 같은 텍스트가 되었습니다. 그후 대립이 깊어 가는 중일관계의 행방을 암시한 강연으로도 주목받고 있습니다. 다만 여기서 문제는 일본/중국의 대립만이 전부가 아닙니다. 여기에는 각종 균열과 마찰, 그리고 착종된 이해가 존재하고 있습니다.

이 강연의 청중 대부분은 일본인이었으며, 말을 건넨 쪽은 중국의 혁명파인 쑨원이었습니다. 또한 고베에서 열린 강연이었기 때문에 고베의 화교들도 그 준비에 깊이 관여하고 있었습니다. 쑨원 등의 혁명파는 중국의 혁명운동이 실패하면 일본으로 망명해 요코하마(横濱)나 고베의 화교 커뮤니티를 드나들며 거점을 마련하고 태세를 재정비하여 다시 중국으로 돌아가는 활동을 반복하고 있었습니다. 이러한 관계 속에서 고베라는 장소에서 강연이 열렸습니다. 물론 많은 화교들도 이 강연을 들었습니다. 재일 화교 중에는 중일 간 무역에 종사하는 사람들도 있었기 때문에 중일 제휴에 특별한 이해관계가 걸려 있는 사람들도 있었습니다. 쑨원을 환영하는 일이나 강연을 준비하는 일에 관여한 고베 일화실업협회(神戸日華実業協会)의 멤버들이 이러한 입장에 놓여 있었습니다. 여기에는 아시아 연대의 논리를 둘러싼 독자적인 문맥이 있었습니다.

또한 청중 가운데는 조선인도 있었습니다. 특히 『동아일보』 기자 윤홍열(尹洪烈)이 쑨원을 인터뷰하고 강연의 상황과 함께 기사화한 것이 남아 있습니다.[3] 이 기사에는 쑨원이 말하는 '대아시아주의'의 이념과 일본에게 식민지화된 조선의 현 상황이 서로 어긋나거나 모순되지 않는가 하는 날카로운 비판이 나타나 있습니다. 민두기(閔斗基)의 「1920년대 한국인의 쑨원관」[4]에서도 논하고 있듯이, 쑨원의 '대아시아주의' 강연이 행해졌던 당시, 그 강연이 일본의 조선 지배 문제를 정면으로 문제 삼지 않았다는 점에 대해 조선에서는 비판적인 논조가 많았습니다.

또한 쑨원의 사상에는 중화의식 또는 대국주의의 그림자가 강하게

---

3) 「三民主義를 力說」, 『東亞日報』, 1924년 11월 30일자; 陳德仁·安井三吉 編, 『孫文·講演'大アジア主義'資料集―1924年11月日本と中国の岐路』, 法律文化社, 1989에 수록.
4) 日本孫文研究会 編, 『孫文とアジア―1990年8月国際学術討論会報告集』, 汲古書院, 1993.

드리워져 있었기 때문에, 아시아 연대나 서양에 대한 대항이라 해도 일본과 중국이라는 대국을 중심으로 한 아시아 재편이 논의되었습니다. 이런 식으로 아시아 연대를 주장한다 하더라도 일본으로부터의 독립을 요구하는 조선인에게는 의심스러운 것일 뿐 그다지 매력이 느껴질 만한 것은 아니었습니다.

쑨원의 '대아시아주의' 강연은 일본이 제창한 이념을 역이용하여 일본을 향해 예리하고 비판적으로 되묻는 것이었지만, 일본의 식민지화에 저항하는 조선의 견지에서 본다면 그러한 쑨원의 관점 자체가 문제를 내포한 것이 됩니다.

쑨원이 조선 문제에 대해 어떠한 입장을 취했는지에 대해서는 단편적으로밖에 알지 못하지만, 3·1독립운동 이후의 쑨원은 분명히 조선의 독립을 지지하고 있었습니다.[5] 쑨원은 3·1독립운동, 5·4운동 이후 반제 민족운동이 고조되는 가운데 일본 제국주의에 저항하는 조선의 민족자결운동을 적극적으로 긍정하는 입장을 취하고 있었습니다. 그 입장은 1924년 당시에도 기본적으로는 바뀌지 않았다고 여겨집니다. 조선에서도 그러한 자세에 기대를 걸고 중국혁명과 연대해 가려는 기운이 감돌았습니다.

그러나 고베를 방문했을 때 쑨원은 일본을 향한 비판이나 조약개정 요구를 어디까지 말할 수 있을 것인가에 대해 신중히 따져 보면서 일정한 범위 내에서 이야기하는 태도를 취하고 있었습니다. 뤼순·다롄 회수 요

---

5) 「朝鮮問題와 中國」, 『朝鮮日報』, 1920년 8월 11일자; コリア研究所 編訳, 『消された言論―日本統治下の「東亞日報」・「朝鮮日報」押收記事集 政治篇』, 未來社, 1990에 수록.

구에 대해서도 당시 쑨원은 명확하게 이야기하지 않았습니다. 바야흐로 당시는 중국에서 국민혁명을 진행하고자 했던 시기였으므로, 가능하다면 일본에서 혁명을 지원해 줄 세력을 찾고 싶었고 적어도 혁명을 방해하지 않도록 공작을 할 요량으로 정치적 교섭을 한다는 입장에 서 있었기 때문에 일본을 향해 직접적으로 강력하게 요구하는 일은 하지 않았습니다.

특히 조선 문제에 대해 '대아시아주의' 강연 당시 쑨원이 구체적으로 무엇을 생각하고 있었는지 알기는 어렵습니다만, 『쑨원의 강연 '대아시아주의' 자료집』[6]에는 이와 관련된 문헌이 들어 있습니다.

쑨원의 측근인 다이톈처우(戴天仇, 다이지타오戴季陶)는 「일본의 동양 정책에 대해서」(日本の東洋政策に就いて)라는 논설을 『개조』(改造) 1925년 3월호에 싣고 있습니다. 이 글은 쑨원이 직접 쓴 글은 아니지만, 다이톈처우는 쑨원의 측근으로 행동을 같이했고 '대아시아주의' 강연을 할 때도 통역을 맡은 인물로서, 그가 일본에 대해 구체적으로 언급한 것이므로 쑨원의 생각과 거의 겹치며 그것을 보충하고 있다고 보아도 무리가 없을 것 같습니다. 이 논설에는 조선·타이완 문제에 대해 구체적으로 서술하고 있는 부분이 있습니다.

이 논설에서는 일본에 대한 구체적인 요구로 중국혁명·독립운동 지원, 불평등조약 철폐를 들고 있는데, 아울러 '일본 국내의 문제'로서는 "지금까지의 식민지 통치 방침을 포기하고 조선 및 타이완의 민족적 자유를 존중하여 인민의회 소집과 자치정부 설립을 허용하고 각 민족의 자유로운 연합에 의한 통일적 국가의 기초를 자리 잡게 할" 것을 요구하고 있습

---

6) 陳德仁·安井三吉 編, 『孫文·講演'大アジア主義'資料集—1924年 11月 日本と中国の岐路』.

니다. 여기에서는 조선의 독립이 아닌 자치론을 주장하고 있으며, 조선·타이완의 자치를 통해 제국을 재편하는 형태로 제국주의를 완화해야 한다고 요구하고 있습니다. 즉, 명확하게 독립을 지지하는 입장을 취하고 있지 않음을 알 수 있습니다.

이것은 중국의 반제·민족운동과 일본 제국주의의 대립으로부터 어떠한 타협점을 이끌어 내고자 하는 정치적 교섭 가운데 발언한 것이기 때문에, 이를 쑨원 등 혁명파의 본의로 간주해도 될는지는 의문입니다. 다만 당면 전략으로서 어떤 비전을 생각하고 있었는가를 알 수 있습니다.

이것은 아마도 중국 내부의 민족 문제와도 관련되어 있을 것입니다. 훗날 '만주국'에서 '오족협화'(五族協和)론을 내걸게 됩니다만, 원래 쑨원 자신이 '오족공화'(五族共和)라는 말을 사용하고 있었습니다. 중화민족은 한족 중심의 국가이지만 만주족·몽골족·위구르족·티베트족을 포함한 오대 민족이 결합한 다민족국가입니다. 쑨원은 이러한 입장에서 중화민국의 다민족 통합을 호소하며 '오족공화'를 내세우고 있었습니다. 당시에는 이미 몽골·위구르·티베트의 독립운동이 있었지만, 중국의 독립을 지향해 온 혁명파 쑨원도 중국으로부터의 분리·독립의 요구는 인정하지 않은 채, 다민족 통합을 통해 소수 민족을 포섭하고 민족 자치만을 인정한다는 입장을 취하고 있었습니다. '아시아주의'·아시아 연대를 통해 제국주의로부터의 해방을 주장하던 쑨원 자신이지만 아시아 내부의 지배/종속 관계 속에서는 이러한 입장으로 세계를 바라보고 있었다는 것을 알 수 있습니다.

그렇다면 쑨원의 '대아시아주의' 강연은, 한편으로는 일본 제국주의에 대응해서 '아시아주의' 이념을 역이용해 내재적으로는 날카로운 비판을 가한 것이라고 이해할 수 있습니다만, 일본 통치하의 조선·타이완, 그리고 중국 통치하의 몽골·위구르·티베트의 독립파들의 입장에서 본다면 그것은 제국주의를 완화하면서 일본과 중국이 다민족 통합의 형태로 타협·제휴하고 동아시아에 새로운 질서를 만들고자 했던 비전에 다름 아님을 알 수 있습니다. 이것은 지역 대국에 의한 지배의 재편에 불과한 것입니다. 이 점을 민감하게 알아차렸기 때문에 당시의 조선인 기자는 비판적인 논평을 가했다고 생각합니다.

이상으로 쑨원의 '대아시아주의' 강연을 살펴보았습니다만, 여기에서는 아시아 연대를 말할 경우에도 동아시아에서 제국주의 국가가 된 일본과 불평등조약하에 종속된 반식민지 국가 중국과 이미 일본에 식민지화된 조선·타이완 사이에 과연 연대가 가능할 것인가, 또 가능하다면 어떠한 형태로 가능할 것인가라는 것이 문제시되고 있습니다.

아시아 연대를 말할 경우에도 받아들이는 쪽에 따라서 의미가 전혀 달라집니다. 아시아의 변혁과 연대를 누가 누구를 향해서 이야기하는가. 아시아 연대를 호소하고 받아들이고 응답하고 교섭하는 가운데 어떤 모순과 갈등, 그리고 균열과 마찰이 생겨나는가. 쑨원의 '대아시아주의' 강연은 이러한 문제 영역을 '아시아주의' 이념을 역이용하여 중국 혁명파의 입장에서 일본인에게 역으로 호소하면서 재일 화교 및 조선인이 듣고 있는 자리에서 구체적으로 제시한 것입니다. 이것은 일본과 동아시아의 관계가 위기적인 전환점에 서 있었던 1920년대 중반의 시점이며, 그 분기점에서 문제가 제시되었다는 의미에서 대단히 중요한 텍스트라고 말할 수 있습니다.

이 책의 서두에서 이 강연을 거론한 까닭은 이 책에서 이야기하고자 하는 바를 생각하기 위한 도입으로서 어떤 전망을 엿볼 수 있기 때문입니다. 이 강연에서는 '서양'·'유럽'과 '동양'·'아시아'의 대항관계가 이야기되고 있지만, 사실 여기에서는 '동양'·'아시아'의 내부에 여러 가지 균열·마찰이 일어나고 있다는 점이 문제시되고 있습니다. 이것은 결코 우연이 아닙니다. 앞으로 이 책에서 논의해 가겠지만, 동아시아에서 '근대'의 도입은 '서양'·'유럽' 대 '동양'·'아시아'라는 대항관계를 낳았을 뿐만 아니라 오히려 '동양'·'아시아' 내부에서 항쟁을 초래하였다는 것, 이것이야말로 심각한 문제가 됩니다. 이 책에서는 이 문제영역에 사상사적으로 접근하면서 파고들어 가고자 합니다.

저는 '일본사상사'의 영역에서 '아시아'와의 관계를 생각해 왔으며, 이 책에서 주로 거론하는 것은 '일본'사상가의 텍스트입니다. 그러나 또한편 이 텍스트들을 중국, 조선, 타이완, 오키나와와 뒤얽혀 있는 관계 속에서 재검토하려고 합니다.

'일본'의 사상사를 이야기할 때도 계몽주의·자유민권론에 이어 다이쇼 데모크라시, 그리고 사회주의·전후 민주주의로 전개되는 내셔널한 근대 일본사상사의 틀을 기반으로 생각하지 않으려고 합니다. 근대 동아시아에 있어서 내부의 위기 문제는 항상 동아시아 지역의 상호관계의 위기와 연관되어 있습니다. 그러므로 근대 일본의 개혁·변혁을 지향하는 많은 사상가들은 '아시아'에 큰 관심을 가지며 아시아 개혁과 근대화, 더 나아가 '근대의 초극'을 추구하고 다양한 모습의 연대를 이야기해 왔습니다. 그러나 이에 대해 일본사상가들의 '주관적 의도'라는 차원에서 그 가능성이나 문제점을 평가·비판해서는 안 됩니다. 국경을 초월하여 상호침투해 가는 '근대'의 힘에 촉발되면서 얽혀 있는 관계, 상호 교섭 안에서 연대가 이야기되어 왔으므로 이곳을 파고들지 않는다면 문제의 핵심은 결코 파악할 수 없습니다.

다만 아시아와의 연관을 생각해 보면, 이 책에서 주로 다루는 사상가들은 오카쿠라 덴신(岡倉天心), 미야자키 도텐(宮崎滔天), 기타 잇키(北一輝) 등 전형적인 '아시아주의' 계보로 이어지는 사람들이 아닙니다. 근대 일본의 '아시아주의' 대부분은 '아시아'와 '서양'의 대립을 중시하는 한편 아시아 상호 간의 마찰·항쟁에 대해서는 반응이 둔감하였으며, 오히려 '동양'/'서양'의 대립구도에 의해 아시아 간의 마찰·항쟁을 숨기려는 경향이 강했습니다. 그래서 아시아에서 들려오는 항일의 목소리에는 귀 기울이지 않은 채, 창끝을 '서양'으로 돌려 버림으로써 자기만족적인 '아시아'의 일체성을 말하려고 한 것입니다. 그리고 지금 또한 '일본인'이 '아시아주의'를 논할 때 자폐적인 나르시시즘의 냄새를 풍기기 쉽습니다. 이렇게 '안'으로 폐쇄되어 가는 계기를 다시 절개하여 '아시아'를 향해 열어 갈 필요가 있는 것입니다.

이런 이유로 이 책에서는 '아시아주의'의 계보가 아닌 19세기 후반의 가쓰 가이슈(勝海舟)·후쿠자와 유키치(福沢諭吉)·오이 겐타로(大井憲太郎), 전간기(戰間期)[7]의 요시노 사쿠조(吉野作造)·야나이하라 다다오(矢內原忠雄), 그리고 전시기의 미키 기요시(三木清)·오자키 호쓰미(尾崎秀実) 등 '진보적'인 개명파·혁신파로 불러야 할 계보의 아시아 변혁론·연대론을 '아시아'와 얽혀 있는 관계 속에서 독해하고자 합니다. 이 과정이야말

---

7) 제1차 세계대전이 종결된 1918년부터 제2차 세계대전이 시작되는 1939년까지의 약 20년간을 일본에서는 '전간기'라고 특별히 구분해 사용한다.—옮긴이

로 국경을 초월하여 상호 침투하는 '근대'의 힘에 직면하여 아시아 상호
간의 마찰·항쟁이 어떻게 자각되고, 또 그 극복이 어떻게 과제가 되었는
가 하는, 동아시아의 '근대'를 둘러싼 모순·갈등을 생각하는 데 중요한 힌
트가 각인되어 있다고 생각하기 때문입니다.

　이 책은 '통사'적인 서술이 아니라 어디까지나 아시아/일본의 연관을
둘러싼 문제사·계보학적인 서술을 목적으로 하고 있습니다. 다만 동시대
담론 공간의 편성과 변용을 조밀하게 재구성해 가는 깊이 있는 서술은 이
가벼운 책으로는 가당치도 않거니와 그것을 목적으로 한 것도 아닙니다.
여기에서는 이 책의 관심과 관련된 범위 내에서 문제가 전환되어 가는 각
각의 마디에 관련된 중요한 담론을 다루고 그것을 해석해 가면서 하나의
계보를 그려 내는 일을 시도하고자 합니다.

I부 **동아시아의 '근대' 경험**

1장_아시아/일본을 논하는 시좌

1. 다케우치 요시미의 시좌

아시아/일본의 근대 경험. 그 얽혀 있는 관계를 이 책에서는 어떻게 논할 것인지 우선 그 시좌(視座)를 확인하는 것에서 시작하고자 합니다.

저는 이 주제를 다루는 데 있어 다케우치 요시미(竹內好)라는 사상가를 거듭 참조하고자 합니다. 그는 아시아/일본의 관계에 항상 따라다니는, 침략과 연대에 얽혀 있는 문제에 관심을 갖고 그것을 근대 일본이 안고 있는 근본적인 문제로 삼아 분투해 왔기 때문입니다. [일본은] 아시아의 연대와 해방을 설파했지만, 결국 침략과 지배로 변하거나 혹은 침략하면서 연대의 손을 내미는 굴절된 사태가 근대 초기 이후부터 아시아·태평양전쟁에 이르기까지 되풀이되었습니다. 침략/연대라는 양면이 불가분하게 얽히면서, 모순이 점차 깊어지게 되었습니다. 이러한 문제에 초점을 맞추어 아시아/일본에 붙어다니는 마찰·갈등을 깊게 파고들어 논한 부분이 다케우치 요시미의 언론 활동에서 흥미로운 점입니다.

이와 관련한 논고는 『일본과 아시아』[1]에 정리되어 있습니다. 이 책에 수록되어 있는 유명한 논고 「근대의 초극」(1959년)에서는 대동아전쟁＝태평양전쟁이 '이중구조'를 품고 있음을 지적하고 있습니다. 아시아에 대한 '식민지 침략전쟁'이 이 구조의 한 측면이라면, 구미와 대립하는 '제국주의에 맞서는 전쟁'이 또 다른 측면입니다. 여기에는 아시아의 연대와 해방을 향한 계기가 담겨 있었음에도 불구하고 양 측면은 서로를 보완하면서도 모순을 이루는 관계에 있었고, 여기에 어떤 아포리아(aporia)가 존재하고 있었습니다. 다케우치 요시미는 이렇게 생각했습니다.

왜냐하면 동아에서 지도권에 대한 이론적 근거는 선진국 대 후진국이라는 유럽적 원리를 따를 수밖에 없지만, 아시아 식민지 해방운동은 원리적으로 이에 맞서며 일본 제국주의만을 특수한 예외로 두지 않기 때문이다. 만약 일본이 '아시아의 맹주'로서 구미에게 인정받으려면 아시아의 원리를 따라야 하지만, 일본 자신이 아시아에 관한 정책에서는 아시아적 원리를 스스로 포기하였기 때문에 연대의 초석이 현실적으로는 마련되지 못했다. 한편으로는 아시아를 주장하는 동시에 다른 한편으로는 서구를 주장하는 구분이 지닌 무리함은 끊임없이 긴장을 낳고 고조시켰기 때문에 전쟁을 무한으로 확대하여 그 해결을 뒤로 미룸으로써 얼버무려 넘길 수밖에 없었다.

따라서 다케우치는 이와 같은 이중구조가 지닌 아포리아는 근대 초기부터 일본 근대의 존재방식에 뿌리내린 근본적인 문제라고 생각했습

---

1) 竹內好, 『日本とアジア』, ちくま学芸文庫, 1966.

니다. 다케우치는 이를 '메이지 국가의 이중구조'라 부르고 있습니다. 불평등조약을 개정하여 독립을 실현시켜 나가던 일본은 일찍이 1876년 조선에 불평등조약을 강요했는데, "조선과 중국에 불평등조약을 강요했던 일본은 그 자신이 불평등조약에서 벗어나는 것과 상관관계에 있었다"는 것입니다. 다케우치는 '동아공영권'이라는 '유토피아 사상' 역시 이러한 '근대 일본의 사상구조'에서 나왔다고 말합니다.

따라서 다케우치는 이러한 이중구조의 아포리아 그 자체를 인식의 대상으로 하면서 또한 이것의 극복을 사상 과제로 삼아야 한다는 것을 강하게 주장했습니다.

다케우치는 전후 일본사상에는 이 과제를 내재적, 그리고 주체적으로 해결하려는 자세가 근본적으로 결여되어 있다고 보았습니다. 패전으로 인해 아포리아가 극복되지 못한 채 해소되어 버렸기 때문에 "사상의 황폐 상태가 그대로 동결되었다"는 것입니다. 이에 문제가 문제로조차 인식되지 못했고 사상의 창조성은 생성될 수 없었습니다. 따라서 다케우치는 "만일 사상의 창조성을 회복하려거든 이 동결을 풀고 다시 한번 아포리아를 과제로 삼아야 한다"고 호소했던 것입니다. 바로 이곳에 다케우치가 몇 번이고 계속해서 강조했던 문제의 핵심이 가로놓여 있습니다.

그후 다케우치는 1963년에 『현대일본사상대계 9 : 아시아주의』[2]라는 선집을 편집합니다. 이 책에 쓰인 해제 「아시아주의의 전망」[3]은 이 문제를 풀기 위해 일본 근대의 출발점으로 거슬러 올라가 아시아와의 뒤얽

---

2) 竹內好 編, 『現代日本思想大系 9 : アジア主義』, 筑摩書房, 1963.
3) 「일본의 아시아주의」라고 제목을 바꾼 뒤 앞의 책 『일본과 아시아』에 수록함.

힌 관계를 둘러싼 하나의 사상적 계보를 그린 것이라고 할 수 있습니다.

다케우치는 이러한 관심을 「일본인의 아시아관」(1964년)[4]에서 다음과 같이 정식화하여 말하고 있습니다. '대동아전쟁'은 "일본 근대화와 나란히 가고 있었던 흥아와 탈아가 착종된" 산물이며, 그 최종단계에서 "탈아가 흥아를 흡수하고 흥아를 유명무실화하여 이용한 궁극적 지점"이라는 것입니다. "일본의 근대사는 사상의 각도에서 보면 흥아와 탈아가 서로 얽혀 가며 진행되었고, 결국에는 탈아가 흥아를 흡수하는 형태로 패전에 다다랐다." 그리고 "일본에게 아시아의 의미는 당초의 연대감에서 점차 지배의 대상으로 변화되었다"라며 비판적으로 되돌아보고 있습니다.

다케우치는 이런 관점으로 아시아/일본을 논하고 있는데, 여기서 중요한 것은 그가 어떤 시기에 이러한 문제를 중시했는가 하는 것입니다. 다케우치는 1950년대 후반부터 1960년대 전반에 걸쳐 일련의 논고를 서술하였습니다. 당시는 냉전구조로 인해 동아시아의 분단이 고정화되어 있었고, 일본은 미국에 종속되어 저항하는 아시아를 적대화하는 입장에 놓여 있던 시기였습니다. 그 적대의 가장 극단적인 사태가 한국전쟁(1950~53년)입니다. 일단 휴전으로 전쟁상태는 끝났지만, 여전히 화해는 이루어지지 못한 채 임전상태가 계속되고 있습니다.

당시는 한일조약이 맺어진 1965년, 중일국교가 회복된 1972년 이전이었으므로 조선반도나 중국 대륙과 전혀 국교가 없었습니다. 장제스(蔣介石)의 국민당이 지배하던 타이완(중화민국)과는 국교가 있었지만, 대륙(중화인민공화국)과는 아직 국교를 체결하기 전이었습니다. 조선민주주

---

4) 竹内好, 「日本人のアジア観」, 『日本とアジア』.

의인민공화국과는 당시에는 물론 현재도 국교가 없는 상태입니다.

다케우치는 중일전쟁 이후 여전히 교전상태가 계속되고 있으며, 문제가 해결되지도 않은 상태라고 거듭 지적했습니다. 이때 일본은 점차 고도 성장기에 들어가 '근대화론'이 대두되었습니다. 그리하여 독립 후에도 혼란과 분열에 시달리고 저개발을 강요받아 힘들어 하는 아시아의 동향과 점차 괴리되어 갔습니다. 이때 일본은 미국과 함께 자신을 아시아 근대화의 모델로서 제시하면서, 그 노선을 아시아에 도입해 반제·민족운동을 굴복시키려 했던 시기였습니다.

이러한 정황에 대해, 그리고 사상이 이에 맞설 저항력을 지니지 못한 상황에 대해 다케우치는 매우 조바심을 느끼고 있었습니다. 그의 논고 「근대의 초극」 말미에서 그는 다음과 같이 말하고 있습니다.

바야흐로 지금은 '근대주의자'나 '일본주의자'가 다같이 "현재의 일본은 진정한 문명개화의 일본"이므로 "경사스럽고 축하해야 할 따름이다" (『후쿠자와 유키치 자서전』)라고 박수를 치며 좋아하는, 전례없는 천하태평의 문명개화시대가 초래되고 있지 않은가.

이런 다케우치의 비판은 단지 보수적인 근대화론자만을 향해 있다고 할 수 없습니다. 그것은 일본 근대가 안고 있는 아시아와 얽혀 있는 모순·갈등을 내재적으로 논하려 하지 않는 시민사회파의 사회과학자나 강좌파(講座派) 계열의 역사가들에게도 향하고 있습니다. 한국전쟁기의 일본 공산당은 아시아의 저항과 연대하면서 미국 제국주의에 맞섰습니다. 하지만 이때 역시 일본 자신이 일찍이 아시아와 맺고 있었던 복잡한 모순은 망각되었고, 일본공산당은 내재적인 해결과 극복의 노력을 회피한 채 아시아의 독립과 사회주의혁명이라는 미래의 이념을 향해 결합하고 연대해 간다는 식으로 아시아 연대를 설파하고 있었습니다. 이러한 전후 사상의 존재방식에 대해 다케우치 요시미는 강한 위화감을 품고 있었습니다.

아시아와의 굴절되고 뒤얽힌 관계에 관한 역사적인 자각과 사상성을 결여한 당시의 일본사상계를 두고 다케우치는, 일본인은 "아시아를 주체적으로 생각하는 자세"[5]를 잃어버렸다고 말하였습니다. 다케우치의 이러한 조바심은 가장 극단적인 형태로 다음과 같이 표현되고 있습니다.

> 조선이라는 국가를 멸망시키고 중국의 주권을 침탈한 난폭함은 있었지만, 어쨌든 일본은 과거 70년간 아시아와 함께 살아왔다. 여기에는 조선이나 중국과 관계를 맺지 않고서는 생존할 수 없다는 자각이 작용하고 있었다. 침략이란 나쁜 것이다. 그러나 침략에는 왜곡된 모습으로나마 연대감의 표현이라는 측면도 존재한다. 무관심하거나 남에게 맡기는 것보다 어떤 의미에서 건전하기까지 하다.

위와 같은 생각은 우익이나 군인이 상대에게 주먹을 휘갈기면서, 이것도 애정이라고 떠드는 것과 다르지 않은 매우 위험한 표현입니다. 그런데도 다케우치는 굳이 이렇게 아슬아슬한 표현을 쓰고 있습니다. 그러나 그가 중요시해 왔던 "아시아를 주체적으로 생각한다"라는 문제가 바로 여기에 있는 것입니다. 이것을 놓쳐서는 안 됩니다.

---

5) 竹内好, 「日本人のアジア観」, 『日本とアジア』.

또한 이러한 비평의 자세는 단지 전후의 사상계에 대한 위화감에서 비롯된 것이 아닙니다. 다케우치 요시미는 전쟁 중에 「대동아전쟁과 우리의 결의」[6]라는 글을 써서 시국에 참여했습니다. 그리고 그는 이 문제를 껴안은 채 전후를 살아갔습니다. 「근대의 초극」등 일련의 글들은 타인의 문제가 아니라 바로 자신의 문제로서, 자기 자신에 대한 비평도 포함하고 있는 것입니다.

2. 흥아론/탈아론의 재검토

이 장에서는 다케우치가 거듭 중요시해 왔던 문제를 재평가해 보고자 합니다. 여기에는 여전히 해결되지 않은 문제가 남아 있습니다. 그러나 다케우치가 살던 시대와 현재는 상황이 많이 바뀌었습니다. '탈냉전'의 혼란 속에 있는 오늘날, 문제의 틀을 근본부터 다시 짜야 할 것 같습니다.

현재 전 세계에서는 '탈냉전'이 진행되고 있습니다. 동아시아에서는 냉전구조로 인해 지금도 여전히 분단이 계속되고 있지만, 그 분단체제도 점차 흔들리면서 국경을 초월하여 서로 침투하기 시작하고 있습니다. 동아시아는 바로 현재 '탈냉전' = '탈분단'의 한복판에 있으며 서로 뒤얽힌 관계 속으로 발을 들여놓으려 하고 있습니다. 이런 상황 속에서 다시 한번 아시아/일본의 근대 경험과 그 뒤얽힌 관계가 어떻게 맺어져 있는가를 되짚어 보고자 합니다.

우선 다케우치가 논한 '흥아'와 '탈아'가 얽혀 있는 근대사라는 구조

---

6) 竹內好, 「大東亞戰爭と吾等の決意(宣言)」, 『中國文學』, 1942년 1월호.

를 재검토해 보는 것에서부터 시작하고자 합니다. 다케우치는 아시아를 대하는 일본의 자세를 '흥아'와 '탈아'라는 두 가지 계기로 분류하고 그 상관관계를 다루었습니다. 그러나 애초에 '흥아론'과 '탈아론'은 결코 별개의 것이 아닙니다. 원래는 다른 사상이던 것이 훗날에 뒤섞이거나 한쪽이 다른 한쪽을 흡수하는 관계가 아니라, 양자는 근본적으로 어떤 공통된 문제를 품고 있는 것은 아닌지. 이 점에서 문제를 재구성해 보기 위한 실마리를 찾고자 합니다.

그러면 먼저 가장 전형적인 탈아론자로 보이는 후쿠자와 유키치의 경우부터 검토해 보도록 하겠습니다. 후쿠자와는 그의 논설 「탈아론」을 조선에서 갑신정변이 일어난 이듬해인 1885년에 썼습니다. 당시 조선에서는 일본의 지원을 받아 개화파가 쿠데타를 일으키지만, 청나라의 군사 개입으로 진압되어 그 시도는 좌절되고 맙니다. 잘 알려진 바와 같이, 후쿠자와는 이때를 전후로 하여 입장을 바꾸었습니다. 그는 갑신정변 이전에는 조선의 개화를 지원하여 동아시아 전체를 근대화한다는 입장을 갖고 있었으나, 갑신정변의 좌절을 경험하고 나서는 「탈아론」을 집필하고 앞으로는 조선과 중국을 멀리하고 일본 단독으로 근대화를 꾀한다는 입장으로 바뀝니다.

이에 관해서는 2장 2절에서도 다룰 생각입니다만, 이러한 입장 변화의 전후에 조선에 대한 접근 방법이 분명히 달라지고 있다는 사실은 강조해 두고 싶습니다. 갑신정변 이전에는 김옥균(金玉均), 박영효(朴泳孝) 등의 개화파와 제휴하며 적극적으로 조선을 개화하고자 하는 자세를 취했습니다. 이는 아시아 나라들이 개화를 이뤄 함께 번창해 가기를 지향하는 자세로서, 일종의 '흥아론'의 입장이라 할 수 있습니다. 우리는 이 장면에서 동아시아('東亞')에서 먼저 근대화를 완수한 일본이 우월을 과시하는 '맹주'론, 더 나아가 무력을 사용해서라도 개입하겠다는 침략적인 계기를 읽어 낼 수 있습니다. 그러나 동시에 여기에는 "아세아 전체는 마음을 합치고 힘을 모아(協心同力) 이로써 서양인의 침략을 막는다"[7]라는, 즉 '홍아론'의 범주에 들어 있는 아시아 연대의 논리도 담겨 있습니다.

그러나 갑신정변이 좌절하여 개화파가 파멸하자, 그는 「탈아론」에서 "우리나라는 이웃나라의 개명을 기다려 함께 아세아가 흥하기를 기다리기보다는 거기에서 벗어나 서양의 문명국과 진퇴를 함께"[8]할 것을 주장합니다. 즉, 동아시아 이웃나라와 함께 흥아를 도모할 여지가 사라지고, 일본은 동아시아에서 단독으로 근대화의 완성을 꾀하여 서양에 다가서야 한다는 입장을 취하기 시작합니다. 여기에서 부정되고 있는 "함께 아세아를 흥하게 한다"는 입장, 즉 '흥아론'은 일찍이 후쿠자와 자신이 주장했던 것이기도 합니다.

후쿠자와에 대해서는, 특히 그의 「탈아론」을 둘러싸고 '문명'과 '야만'이라는 도식으로 아시아/일본을 분리시키고 '정체'된 '아시아'를 멸시하며, '발전'하는 '일본'의 우월을 자랑으로 여기는 오리엔탈리즘·식민지주의가 비판되어 왔습니다. 그리고 아시아에 대한 침략적인 사상가로서 비판할 때는 「탈아론」이 후쿠자와의 입지를 대변한다고 파악하고, 이를 청일전쟁 이후 아시아 침략으로 접어드는 길목이라고 비판하는 논의가 많이 이루어졌습니다. 또한 이러한 침략성이 후쿠자와의 문명화론에 내

---

7) 福沢諭吉, 「朝鮮の交際を論ず」, 『時事新報』, 1882년 3월 11일자; 『福沢諭吉選集』 第7卷, 岩波書店, 1981 수록.

8) 福沢諭吉, 「脱亞論」, 『時事新報』, 1885년 3월 16일자; 『福澤諭吉選集』 第7卷 수록.

재하고 있는 원리적인 것인지, 아니면 본래 온건한 자유주의적 입장에서 국권·민권의 조화를 지향하고 있던 것이 정세의 변화에 따라 침략적인 국권론으로 기운 것인지를 둘러싼 논의가 반복되어 왔습니다.

그러나 여기에서 생각해 보아야 할 것은 식민지주의를 둘러싼 미묘하고도 아슬아슬한 문제는 오히려 「탈아론」 이전의, 아시아에 적극적으로 개입하면서 근대화를 향해 연대관계를 이루어 나가고자 했던 '흥아론'의 입장에 더 드러나 있는 것은 아닐까 하는 문제입니다. 따라서 그의 사상이 품고 있는 문제성을 깊이 파고들기 위해서는 '흥아론'의 담론에 주목해야 합니다. 이와 관련해서는 다음 장에서 다시 논하겠지만, 여기에서는 우선 후쿠자와의 대표적인 논설 「탈아론」에도 그 근저에는 '흥아론'과 맞닿아 있는 계기가 있었음을 확인해 두고자 합니다.

한편으로는 '탈아론'과 대립된다고 간주되었던 '흥아론'에 대해서도 다시 음미할 필요가 있습니다. 아시아의 연대·해방을 외치는 '흥아론'에도 후쿠자와의 문명화론과 맞닿아 있는 오리엔탈리즘과 식민지주의의 계기가 각인되어 있습니다.

예를 들어 다케우치 요시미도 거론하고 있는 '아시아주의'와 '흥아론'을 설파한 대표적인 논자 다루이 도키치의 『대동합방론』(1893년)[9]이 있습니다. 이 책은 '흥아론'의 유명한 텍스트로서, 조선과 일본이 대등 합병하여 '대동국'이라는 연방국가를 만들고, 이어서 청과 제휴하여 아시아 연합을 결성하여 구미의 압박에 대항해야 한다는 아시아 연대의 계획을

---

9) 樽井藤吉, 『大東合邦論』, 長陵書林, 1980 ; 인용은 『現代日本思想大系 9 : アジア主義』에 수록된 번역문을 사용.

내놓고 있습니다. 이것은 일본이 일방적으로 조선을 식민지화하겠다는 계획이 아니라, 가능한 한 상하관계를 배제하고 대등한 입장으로 합방할 것을 주장하고 있습니다.

그러나 여기에는 먼저 근대화를 추진한 일본과 합방함에 따라 '정체' 된 조선을 문명개화와 '발전'으로 이끈다는 발상이 깔려 있습니다. 다루이는 일본이 "선각자로서 우국을 미몽(迷夢)에서 깨워 이들을 부강개명(富强開明)으로 인도해야 한다"[10]고 적고 있습니다. '미몽'이란 좀처럼 근대화에 눈뜨지 못한 채 '정체'의 수렁에 빠져 있는 '아시아'라는 의미로 사용된 용어로서, 이는 일본이 조선에 적극적으로 관여하여 근대화로 이끌어야 한다는 주장입니다. 이것은 후쿠자와가 '흥아론'의 입장을 취할 때의 주장과 같은 형태입니다.

또한 '대동국'은 "남양제도의 척식을 도모하고 그 미개한 주민[蕃民]들로 하여금 문명의 커다란 은혜를 평등하게 받도록 해야 한다"면서 그 임무를 주장하고 있습니다.[11] 여기서 말하는 '남양제도'란 필리핀과 인도네시아 등을 포함한 동남아시아의 도서부와 미크로네시아(Federated States of Micronesia)를 가리킵니다. 즉, 그 주민들을 '미개한 주민'이라 멸시하면서 '문명'을 전파해야 한다고 주장하는 것입니다. 여기에는 아시아에서 먼저 근대화를 이룩한 동아시아가 근대화에 뒤처진 '남양'·동남아시아를 문명개화로 이끌어 발전시킨다는 오리엔탈리즘, 식민지주의의 시좌가 드러나 있습니다.

---

10) 樽井藤吉, 『大東合邦論』, 「合同利害」.
11) 같은 책, 「淸国はよろしく東国と合縱すべし」.

『대동합방론』은 1893년에 출판되었는데, 원래 원본은 갑신정변 이듬해인 1885년에 일본어로 쓰어졌습니다. 이 원고는 산실되어 남아 있지 않지만, 그후에 다루이는 조선인과 중국인 독자를 위해 다시 한문으로 써서 『대동합방론』이라는 제목으로 출판하였습니다. 『대동합방론』은 청일전쟁이 목전에 다다랐을 때 출판되었고, 그후 한일병합의 해인 1910년에 복간되었습니다. 이것은 당시 '한일합방'을 주창한 선구적인 책이었습니다. 이 책이 출판되자 합방운동을 추진한 흑룡회의 우치다 료헤이(內田良平)와 일진회의 이용구(李容九) 등이 주목하여 정치적으로 활용하였습니다. 다루이 도키치 자신도 한국병합을 지지했습니다.

이처럼 다루이의 『대동합방론』에는 갑신정변과 그 좌절의 충격이 새겨져 있습니다. 다루이는 조선을 근대화하고자 적극적으로 관여하려는 사상을 갖고 있었고, 갑신정변이 좌절된 후에도 단념하지 않고 밀고 나가려 했습니다. 그는 이것을 합방이라는 극단적인 방법으로 달성하려 했던 것입니다. 『대동합방론』은 이러한 맥락에서 쓰어진 텍스트로서, 그 밑바탕에는 먼저 근대화를 이룬 일본이 조선을 근대화로 이끌고 나간다는 강렬한 문명화론이 깔려 있습니다.

이와 같이 생각해 보면, 일본이 문명이나 근대화라는 명목하에 '아시아', 특히 조선에 적극적으로 관여해야 한다는 다루이의 입장은, 갑신정변이전의 '흥아론'의 입장을 취하고 있었던 후쿠자와 유키치나 뒤에서 거론할 자유당·오사카 사건의 오이 겐타로(大井憲太郎) 등과 가깝다고 할 수 있습니다. '유럽'의 문명과 근대의 압박에 맞서 '아시아'의 연대와 해방을 주장한다는 '아시아주의'의 담론 속에도 오리엔탈리즘과 식민지주의의 계기를 내포한 문명화론이 각인되어 있는 것입니다.

이러한 면모는 지금까지 많은 아시아주의 담론 속에서 읽을 수 있습니다. 가령 청일전쟁 이후 다오카 레이운이 집필한 「동아의 대동맹」(1897년)[12]이라는 논설이 있습니다. 이 논설에서는 아시아 연합을 외치고 있습니다. 여기서 그는 영일동맹론과 러일동맹론을 경계하고, 일·한·청 삼국이 제휴하여 동아의 대동맹을 이루어 서양의 제국주의에 맞서자고 주장합니다. 즉 1902년 영일동맹이 체결되기 이전의 다양한 선택권 가운데 아시아주의적 외교노선을 호소한 논설인 것입니다.

그러나 이 논설에도 청일전쟁은 "지나[중국] 국민의 완미(頑迷)를 각성"시켰다고 서술한 부분이 있습니다. 즉, 문명개화를 좀처럼 자각하지 못하던 중국에게 일본이 일격을 가해 눈뜨게 한 전쟁이라는 주장입니다. 당시의 중국은 청일전쟁 이후 '중국 분할'의 위기에 직면한 가운데 '무술변법' 개혁운동이 싹트기 시작한 시기였습니다. 이 상황 속에서 다오카 레이운은 일본이 중국을 문명개화의 방향으로 이끌어야 한다고 주장합니다. 또한 이 텍스트의 말미에서 그는 일본이 '동양의 선각자'이자 '동아연형(東亞連衡)[13]의 주도자'가 되어야 한다고 주장하고 있습니다.

이처럼 '유럽'의 문명·근대의 압박에 맞선 '흥아론', 아시아의 연대와 해방을 외치는 담론 속에서도 오리엔탈리즘·식민지주의를 내포한 문명화론이 각인되어 있었습니다. 문명개화·근대화의 음각화[陰畵]로 발생했음에도 불구하고, 그 이념에는 '근대'가 지닌 폭력성이 내면화되어 있습니다. 이 장면에는 이후 '탈아론'으로 이어지는 식민지주의의 지(知)=권

---

12) 田岡嶺雲, 「東亜の大同盟」, 『田岡嶺雲全集』 第2卷, 法政大学出版局, 1987.
13) 연형(連衡)이란 중국 전국시대의 종횡가들이 주창한 것으로 동서로 연합한다는 뜻이다. 강적에 대항하기 위한 권모술수의 전략을 뜻하기도 하며, '연횡'으로도 쓰인다. ─옮긴이

력이 내포되어 있는 것입니다.

이와 같이 '흥아론'과 '탈아론'은 동떨어진 것이 아니었습니다. '탈아론'의 밑바탕에는 '흥아론'으로 넘어가는 계기가 내포되어 있습니다. 또한 '흥아론'의 근저에도 '탈아론'으로 이어지는 '근대'의 힘이 새겨져 있습니다. 그렇다면 이 양자가 뒤얽힌 바로 그곳을 포착해야 합니다. 아시아/일본의 상관관계를 다룰 때 우리는 무엇보다 이 점을 주목해야 합니다.

아시아/일본의 근대 경험은 어떤 모순과 갈등을 낳았는가. 우리는 이와 관련하여 '흥아론'인가 '탈아론'인가라는 표면적인 대립에만 주목할 것이 아니라 보다 깊이 있는 의문을 가질 필요가 있습니다.

3. 근대 비판의 시좌

근대 초기와 메이지기 일본사상, 가령 계몽사상이나 자유민권론 등에서는 강렬한 문명주의와 대국의식이 드러납니다. 바로 여기에 아시아를 향한 침략적 개입의 원인이 있고, 이것이 '흥아론'과 '탈아론'에 공통적으로 드러난 것에 대해서는 야마다 쇼지(山田昭次)와 요시노 마코토(吉野誠) 등이 다룬 바 있습니다. 이들은 일본이 아시아를 문명개화하는 지도자라는 우월의식을 지녔기 때문에 중국과 조선을 멸시하며 그들의 근대화를 인도한다는 지도자 의식을 비판적으로 검토하였습니다.

이러한 시점은 오리엔탈리즘을 비판하는 경우에도 시사적입니다. 즉, '아시아' 특히 조선에는 '내재적[內裝的] 발전'의 계기가 없다, 이를 '정체사관'이라고 하는데, 이러한 '정체사관'에 근거하여 일본의 '발전'을 자부하는 근대 일본의 시좌를 날카롭게 비판하는 것입니다. 그렇다 하더라도 '내재적 발전론' 역시 문명과 근대의 폭력이 내재되어 있다는 점을 간과해서는 안 됩니다.

최근에는 오리엔탈리즘을 비판하는 시좌가 속속들이 나오고 있습니다. 이 점을 염두에 둔다면, 우리는 '아시아'에 침략적으로 개입한 '일본'의 문명·근대를 비판하는 데 그치지 않고, 이에 맞서 저항하는 '아시아' 측에도 문명·근대의 폭력이 드러난다는 점을 기억해야 합니다. 양자의 상관관계를 비판적으로 검토해야 하는 것입니다.

이를 위해서는, 최근 오리엔탈리즘이 어떤 의미에서 단순화하는 경향이 있는데, 이를 다시 구성하고 기존의 틀을 뛰어넘는 시각이 필요합니다. 근대의 오리엔탈리즘은 세계를 '발전'한 '문명'의 '서양'과 '일본', 그리고 '정체'된 '야만'적 '동양'과 '아시아'라는 구조로 차별화했습니다. 이렇듯 양자를 엄격히 나누어 비교하는 이항도식의 틀에는 식민지주의의 폭력이 깃들어 있다는 점에서 이에 대한 비판이 제기되었습니다. 여기서는 '일본'이나 '일본인'이 어떻게 아시아를 타자화하여 자신을 구축해 왔는지를 들춰낸 바 있습니다. 물론 이러한 비판은 중요합니다. 하지만 우리는 이러한 이항도식의 틀로 표상되는 자기/타자인식을 비판하는 데서 그치는 것이 아니라, 아시아/일본의 뒤얽힌 관계를 파고들어 가야 합니다.

예를 들면 후쿠자와 유키치의 「탈아론」이라는 텍스트를 두고 오리엔탈리즘이라는 비판이 집중되고 있는 것도 이러한 맥락에서입니다. 물론 「탈아론」은 '아시아'와 '일본'을 절개[切斷]하여 일본만이 특권적으로 근대화와 발전을 이루고, 조선이나 중국은 '정체'된 '아시아'로서 타자화시키고 있습니다. 이러한 시각에는 분명히 오리엔탈리즘의 폭력적인 세계인식, 지정-문화학의 지(知)=권력이 작동하고 있습니다.

그러나 이러한 자기/타자를 단절하는 인식구조를 비판한다 하더라도 여전히 해결되지 않는 문제가 있습니다. 이를 구체적으로 되짚어 보아야 합니다. '아시아'와 '일본'을 명확히 구분하기보다는 오히려 서로 교착하고 침투해 나아가는 문제영역을 파고들어 비판적으로 검토해야 합니다. '아시아'가 스스로 '발전'을 꾀하여 움직이고, 여기에 일본이 개입하는 과정에서 '아시아'와 '일본'의 착종된 관계가 꾸려집니다. 이 경우 상호 모순과 갈등이 야기됩니다. 이는 과연 어떠한 모습을 취하고 있었을까요? 또한 이 경우 '근대'의 폭력은 어떻게 작동했을까요? 이 점을 비판적으로 분석하지 않으면 안 될 것입니다.

이 책의 제목으로 '아시아'와 '일본' 사이에 '/'를 달았습니다. 그 까닭은 각각이 서로의 바깥에서 실체화되어 있는 것이 아니라, 차이화하면서도 서로 깊이 얽혀 간 문제의 지평을 가리키기 위함입니다. 바로 여기에 국경을 초월하면서 서로 침투해 가는 '근대'의 힘, 또한 그것이 내포하는 식민지주의의 문제를 비판적으로 되새길 수 있는 계기가 놓여 있다고 생각합니다.

예를 들어 앞서 살펴보았던 후쿠자와의 문명화론도 그 자신이 홀로 꺼낸 이야기가 아닙니다. 조선의 개화파인 김옥균·박영효 등도 여기에 가세하고 있습니다. 이러한 상호관계 속에서 문명화론의 행방을 검토해야 합니다. 한편 갑신정변이 일어난 지 10년 후, 청일전쟁기에 김홍집(金弘集), 유길준(兪吉濬)과 같은 조선의 개화파 세력은 일본의 힘을 빌려 갑오개혁을 시도했습니다. 이때 등장한 '근대'의 힘은 일본이 일방적으로 조선에 강요했던 것이 아닙니다. 조선 내부에 이미 근대를 둘러싼 모순과 갈등이 있었고, 근대와 문명을 지향한 조선에서의 움직임이 일본의 동향과 맞물린 결과입니다.

다음 장에서 다루겠지만, 오키나와에도 청일전쟁기부터 세기 전환기에 걸쳐 활약한 오타 조후(太田朝敷)라는 인물이 있습니다. 개화파 저널리스트였던 그는 게이오기주쿠(慶應義塾)에 유학한 후, 다시 오키나와로 돌아가 근대적 매체인 『류큐신보』(琉球新報)를 창간하는 데에 힘을 보탰습니다. 그리고 청일전쟁기인 당시에는 오키나와의 민심이 친일개화파와 친청독립파[頑固黨]로 분열된 상태였지만, 그는 이때 개화파의 입장을 취했습니다. 즉 일본과 협력하여 오키나와의 발전을 도모해야 한다고 주장했습니다.

이와 같이 중국/조선/오키나와/일본 사이에 서로 영향을 주고받으며 얽혀 간 관계, 동아시아를 움직이고 있는 '근대'의 양상을 생각해 보면, 후쿠자와 유키치의 '탈아' 담론에서 오리엔탈리즘의 자기/타자인식을 읽어 내고 그것을 비판하는 것만으로는 해결되지 않는 문제가 있습니다. 이렇게 서로 얽혀 있는 장(場)으로 한 발 더 내딛어야 합니다. 이 책에서는 이러한 관점을 취하고자 합니다.

최근 일본만이 아니라 타이완이나 한국에서도 일종의 역사수정주의적 경향이 등장하고 있습니다. 제가 지금 이러한 문제를 다시 들추는 까닭도 여기에 있습니다. 가령 최근 타이완에서는 계엄령 해제, 민주화와 '본토화'(타이완화)의 움직임 속에서 역사인식을 둘러싼 대립이 일고 있습니다. 역사 교과서 『인식 타이완: 역사편』[14]과 같이 일본 통치시대의 근대화

---

14) 國立編譯館 主編, 『認識台湾: 歷史篇』, 蔡易達·永山英樹 訳, 『台湾を知る─台湾国民中学歴史教科書』, 雄山閣出版, 2000.

를 긍정적으로 묘사하는 움직임이 있습니다. 이것이 한편으로는 타이완 독립파의 주장과 얽혀 파문을 일으키고, 다른 한편으로는 일본의 역사수정주의와도 연결되어 있습니다.

이러한 동향에 깊이 관여해 온 이가 타이완의 전 총통 리덩후이(李登輝)입니다. 그가 내놓은 에세이의 제목이 「근대 타이완은 탈아, 즉 흥아의 실험지」[15]였는데, 이 에세이에서 그는 후쿠자와 유키치의 사상을 긍정적으로 기술합니다. 후쿠자와는 '탈아'를 통해 '흥아'를 실현하고자 했다고 평가하고 "흥아는 탈아로써 달성될 수 있다"면서 "탈아, 즉 흥아" 노선을 찬미하고 있습니다. 이는, 아시아는 근대화를 통해서만 번창할 수 있다, 이런 의미에서 '탈아'와 '흥아'는 맞닿아 있다는 사고방식일 수 있습니다. 리덩후이는 또 이렇게도 주장합니다. 이러한 근대화론을 주장한 이가 바로 후쿠자와와 타이완 통치에 깊이 관여한 고토 신페이(後藤新平)라는 사실을 거론함으로써, 이는 근대 일본의 "주변 아시아에 대한 국제공헌 의식"이라고 말합니다.

리덩후이는 대륙 중국에 맞서 '타이완인'으로서의 아이덴티티와 역사를 회복하고, 일본의 경제력과 미국의 군사력으로 타이완의 독립을 도모한다는 전략 속에서 굳이 '친일' 담론을 제출하고 있습니다. '탈아'와 '흥아'는 이 장면에서 모순되지 않습니다. 오히려 리덩후이는 양자를 절묘하게 끼워 맞춰 타이완의 성공 요인을 도출합니다. 그리고 일본 통치시대를 소중한 유산으로 삼아야 한다고 주장합니다. 리덩후이는 후쿠자와

---

15) 李登輝, 「近代台湾は脱亞卽興亞の實驗地」, 拓殖大學創立百年史編纂室 編, 『台湾論—月刊 台湾協會 會報(1898~1907年)からその2』, 拓殖大學, 2003년에 기고.

유키치(갑신정변 이전의 경우)와 타이완 총독부의 민정장관으로 식민지 통치를 담당한 고토 신페이의 시도를 긍정적으로 평가합니다. 즉, 일본이 아시아의 근대화를 이끌어 아시아를 일으킨다는 계획은 유효했다는 것입니다.

이러한 담론이 현실에서 등장하고 있는 이상, 후쿠자와의 「탈아론」을 손쉽게 비판하는 것으로 문제가 해결되지는 않을 것입니다. 우리는 '정체'하는 '아시아'와 '발전'하는 '일본'을 대비시키는 후쿠자와의 「탈아론」과, 여기에 새겨져 있는 아시아 멸시관을 비판하거나 근대 일본이 독선적인 행보를 보인 것에 대해 비판해도 문제를 해결할 수 없는 곳에 이른 것입니다. 리덩후이의 담론을 접한 지금, 우리는 문제의 틀을 다시 짜내야 합니다.

최근 일본에서는 김완섭의 『친일파를 위한 변명』[16]이라는 책이 베스트셀러가 된 바 있습니다. 이 책에 담긴 문제성도 이상과 같은 맥락에 놓여 있습니다. 김완섭은 김옥균과 같은 조선 개화파의 시도를 다시 음미하면서 '친일파'로 알려진 이들은 실은 조선의 근대화를 위해 분투한 자들이라고 평가하고 있습니다. 또한 일본은 이들과 손잡고 조선의 근대화와 발전을 도모한 것이지 단지 일방적으로 침략한 것은 아니라고 주장합니다. 김완섭은 한국의 반일의식을 비판하면서 동시에 일본 통치를 애써 긍정적으로 평가하며, 역사수정주의 담론을 펴고 있습니다.

이러한 담론은 일본 통치하의 근대화를 적극적으로 평가하는 '식민지 근대화론'과 맞닿아 있습니다. 한편으로는 일본 제국주의의 행방과

---

16) 金完燮, 『親日派のための弁明』, 草思社, 2002.

'친일파'가 걸어간 길을 변명한다는 면모도 지니고 있습니다.

이렇듯 선동적이며 캠페인 성격이 강한 책을 비판하는 일은 쉽습니다. 그러나 근본적인 문제는 경계를 넘어 교착과 침투를 반복하면서 모순과 갈등을 낳는 '근대'의 힘에 있습니다. 우리는 이를 비판적으로 접근하되 겉만 핥지 말고 안으로 들어가 정면 승부해야 할 곳에 와 있습니다.

이러한 맥락에서 '근대'의 폭력을 단순히 일본 문명주의의 독선에서 파생된 것으로 비판하고, 자기/타자인식에 드러난 오리엔탈리즘을 비판한다고 해서 문제가 해소되지는 않습니다. 아시아/일본의 상관관계, 여기서 돌출되는 모순과 갈등에 주목하고 '근대'의 폭력을 비판적으로 재고해야 합니다. 본론으로 접어들기에 앞서 우리는 이 출발점을 확인해 두어야 하겠습니다.

4. 동아시아의 '근대'

이제 한 걸음 더 나아가 '근대'를 둘러싼 역사의 행보를 다시 검토해 보겠습니다. 그렇다면 먼저 질문해야 할 것은 동아시아의 근대는 언제부터 시작되었는가 하는 문제일 것입니다. 지금까지는 아편전쟁 이후 서양의 충격(Western Impact)과 그로 인한 개국과 개항이 주로 그 기점으로 이야기되어 왔습니다. 하지만 동아시아에서 일어난 근대의 갈등 상황에는 '서양'을 향한 개항만으로는 설명할 수 없는 면이 존재합니다.

따라서 동아시아에서 근대는 '서양'을 향한 개항과 동시에 '아시아'를 향한 개항이 이루어졌다는 점을 분명히 해야 합니다. 즉, '아시아'에서는 상호 간에 개항하고 이로 말미암아 마찰과 항쟁을 내포한 착종관계가 발생했습니다. 동아시아에서 '근대'는 '서양'의 충격과 압박으로 점철되었습니다. 이는 마찰과 항쟁을 낳았고 동시에 동아시아 내부에서는 갖가지 분열과 균열이 발생했습니다.

동아시아의 '근대'는 중국/조선/오키나와/일본의 상호관계 속에서 심각한 마찰과 항쟁을 야기했습니다. 서양의 충격은 아시아 내부의 상호관계와 아울러 마찰과 항쟁을 낳았던 것입니다. 실상 동아시아의 근대사는 '서양'과 '동양'이 대립한다는 단선적인 행보를 보이지 않았습니다. 따라서 우리는 타이완 출병(1874년), 강화도 사건(1875년), 류큐 병합(1879년), 그리고 1880년대의 조선·청·일본의 항쟁(임오군란·갑신정변), 청일전쟁(1894~5년)과 타이완 합병 등 동아시아 내부의 일련의 대립과 전쟁에 이르게 된 사정에 주목해야 합니다.

근대 일본의 국민국가는 분권적 봉건제의 해체, 중앙집권적 근대국가로의 전환을 거치며 성립되었습니다. 보신(戊辰)전쟁(1868~9년), 사가(佐賀)의 난(1874년), 세이난(西南)전쟁(1877년) 등의 내전이 계속되었고, 이후 자유민권 반란으로 이어집니다. 서양의 압박에 직면하여 일본에서는 개혁의 노력이 등장했는데, 이는 근대화의 행방을 둘러싼 격렬한 항쟁을 낳았습니다.

또한 동아시아의 국제질서는 중화제국을 중심으로 하는 '조공–책봉'의 네트워크와 서양 열강을 중심으로 하는 '근대세계체제'가 충돌하여 커다란 전환을 겪게 됩니다. 이때에 '근대세계체제'를 받아들여 재빨리 근대화를 이루고 국민국가로 재편한 일본은 주변의 동아시아 지역에서 항쟁을 낳으며 국제질서를 바꿔 나갑니다.

이처럼 서양의 충격은 압박에 직면한 '아시아' 내부에 마찰과 항쟁을 불러일으켰습니다. 그리고 이는 서양 열강의 대리인을 자처한 일본이 '근대세계체제'를 침투시키며 동아시아의 국제질서를 바꿔 놓는 과정으로 이해되어 왔습니다. 그러나 동아시아에서 근대의 시초는 '서양'에 대한 '개항'과 '근대세계체제'의 침투라는 단선적인 과정으로는 파악할 수 없습니다. 이처럼 동아시아의 상호 '개항'과 상호 침투는 뒤섞여 있습니다. 마찰과 항쟁은 그 산물인 것입니다.

이 점과 관련해 가고타니 나오토는 「1880년대 아시아로부터의 '충격'과 일본의 반응」[17]이라는 글을 내놓았습니다. 경제사 영역에서 작성된 논고입니다. 이 글에서 그는 서양의 충격으로 근대가 시작되었다는 종래의 시점을 비판하면서 아시아의 '개항'과 아시아로부터의 '충격'을 주목해야 한다고 주장합니다.

한 가지 예로서, 고베·오사카의 무역활동은 화교 상인의 네트워크와 깊은 관련이 있었습니다. 1880년대에 이르면 요코하마의 비중은 낮아지고 고베·오사카 등과 같이 아시아 무역에서 중추적인 역할을 맡는 항구의 중요성이 부각되면서 화교의 경제 진출이 활발해집니다. 이처럼 아시아 상호 간의 무역이나 화교 상인의 네트워크가 활성화되자 일본 경제계는 위기감을 느끼게 됩니다. 이로 말미암아 일본은 "상세(商勢)만회"를 목표로 경제 내셔널리즘을 강화해 갑니다. 동아시아의 근대는 서양을 향한 '개항'일 뿐만 아니라 중국과 아시아를 향한 '개항'이기도 했으며, 이로써 커다란 마찰과 항쟁을 낳았다는 것이 그의 주장입니다.

서양의 충격으로 빚어진 개항, 세계 시장으로의 포섭, 동시에 동아시

---

17) 籠谷直人, 「1880年代のアジアからの'衝撃'と日本の反応」, 『歷史学研究』 608号, 1990.

아에서의 상호 '개항'. 이로 인해 동아시아의 내부에서는 마찰과 항쟁이 싹틉니다. 따라서 우리는 일본의 압력으로 인한 조선의 '개항', 즉 강화도 사건을 포함하여 동아시아 근대의 시발점을 재고해야 합니다.

이 문제는 '아시아주의'·아시아 연대론을 새롭게 짚어볼 때에도 중요한 의미를 갖습니다. 1880년에 창립된 흥아회(興亞会)는 아시아주의적 단체의 출발점으로 유명합니다. 그들은 아시아의 나라들이 서로 연대하여 구미 열강에 대항하자고 주장했습니다. 다만 그들이 말하는 아시아주의는 단순히 '서양'과 '동양'이라는 대립구도에서 탄생한 것이 아닙니다. 오히려 아시아 지역 안에서 상호 마찰이나 항쟁에 직면하여 이를 완화시키고 조정할 필요성에 의해 아시아주의가 성립되었다고 생각합니다.

1880년대는 일본과 청 사이의 대립이 깊어졌던 시기입니다. 이 가운데 류큐 병합이 있었습니다. 또한 이 시기에 양국은 임오군란, 갑신정변 등 조선의 개화에 대한 개입을 둘러싸고 서로 대립했습니다. 당시 일본은 군사 확장주의 노선을 걷고 있었는데, 주요한 가상 적국은 구미 열강이라기보다는 바로 동아시아의 대국인 청나라였습니다. 당시 일본이 영국이나 러시아 혹은 미국에 맞서 직접 전쟁을 일으킨다는 것은 불가능에 가까웠습니다. 그보다 먼저 청과의 대립이 심화됨으로써 일촉즉발의 긴장감이 고조되어 가던 시기였습니다.

이러한 시대적 배경 속에서 '흥아회'가 결성됩니다. 아시아주의가 등장한 것입니다. '흥아회'의 중심인물인 소네 도시토라(曾根俊虎)는 청의 허루장(何如章) 공사에게 "어찌하여 동양인끼리 서로 미워하고 의심하면서 서양인에게 틈을 내준단 말인가"라며 따집니다.[18] 여기에서 우리는 당시 일본과 청이 서로 꺼리고[相忌] 의심하는[相疑] 상태였으며, 또한 이러한 갈등은 서구 열강의 압박 속에서 극복해야 할 눈앞의 문제였음을 확인할 수 있습니다.

이러한 시대적 분위기 속에서 등장한 아시아주의라면 서구 열강과의 대항관계 속에서 아시아 연대를 주장했다기보다는 오히려 아시아 나라들 사이의 마찰이나 항쟁을 타개하고자 외쳤던 것은 아니었을까요? 그리고 아시아 나라들 사이의 마찰이나 분쟁을 '서양' 대 '동양'이라는 대립구도를 토대로 굳이 '벽안인'(碧眼人; 파란 눈의 서양인)이라는 인종적인 표현까지 들먹이며 '동문동종'(同文同種)의 '우리 동양인'이라는 상상＝창조된 동포의식으로 완화시키고 조정하려는 심산이 아니었을까요? 이와 같이 근대 일본의 '아시아주의'는 등장한 그 순간에 이미 마찰과 항쟁 그리고 연대가 뒤섞여 있었습니다. 바로 이 장면에 침략과 연대가 얽히는 문제가 아로새겨져 있습니다.

동아시아의 근대는 서양의 충격을 통해 세계 시장으로 포섭되며 시작되었습니다. 그러나 이는 단지 '서양' 대 '동양'이라는 대립구도를 낳는 데 머물지 않고, 아시아 내부 혹은 각각의 지역 주체 안에서 분열을 낳고 마찰과 항쟁을 빚어냅니다.

여기에는 애당초 '근대'의 근본적인 문제점이 놓여 있습니다. '근대'에 노출되자 '발전'과 주체화의 욕망이 싹트기 시작하고 이와 동시에 부정해야 할 '정체'된 과거가 석출(析出)됩니다. 이때에 부정해야 할 타자가 자신의 안팎에서 석출되고, 이로써 빚어진 모순과 분열을 껴안은 채로 자신을 주체화하며 '발전'을 향한 구동력이 작동합니다. 이렇게 해서 서양

---

18) 「欽差大臣何公使ト曾根氏ノ談話」, 『興亞會報告』 第2集, 1880. 4.

의 충격에 직면한 동아시아 안에서는 모순과 분열이 생기고 마찰과 항쟁이 야기됩니다.

이처럼 '근대'는 분열과 부정을 촉발하고, 여기에 규율화와 오리엔탈리즘의 힘이 작용합니다. 이는 경계를 넘어 서로 교착하며 연쇄해 나갑니다. 여기에 등장한 모순과 갈등은 어떤 모습을 지니고 있을까요? 우리는 동아시아의 상호관계 속에서 이러한 문제의식으로 나아가야 합니다. '탈냉전'에 직면한 지금 이 문제는 새삼 다시 음미할 가치를 갖고 다가옵니다. 이것이 여기서 제가 취하고 싶은 물음의 태도입니다.

2장_아시아/일본의 균열과 교착

2장에서는 19세기 후반 '근대'가 도입되면서 동아시아에 어떠한 변용이 일어나는가, 동아시아 각 지역의 사상·문화가 어떤 모습을 띠고 서로 연쇄하며 교착해 가는가, 그 전제에 대해 우선 확인해 두고자 합니다.

우선 1절에서는 1860년대 초기의 가쓰 가이슈(勝海丹)의 동아시아 제휴론, 그리고 1870년대의 사이고 다카모리(西鄕隆盛)의 '정한론'을 문제로 삼아 동아시아를 향한 침략/연대가 품고 있는 이중성과 그 문제의 원점에 대해서 확인하고자 합니다.

그리고 2절에서는 1884년에 일어난 갑신정변이 자유당(自由党)·오사카(大阪) 사건의 오이 겐타로(大井憲太郎), 그리고 「탈아론」을 써낸 후쿠자와 유키치에게 어떤 충격을 주었는가를 고찰하면서 그와 동시에 동아시아의 사상·문화가 연쇄·교착해 가는 계기에 대해서 검토해 보려고 합니다.

마지막으로 3절에서는 세기 전환기 문명화론의 융성 속에 중국, 조선, 오키나와 사상가들이 어떻게 관여했는가, 또한 이러한 장면에서 어떠한 모순이 감지되었는가에 대해 생각해 보고자 합니다.

1. '세계 시장'의 충격과 동아시아의 상호 '개항'

여기에서는 '세계 시장'의 충격으로 빚어진 아시아 상호 간의 '개항'이라는 문제에 대해 우선 생각해 보고자 합니다. 19세기 중반은 영국을 중심으로 한 '자유무역 제국주의'로 인해 '세계 시장'이 성립되고 세계 전역이 분업과 교환이라는 폭력적 네트워크로 편성되던 시기입니다. 아편전쟁(1840~2년), 곡물법 폐지(1846년), 인도 대반란과 직할화(1857~8년) 등이 그 구체적인 사건들입니다.

또한 세계의 각 지역은 '문명'의 진화와 발전이라는 도식 아래 유럽의 주권국가, 아시아·아프리카의 반(半)주권국가 혹은 식민지로 분할·계층화됩니다. 그리고 '문명화'라는 이름하에 '야만'으로 간주되는 지역의 식민지화가 정당화되어 갑니다. 그러나 이러한 '세계 시장'의 성립은 유럽의 근대·시민사회·자본주의가 세계로 확대되어 동아시아를 일방적으로 포섭해 간다는 단선적인 구조로써는 그 진위를 충분히 파악할 수 없습니다.

18세기 이전에는 유럽을 중심으로 하는 환대서양경제권(環大西洋經濟圈)이 있었습니다. 이 밖에도 화교나 인도 상인, 포르투갈 상인 등을 매개로 하는 동아시아, 동남아시아, 남아시아 등의 경제권이 있었습니다. 이러한 경제권들은 19세기 '세계 시장'의 충격으로 인해 해체·변용되고 상호 교착을 이루며 분업·교환이라는 네트워크를 형성해 갑니다. 이는 아시아가 일방적으로 변용을 강요당함과 동시에 유럽 쪽에서도 아시아와 결부됨으로써 사회와 경제에 변용이 일어난 것입니다. 또한 '세계 시장'으로 편입되는 과정에서 유럽과 아시아의 관계뿐만 아니라 아시아 각 지역에서도 상호 간의 '개항'을 통한 변동이 연쇄적으로 일어나는 계기가 엿보입니다. 각 지역이 관계를 맺게 되면서 마찰·항쟁이 빚어지고, 이와 동시에 서로를 연결시키는 상상력이 발생하게 됩니다.

'세계 시장'의 촉발이라는 상상력은 맑스가 1850년대에 거듭 논했던 '인도론', '중국론'에서도 엿볼 수 있습니다. 맑스는 유럽의 폭력적 침략으로 인해 발생한 인도와 중국의 변동을 두고 '정체'된 '동양사회'가 유럽과 접촉하면서 변화가 일기 시작했고 이로 인해 '사회혁명'이 시작되었다고 언급합니다. 여기에는 유럽이 지닌 '발전'의 힘이 '정체'된 '동양사회'에 변화를 초래했다는 오리엔탈리즘적 시선이 담겨 있습니다.[1]

다만 맑스는 일방적으로 변용을 강요당한 중국·인도에서뿐만 아니라 이러한 변동으로 인해 유럽에서도 마찬가지로 반작용이 초래되며, 이로 인한 공황 내지 혁명이 발생할 가능성이 내포되어 있음을 지적합니다.[2] 맑스는 1848년에 일어난 혁명이 좌절된 후 유럽에서의 혁명 가능성을 추구하고 있었습니다. 이러한 맑스에게 '세계 시장'의 형성은 곧 세계의 각 지역이 상호 간에 깊게 얽혀 사회 변동이 일어나고, 연쇄·교착되어가는 계기로 비추어졌던 것입니다. 한쪽이 다른 한쪽을 변화시키는 것에 머물지 않고, 오히려 그 순간 한쪽이 또 다른 한쪽 또한 변화시킬 수 있는 정황의 시작으로 인식하고 있었음을 알 수 있습니다.

그리고 이러한 계기가 유럽과 아시아의 상호관계에서만이 아니라 '세계 시장'에 편입된 아시아 각 지역들과의 관계에서도 드러나고 있다는

1) マルクス, 「イギリスのインド支配」, 1853. 「イギリスのインド支配の将来の結果」, 1853.
2) マルクス, 「中国とヨーロッパにおける革命」, 1853.

사실을 주목할 필요가 있습니다. 동아시아에 있어서도 '세계 시장'으로의 포섭 과정에서 서로 관계가 깊어지고, 또 한쪽의 변동이 또 다른 한쪽의 변동으로 이어집니다. 이러한 움직임 속에서 마찰과 항쟁이 빚어지고 이 와 동시에 서로가 지각적으로 연결되는 계기가 마련됩니다. 이 절에서는 우선 그 출발점으로서 가쓰 가이슈[3]의 동아시아 제휴론을 단서로 하여 아시아에서 일본의 '개항'이 갖는 의미에 대해 살펴보고자 합니다.

가쓰 가이슈의 동아시아 제휴론

앞에서 살펴본 바와 같이, 동아시아의 '근대'는 서양의 충격을 받았던 서 양으로의 '개항'만을 의미하는 것이 아니라, 동아시아에서 일어난 상호적 '개항'과 상호적 연관 속에서도 시작합니다. 지금까지 중국을 중심으로 한 화이(華夷)질서, '조공-책봉'이라는 네트워크가 '세계 시장'에 포섭되 는 가운데 큰 변화를 겪게 되고, 더불어 동아시아 각 지역은 서로 간에 새 로운 관계를 맺게 됩니다. 이러한 과정 속에서 마찰과 항쟁이 빚어짐과 동 시에 각 지역 주체의 변화나 사회의 변화가 서로 연쇄·교착해 가는 계기 를 낳습니다. 가쓰 가이슈는 이러한 새로운 정황에 민감하게 반응하면서 동아시아 제휴론을 들고 나옵니다.

　　가쓰 가이슈는 1860년대 초인 분큐[4] 연간에 동아시아 삼국, 즉 청·조

---

3) 가쓰 가이슈(勝海舟, 1823~1899). 메이지 정부의 고위관리. 일본 해군을 근대화하고 해안방어 체제를 발전시키는 데 공헌했다. 1868년 무력충돌 없이 천황파가 에도(江戶)에 입성하는 데 결 정적인 공을 세웠다. 바쿠후의 자료를 수집하여 각종 제도에 관한 사료집을 편찬했다. 『취진 록』(吹塵錄), 『개국기원』(開国起源), 『해군역사』(海軍歴史) 등의 저서를 남겼다.─옮긴이
4) 분큐(文久). 일본의 연호(元号) 중 하나이다. 고메이(孝明) 천황의 연호를 지칭하며, 그 시기로는 에도 말기에 해당하는 1861년 2월 19일부터 1864년 2월 20일까지를 가리킨다.─옮긴이

선·일본의 제휴론을 주창합니다. 남겨진 자료 중 『해난록』[5]에는 다음과 같은 회상이 씌어져 있습니다. 덧붙여 이것은 1884년경의 시점에서 회고한 자료입니다.

분큐 초기에는 양이론이 매우 성행하여 해안선 방위에 관한 논의가 한창이었다. 나는 방위의 규모를 확대하고 해군을 확장하여 기지를 효고(兵庫), 쓰시마(對馬)에 설치하고 그 하나를 조선에 두고 나아가 지나(支那)에도 미치게 하여 삼국 합종연형[6]으로 서양 제국에 대항할 것을 [바쿠후에] 건의했다. 조정(고메이 천황)에서는 나의 건의를 받아들였고, 쇼군 도쿠가와 이에모치(德川家茂)도 이를 기꺼이 받아들였다.

또한 분큐 연간 당시에 씌어진 일기로서, 1863년 4월 27일 「바쿠마쓰 일기」[7]에는 다음과 같이 씌어 있습니다.

오늘 아침 나[가쓰 가이슈]의 집에 가쓰라 고고로[8]가 쓰시마 한시(藩士)인 오지마 도모노조[9]를 동반하고 방문해 조선과의 외교 정책에 관한 논의를 나누었다. 내가 제안한 대책은 다음과 같다. 최근 아세아의 나라 중

---

5) 勝海舟, 『解難録』, 『勝海丹全集』第1卷, 講談社, 1976.
6) 합종연형(合從連衡). 공수(攻守)동맹의 뜻, 남북으로 합류하고 동서로 연합한다는 뜻으로, 강적에 대항하기 위한 권모술수의 전략을 말한다. 합종연횡으로도 쓴다.—옮긴이
7) 勝海舟, 「幕末日記」, 『勝海丹全集』第1卷.
8) 가쓰라 고고로(桂小五郎, 1833~1877). 당시 조슈한(현재의 야마구치현(山口縣)의 한시(藩士)였으며, 이후 유신의 원훈이 되는 기도 다카요시(木戸孝允).—옮긴이
9) 오지마 도모노조(大島友之允, 1826~1882). 유신 뒤에 대(對) 조선 외교 담당자가 된 오시마 세이조(大島正朝).—옮긴이

에 유럽인에게 대항할 만한 힘을 가진 나라는 없다. 이는 모두 그 규모가 협소하고 유럽의 원대한 힘에 미치지 못하기 때문이다. 지금 일본은 군함을 파견하여 폭넓게 아세아 각 나라의 정부를 설득하고, 횡종연합하여 다 함께 해군을 융성히 하고, 유무상통하여[10] 학술 연구를 하지 않는다면 유럽의 유린을 피하지 못할 것이다. 우선 최초로 옆 나라 조선부터 설득하고 그 뒤 지나에도 미치게 한다. 이 제안에 대해 가쓰라 고고로와 오지마 도모노조는 전적으로 동의했다.

가쓰 가이슈의 조선론에 대한 해석은 사이고 다카모리의 '정한론'과 일맥상통하는 것으로 보는 해석과 아시아 연대라는 주장으로 보는 견해로 나누어집니다. 이는 지금까지 서로 대립되는 주장으로 인식되어 왔습니다. 이 절에서는 당시 가쓰 가이슈가 왜 이러한 계획을 도모하게 되었는지, 또 연대로도 침략으로도 읽히는 그 양면성에 대해 살펴보도록 하겠습니다.

위의 일기 자료에 의하면, 가쓰 가이슈를 방문한 것은 조슈 한시인 가쓰라 고고로와 쓰시마 한시인 오지마 도모노조입니다. 그들은 당시 군함 봉행병(軍艦奉行並)으로 부임해 온 가쓰 가이슈를 방문해 조선에 관한 외교 정책을 상의합니다. 그럼 먼저 그 배경에 대해서 생각해 보도록 하겠습니다.

일본은 1854년에 미일화친조약으로 '개항'을 하게 됩니다. 그 뒤 1858년에는 결정적인 불평등조약인 미일수호통상조약이 체결됩니다. 이

---

10) 유무상통(有無相通). 있는 것과 없는 것을 서로 융통한다는 의미.—옮긴이

를 둘러싸고 일본 국내에서는 양이론이 대두되고 이를 탄압하는 '안세이 대옥사'[11]가 일어납니다. 이와 같이 일본은 긴장감을 안은 채 대립의 소용돌이 속에서 1860년대를 맞이합니다.

당시는 극동의 각 지역에서도 위기감이 감돌고 있었습니다. 예를 들어 1860년에는 러시아가 청과의 교섭을 통해 우수리 강 동쪽의 연해주를 영유하고, 이로 인해 조선과도 인접하게 됩니다. 1861년에는 러시아의 군함이 쓰시마 연안을 점령하고 해군의 근거지 설치를 겨냥해 조차지를 요구하는 이른바 '쓰시마 점거 사건'이 일어납니다. 이것은 영국의 중개와 압박으로 러시아 함대가 철거됨으로써 끝을 맺습니다. 1863년에는 사쓰에이(薩英)전쟁, 다음 해인 1864년에는 시모노세키(下関)전쟁이 이어지고, 규슈(九州) 연안에서부터 동해(일본해)에 걸친 전 해역이 전쟁터로 변모해 갑니다.

근세의 쓰시마는 일본과 조선 외교의 중개역할을 했던 장소로 조선반도와 일본을 연결하는 중요한 연결점이었습니다. 이는 또한 동중국해(East China Sea)에서 동해로 통하는 곳이기도 했으므로 동아시아의 제해권을 둘러싸고 남하하는 러시아와 북상하는 영국의 이해가 충돌하는 지점이기도 했습니다. 이러한 가운데 러시아의 쓰시마 점거 사건이 일어난 것입니다.

이러한 정세 속에서 일본에서는 이미 강행되고 있던 '개항'과 불평등 조약을 둘러싸고 양이론이 대두됩니다. 조선에서도 대원군 정권(1863~

---

11) 안세이 대옥사(安政の大獄). 1859년 바쿠후가 존왕양이(尊王洋夷)파를 대대적으로 숙청한 사건.—옮긴이

73년)이 강경한 양이정책을 채용함으로써 '개항'을 강요하는 서양 열강과 대립해 갑니다. 또한 이 시기는 청이 '태평천국'(太平天國)의 난으로 내전의 소용돌이에 있었고, 영국·프랑스에 패배한 애로호 사건[12] 이후 양무정책을 펴기 시작한 때이기도 합니다. 이것은 서양식 군대 도입으로 서양인 고문과 함께 태평천국군을 진압하는 굴절된 행위였으며, 제국주의적 질서가 동아시아에 보다 깊게 침투하는 위기였습니다. 이처럼 동아시아의 각 지역이 위기의 혼란기를 맞이하면서 '개항'의 시비나 개혁의 행방을 둘러싸고 격심한 동요를 보였습니다.

청은 아편전쟁 이후 이미 '개항'을 했고, 일본도 결국에는 '개항'을 합니다. 그러나 그 내실을 둘러싼 분쟁은 끊이지 않았습니다. 한편 조선에서는 '개항'에 저항하는 양이론이 거세집니다. 당시는 서양의 충격을 배경으로 한 서양을 향한 '개항'뿐만이 아니라 동아시아 상호 간의 '개항'도 분쟁을 낳았습니다. 즉, 동아시아의 각 지역들은 '개항'으로 인해 빚어진 새로운 관계를 둘러싸고 모색을 하고 있던 시기였습니다.

이러한 시기에 '해방'(海防)을 둘러싼 논의가 일던 쓰시마한과 조슈한의 한시가 가쓰 가이슈를 방문하여 조선과 청을 두고 어떤 관계를 맺을 것인가에 대해 상의합니다. 이때 가쓰 가이슈가 주장한 것이 청·조선·일본의 삼국제휴론입니다.

그럼 여기에서 가쓰 가이슈의 텍스트를 다시 한번 살펴보도록 하겠습니다. 텍스트에는 "삼국 합종연형으로 서양 제국에 대항함"이라는 문

---

12) 애로호 사건(Arrow War). 제1차 아편전쟁의 결과로 개방된 청나라와의 무역이 여의치 않자, 1856년 개방을 확대시키기 위해 영국이 일으킨 사건.—옮긴이

구가 있습니다. 이는 곧 아시아가 서로 연합하여 서양 열강의 압력에 '저항'하자는 주장임에 틀림없습니다.[13] 그러면 그 배경이 된 세계 인식에 대해 생각해 보도록 합시다. 우선 일기에서 "아세아"(亜細亜)와 "구라파"(欧羅巴)라는 대비의 단어가 쓰이는 것에 대해 주목하고 싶습니다. "최근 아세아의 나라 중에 유럽인에게 대항할 만한 힘을 가진 나라는 없다. 이는 모두 그 규모가 협소하고 유럽의 원대한 힘에 미치지 못하기 때문이다."

이 글에서는 '원대'와 '협소'라는 표현으로 '발전'한 유럽과 '정체'된 아시아를 대비시키고 있습니다. 즉, 적극적으로 세계 시장에 진출하여 발전을 이룬 유럽과 그러한 힘을 지니지 못한 채 일방적으로 압박을 강요당하는 아시아라는 형태로 대비적인 구도가 제시되어 있습니다. 이는 유럽이 세계를 바라보는 시좌를 비유럽 지역에서 도입한 것이라고 볼 수 있습니다. 양학을 공부한 개명파(開明派)이기도 한 가쓰 가이슈는 구태여 유럽적 세계 인식을 비유럽 지역에 도입해서 동아시아의 정세를 설명하고 있습니다. 여기에서 말하는 아시아는 '발전'한 유럽에 맞설 힘을 지니지 못한 '정체'된 지역으로 파악되고 있습니다. '아시아'는 유럽 쪽에서 네거티브한 평가와 함께 호명된 '타칭'(他稱)입니다. 이러한 굴욕을 담고서 가쓰 가이슈는 '아세아' 쪽에서 말하고 있는 것입니다.

이 글에서 가쓰 가이슈는 '아세아'가 서로 제휴하여 '유럽'에 맞설 것을 제시하고 있지만 '합종연형'(合従連衡)이라는 단어로 표현함으로써 기본적으로 일본과 조선·청과의 관계는 대등하다는 입장을 취하고 있음을 알 수 있습니다. '합종연형'이란 강한 적을 앞에 두고 약자가 뿔뿔이 흩어

---

13) 松浦玲, 『明治の海舟とアジア』, 岩波書店, 1987 참조.

져 대항하면 모두 격파당하므로 이에 약자가 서로 제휴함으로써 강자와 맞서자는 사고입니다. 이는 근대 이후의 '아시아주의'에서 엿보이는, 이를테면 강자가 된 일본이 약자인 조선과 중국을 지도한다는 그러한 시좌와는 다른 것입니다. 이로써 유럽이라는 강자의 위협 앞에서 청·조선·일본은 다함께 약자임을 전제로 하여 이 논의가 이루어지고 있음을 알 수 있습니다.

그렇다면 약자로 전제된 청과 조선 그리고 일본은 과연 어떠한 형태로 제휴가 가능할까요? 사실, 이것이야말로 어려운 문제입니다. 당시 동아시아의 외교·교역 관계를 생각해 보면, 조공하는 조선과 책봉하는 청 사이에는 비대칭적인 종속관계가 있었고, 정식적인 외교와 함께 교역도 이루어졌습니다. 그러나 청과 일본 사이에는 나가사키(長崎)를 통한 교역은 있었지만 정식적인 외교 관계는 없었습니다. 그리고 조선과 일본은 기본적으로는 대등한 관계로서 정식적인 외교 관계가 있었고, 교역도 이루어지고 있었습니다.

이처럼 근세의 청과 조선 그리고 일본은 불균형적인 관계를 맺고 있었고, 여기에 '세계 시장'의 임팩트가 더해져 '개항'이 육박하게 됩니다. 여기에는 서양 열강을 향한 '개항'뿐만 아니라 동아시아 상호 간의 '개항'도 과제였습니다. 불균형적인 관계 속에서 위기를 앞에 두고 새로운 관계를 맺는 일은 대단히 번거로운 문제로서, 대등한 관계로 뜻을 통일하기는 쉽지 않은 일이었습니다.

이전까지 중국은 동아시아에서 압도적인 강대국이었습니다. 따라서 당연히 중국과 주변 각 나라의 관계는 대등한 관계로 의식되지 않았습니다. 이러한 상황 속에서 가쓰 가이슈는 동등한 약자로서 연대가 가능하다고 간주합니다. 이것은 바로 유럽 대 아시아라는 대항관계 속에서 '발전'을 이룬 강대한 유럽의 위협 앞에서는 중화제국 또한 '정체'된 약자이며, 이런 점에서 조선이나 일본과 동일하다고 생각했던 것입니다. 즉, 유럽 대 아시아라는 구도 안에서 불균형을 품은 기존의 관계를 뛰어넘어 청·조선·일본을 대등한 약자로 간주하고, 그 속에서 연대와 '저항'을 주장한 것이 가쓰 가이슈의 텍스트라고 볼 수 있습니다.

당시 청과 일본은 이미 '개항'을 이루었으나 조선은 '개항'을 거부하고 있는 상태였으므로 서로 간의 새로운 조약은 체결되지 않는 정황 속에 있었습니다. 이에 가쓰 가이슈는 조선에 '개항'을 촉구하여 새로운 관계를 맺고, 또한 이를 청으로도 확대하려고 합니다. 이러한 움직임에서 동아시아의 청·조선·일본이 서로 '개항'을 이룸으로써 새로운 관계를 맺고 연대를 다지려는 의지가 엿보입니다. 또한 일기 속에는 "유무상통하여"라는 표현이 있는데, 여기서 각 나라의 부족한 부분을 서로가 보완해 가는 협력관계를 상정하고 있다는 것이 드러납니다.

이 표현은 단순한 정치적 연대가 아니라 교역을 통한 경제적 네트워크를 돈독히 해갈 것을 상정하고 있습니다. 가이슈의 일기에는 다음과 같은 기술도 있습니다. "쓰시마를 통해 조선과의 교제를 돈독히 하여 조선과 상업을 하고 이를 발판으로 베이징으로도 나아간다."[14] 이것은 '세계 시장'의 임팩트에 촉발된 동아시아의 청·조선·일본이 서로 교역 관계를 맺을 것과 아울러 분업·교환의 네트워크를 형성하여 국력을 고양시킴과 동시에 번영해 나갈 것을 도모하는 계획입니다. 즉, '세계 시장'을 가능케

---

14) 1865년(게이오 원년) 4월 21일; 勝海舟, 『勝海舟全集』 第18卷, 勁草書房, 1972에 수록.

했던 '근대'가 지닌 발전의 힘을 적극적으로 도입하면서 이를 발판으로 새로운 연대의 양상을 도모한 것입니다. 가쓰 가이슈에게 해군의 군함은 단지 군사력만을 의미하는 것이 아닙니다. 이는 '세계 시장'을 형성할 때 세계 각지를 연결하는 미디어, 글로벌화의 상징과도 같은 것입니다.

당시 동아시아의 청·조선·일본은 불균형적 관계를 맺고 있었으며 결코 대등하게 연대할 수 있는 그러한 관계는 아니었습니다. 그럼에도 불구하고 가쓰 가이슈는 유럽의 압력에 맞서고자 '세계 시장'을 가능케 했던 '근대'의 힘을 적극적으로 도입하여 새로운 연대를 창출하고자 생각했던 것입니다.

그러면 가쓰 가이슈의 이러한 목소리가 당시의 청이나 조선에서는 어떤 방식으로 수용되고 있었을까요? 먼저 청의 경우를 보면, 청은 지금까지 화이질서의 중심이었고 주변의 각 나라들을 복속시켜 왔기 때문에 청이 조선이나 일본과 대등한 관계를 맺는 것은 그리 쉬운 일이 아니었습니다. 또한 강경한 양이노선을 밟고 있는 조선은 '세계 시장'으로의 '개항'이란 서양 제국에 대한 굴복이라고 간주하고 이를 거부합니다. 만약 가쓰 가이슈가 직접 조선으로 건너가 '개항'을 담판 지으려 했더라도 당시에는 거절당할 가능성이 높은 정황이었습니다.

가쓰 가이슈는 1860년에 군함 간린마루[15]를 타고 미국으로 건너가 군함봉행으로서 서양식 해군을 창건하는 책임자가 됩니다. 그리고 고베에 해군 조련소도 설립합니다. 이러한 동향과 함께 그는 군함을 타고 조선

---

15) 간린마루(咸臨丸). 에도 시대 말기 일본인의 조종으로 태평양을 횡단한 일본 최초의 군함.
　　—옮긴이

과 청에 건너가 외교·교역 관계를 열려는 계획을 세우고 있었습니다. 그러나 정변(政變) 등의 정세 변화로 인해 가쓰 가이슈는 군함봉행의 책임자에서 물러나고, 이로 인해 조선에 도항하려는 계획도 실현되지 못한 채 끝이 납니다.

만약 가쓰 가이슈가 직접 군함을 타고 조선에 건너갔더라면, 바로 1875년의 강화도 사건과 같은 문제에 직면했을지도 모릅니다. 가쓰 가이슈는 유럽의 위협에 맞선다는 의미에서 청·조선·일본의 삼국제휴를 주장하지만, '개항'을 거부하는 조선에서 본다면 이는 바로 서양과 다름없는 '포함외교'(砲艦外交)로 비춰집니다. 이를테면 서양식 군함을 타고 방문하는 일본의 사절이 양이파·위정척사파에게는 '양이'(洋夷)와 다름없는 배척의 대상('왜양일체'(倭洋一體)으로서 '근대'의 힘으로 침략하는 존재로 여겨졌을 것입니다.

따라서 가쓰 가이슈가 주창하는 삼국제휴론에는 의도되지 않았으나, 이미 연대/침략이라는 양면이 서로 밀접하게 잠재되어 있음을 알 수 있습니다. 가쓰 가이슈는 '세계 시장'으로부터 촉발되는 '근대'의 힘을 동아시아에 적극적으로 도입하여 유럽에 맞설 힘을 비축하고자 했습니다. 그러나 이는 유럽이 가져온 '근대'의 힘을 동아시아에 도입함으로써 기존의 조선·청이 지닌 질서를 파괴하고 개혁해 나가는 것입니다. 여기에 바로 가쓰 가이슈의 주관적인 의도를 넘어 동아시아가 '세계 시장'에 포섭될 때 뒤따르게 마련인 불협화음이 내재되어 있습니다.

동아시아의 여러 국가들이 서로 '개항'을 하고 이로써 새로운 관계를 열어 간다는 것에 관한 의미를 짚어 볼 때, 여기에는 피할 수 없는 문제가 내포되어 있는 것은 아닐까요? 근대 아시아/일본의 관계가 안고 있는 침략/연대의 양면성. 여기에서는 이러한 계기들이 복잡하게 얽혀 간 지점을 확인해 두고 싶습니다.

그리고 가쓰 가이슈의 동아시아 제휴론에는 제휴해야 할 이웃 국가로서 류큐가 상정되지 않았던 점도 문제로 삼아야겠습니다. 당시 류큐왕국은 한편으로는 청과 조공–책봉관계를 유지하고 있었고, 다른 한편으로는 사쓰마한(薩摩藩)의 지배를 받고 있었으며, 동시에 서양으로부터는 불평등조약을 강요당하여 '개항'하게 됩니다. 서양 열강의 입장에서 보면 청이나 일본과 마찬가지로 류큐도 약자의 나라입니다. 그러나 류큐를 복속시키는 바쿠한체제(幕藩體制)를 전제로 한 가쓰 가이슈는 일본과 류큐를 대등한 약자로 상정하지 않았습니다.

또한 가쓰 가이슈는 군함 간린마루를 타고 도미(渡美)할 때 오가사하라 제도(小笠原諸島, Bonin Islands)에 들러 조사할 계획을 갖고 있었습니다. 그 당시 오가사하라 제도는 이미 영국인, 미국인, 하와이인 등이 들어와 있었고 영유를 둘러싼 분쟁이 한창이었습니다. 이러한 상황에 놓인 오가사하라 제도를 '개척'·'식민'하고 세력 범위를 넓히고자 함이 바쿠후 정책의 일환이었습니다. 이 계획은 실현되지 않았지만, 다음 해인 1861년에 간린마루에 승선한 미즈노 다다노리(水野忠德) 등에 의해 개척이 실현되고, 이로써 오가사하라 제도 영유를 둘러싼 기선을 제압하게 됩니다.[16]

가쓰 가이슈는 '근대'의 힘을 동아시아에 도입해 이를 널리 전파하려고 했습니다. 그러나 결국 이러한 행위는 앞서 살펴본 바와 같이, 류큐나 오가사하라의 '내국 식민지화'와도 결부되어 있으며 또 그 힘으로도 기능

---

16) 田中弘之, 『幕末の小笠原―歐米の捕鯨船で榮えた綠の島』, 中公新書, 1997 참조.

했습니다. 동아시아에 도입된 '근대'의 힘은 타자/자기를 맺어 가는 계기를 낳음과 동시에 한편으로는 타자를 제압하는 폭력의 계기도 품고 있었습니다.

사이고 다카모리의 '정한론' 문제

앞서 논한 가쓰 가이슈는 조선에 건너가지 않았습니다. 따라서 그는 침략/연대가 착종되는 곤란한 상황에 직면하지는 않았습니다. 그러나 10년 뒤인 1873년에 사이고 다카모리의 사절단 파견을 둘러싸고 메이지 6년 정변(정한론 정변)이 일어납니다. 이때 오쿠보 도시미치(大久保利通)·이와쿠라 도모미(岩倉具視) 등의 '내치 우선파'가 정부에서 영향력을 지니게 되면서, 이타가키 다이스케(板垣退助)·에토 신페이(江藤新平)·사이고 다카모리(西鄕隆盛) 등의 '정한파'들은 정권을 잃고 재야로 밀려납니다. 그러나 1875년에 강화도 사건이 발생하여 일본 정부는 군사력으로 조선을 압박하고 '개항'을 강요하며 불평등조약을 맺습니다.

이러한 일련의 과정들과 관련하여 사이고 다카모리는 전형적인 '정한론자'로, 또는 그와는 반대의 시각으로 비춰졌습니다.[17] 즉, 사이고 다카모리는 한편으로는 침략적인 '정한론자'로, 다른 한편으로는 평화적인 외교 교섭을 우선시하면서 아시아의 나라들이 서로 연대하여 서양 열강에 대항할 것을 지향한 아시아 연합론자로도 보입니다. 이는 10년 전의 시점인 가쓰 가이슈의 논의 속에도 잠재되어 있었던 문제를, 메이지유신 이후에 닥친 새로운 국면 속에 사이고 다카모리가 직면했음을 의미합니다.

---

17) 毛利敏彦, 『明治六年政変の研究』, 有斐閣, 1978 등.

세이난전쟁[18] 이후 가쓰 가이슈는 사이고 다카모리를 두고 '정한론자'는 아니었다는 견해를 제시합니다. 사이고에게는 메이지 정부가 일으킨 강화도 사건에 대해 도리에 어긋난 무례한 행동으로 보고 강도 높은 비판을 가했던 서간이 남아 있습니다.[19] 가쓰 가이슈는 이를 증거로 제시하며 사이고 다카모리가 '정한론자'가 아니었음을 주장하고 그의 명예회복을 도모합니다.[20] 당시 가쓰 가이슈가 사이고 다카모리의 주장을 자신의 동아시아 제휴론과 관련지어 이해했음을 엿볼 수 있는 대목입니다.

다만 이때는 가쓰 가이슈가 동아시아 제휴론을 주창한 1860년대와는 상황이 다릅니다. 이미 이때는 메이지유신을 겪은 이후였으므로 국가조직 형태도 에도 바쿠후에서 메이지 정부로 전환되었고, 국가 원수도 쇼군에서 천황으로 바뀐 상태입니다. 메이지 정부는 천황을 원수로 두면서 조선과 새로운 외교 관계를 맺으려 했지만, 이는 근세의 조일(朝日) 관계와는 성격이 다른 것이었습니다. 이를테면 근세에는 조선 국왕과 에도 바쿠후 쇼군이라는 관계에서, 기본적으로는 대등한 형식 속에서 외교 관계를 맺었습니다. 그러나 메이지 정부는 천황을 국왕보다 격이 높은 황제의 위치에 놓은 것으로 규정했습니다. 이로 인해 상위의 천황이 하위의 조선 국왕에 대해 '칙'(勅)을 내리는 형식으로 외교 문서를 작성합니다. 이는 물론 조선 쪽에서 보면 일본 국내 사정의 변화에 따라 지금까지 대등한 관

---

18) 세이난전쟁(西南戦争). 1877년 일본 서남부 가고시마(鹿兒島)의 규슈 사족(士族)인 사이고 다카모리(西鄉隆盛)가 앞장서 일으킨 반정부 내란으로 정부는 징병령에 의한 군대를 앞세워 이를 진압했다. 사이고 다카모리를 비롯한 지도자는 대부분 자결했다.—옮긴이
19) 시노하라 도이치로(篠原冬一郎; 시노하라 구니모토篠原国幹) 앞으로 보낸 서간. 1875년 10월 8일.
20) 松浦玲, 『明治の海舟とアジア』 참조.

계였던 외교 원칙을 일방적으로 뒤집는 것이었으므로 도저히 수용할 수 없는 것이었습니다. 이로 인해 조선은 외교 문서의 수취를 거절하고, 양쪽 모두가 상대를 '무례'하다고 간주하게 됨에 따라 상호 간의 불신 속에서 일본 쪽의 '정한론'은 증폭되어 갑니다.

사이고 다카모리에게는 일본의 천황이 상위에 있다는 일본 정부의 외교 방침이 이미 전제되어 있었으므로, 기본적으로 대등한 입장에서 제휴하려 했던 가쓰 가이슈의 경우와는 정황이 다릅니다.

더욱이 조선으로 파견되기를 원했던 사이고 다카모리의 의도가 어디에 있었는지, 역시 침략할 계획이었는지, 아니면 평화적 교섭을 통해 연대를 돈독히 할 것을 목표로 했는지를 두고 지금까지 많은 논의가 이루어져 왔습니다. 또 이타가키 다이스케 앞으로 보낸 서간(1873년 7월 29일자) 혹은 다이조대신(太政大臣) 산조 사네토미(三条実美)에게 제출한 의견서 「조선 파견사절 결정 경위」(朝鮮派遣使節決定始末, 1873년 10월 15일자) 등의 문언(文言)을 둘러싸고 다양한 해석이 이루어져 왔습니다.

이타가키 다이스케 앞으로 보낸 서간은 강경한 '정한론'을 주장하는 이타가키를 설득하며 우선 비무장 사절로 자신을 파견할 것을 주장합니다. 또한 산조 사네토미에게는 조선과의 "교의(交誼)를 돈독히" 한다는 취지를 강조하고, 역시 비무장 사절로 자신이 조선에 건너가 교섭할 것을 주장합니다. 이러한 일련의 상황들로 볼 때, 사이고의 주장은 평화적 외교 교섭을 통해 조선과 새로운 관계를 열고 연대를 돈독히 하는 것이 그 의도였음이 명백합니다. 다만 사절로 방문하는 자신을 두고 혹시 조선 쪽에서 "폭살", "폭거"가 일어날 경우 그 책임을 묻고 전쟁을 불사할 것을 주장하고 있으므로, 이 역시 일종의 '정한론'으로도 간주됩니다.

그러나 '정한론' 문제는 단지 사이고 다카모리의 의도가 어디에 있었는가라는 점만을 논하는 것으로는 해결될 수 없는 문제입니다. 당시는 일본의 내정과 외교 전반이 격변을 겪고 있던 전환기였습니다. 일반적으로 '정한파'가 재야로 밀려나고 '내치 우선파'가 정부에 남았던 것으로 간주되는 메이지 6년 정변 이후, 야당이 된 '정한파'가 다음 해 「민선의원 설립건백서」(民選議院設立建白書)를 제출하고 이어서 자유민권운동이 본격적으로 일어납니다. 그리고 에토 신페이의 사가의 난,[21] 사이고 다카모리의 세이난전쟁 등 사족의 반란이 이어지고, 마침내 자유민권운동이 각지에서 무장반란을 일으키게 됩니다. 또한 1870년대는 타이완 출병과 류큐 병합 등 메이지 정부가 적극적인 외정(外征)을 되풀이했던 시기이며, 이러한 가운데 강화도 사건도 일어납니다.

1870년대에 일본은 동아시아를 향해 본격적인 '개항'을 시도합니다. 이는 기존의 동아시아 국제질서를 개변(改變)하고 재편성을 시도하려는 것입니다. 또한 이러한 일련의 움직임 속에서 '정한론' 문제가 거론됩니다. 한편 청과 일본은 기본적으로는 대등한 조건으로 일청수호조규(1871년)를 맺습니다. 그러나 청과 일본의 틈새에 있는 류큐왕국과 타이완 선주민의 귀속 문제를 둘러싼 대립이 발생하며, 결국은 타이완 출병과 류큐 병합이 일어납니다. 그리고 다른 한쪽인 북방에서는 러시아와 일본 사이에서 '아이누 모시리'[인간의 대지라는 뜻]인 홋카이도·사할린(가라후토樺

---

21) 사가의 난(佐賀の亂). 사가전쟁이라고도 한다. 1874년 에토 신페이(江藤新平), 시마 요시타케(島義勇) 등이 리더가 되어 메이지 정부의 개화정책에 반대해 사가에서 일으킨 사족 반란의 하나이다. 불평사족이 일으킨 최초의 대규모 반란이었으나, 정부군에 패하여 에토 등은 처형되었다. ─옮긴이

太)·쿠릴(지시마千島)을 둘러싸고 영토 분할이 거듭됩니다.

이러한 시도는 동아시아 지역에 새로운 왕권 국가 시스템을 도입하고 지금까지 불명확했던 국경을 확정 짓고자 한 것입니다. 또한 이로 인해 기존의 화이질서, '조공-책봉'의 네트워크를 폭력적으로 개변하여 새로운 국제질서를 창출하려는 움직임 속에서 '정한론'의 문제가 대두됩니다.

사이고 다카모리는 어디까지나 군인·정치가이므로 정리된 상태의 저작을 남기지 않았습니다. 따라서 사이고 자신이 어떤 이념을 갖고 있었는가를 체계적으로 파악하기는 어렵습니다. 다만 기본적으로는 가쓰 가이슈의 동아시아 제휴론과 일맥상통하는 점이 있다고 볼 수 있습니다. 즉, 동아시아 각국이 문명개화, 근대화를 향해 나아가고 이에 발맞추어 새로운 관계를 맺어 연대를 돈독히 하며 서양 열강의 위협에 맞선다는 사고입니다. 이를 위해 사이고 다카모리는 우선 스스로 사절이 되어 조선에 건너가 '개항'을 촉구하고, 새로운 관계를 열기 위해 교섭을 진행시키려 했던 것입니다. 그러나 이것이 폭력적으로 거절당했을 경우에는 군사력을 행사할 것도 염두에 두고 있었습니다.

가쓰 가이슈와 마찬가지로 사이고 다카모리 또한 '세계 시장'의 충격 속에서, 동아시아 각국이 서로 '개항'하여 새로운 관계를 맺기 위한 교섭의 일환으로 조선의 사절 파견 문제를 생각하고 있었다고 할 수 있습니다.

다만 메이지유신을 완수한 이후의 사이고에게 동아시아의 문명개화 모델은 역시 메이지유신이었습니다. 또한 사이고는 그 변혁을 동아시아 전역으로 넓히려 했던 점에서 '대아시아주의'의 계보로 이어지는 인물이기도 합니다. 또한 가쓰 가이슈의 경우와는 달리 일본의 천황이 조선의 국왕보다 위에 있다는 것이 전제되었던 시기였으므로 이미 대등한 관계로 상정되지는 못했습니다. 이러한 점을 보면 그는 가쓰 가이슈 이상으로 침략적인 면이 강했다고 간주할 수 있습니다.

사이고의 의도는 동아시아의 여러 나라들이 서로 '개항'을 이루고 연대를 돈독히 하는 것에 그 취지가 있었다고 볼 수 있습니다. 그러나 '개항'을 거절하고 있는 조선 정부의 입장에서 본다면, '근대'의 힘으로 '개항'을 밀어붙이는 강제적이고 폭력적인 존재로 비춰집니다. 당시의 조선에서는 실학파의 계보를 이은 박규수(朴珪壽) 등의 개화파가 등장하며, 자주적인 개국론도 논의되기 시작합니다. 그러나 이는 아직 소수파였으며 대세는 양이론으로 기울어져 있었습니다. 한편 서로 불신하는 관계 속에서 일본 측의 '정한론' 또한 증폭됩니다. 이러한 정황에서는 평화적 교섭을 통해 '개항'을 실현한다는 것 자체가 어려웠을 것으로 보입니다.

그러나 이러한 정세 속에서 사이고 다카모리는 스스로 사절이 되어 조선으로 건너갈 것을 주장하고 있습니다. 이는 상호 불신이 고양된 가운데 충돌이 일어날 경우에는 군사력을 행사할 것도 시야에 넣어 두고 있었기 때문에 침략으로 향하는 일면을 명백히 지니고 있습니다.

바로 이러한 상황에서 앞서 살펴본 가쓰 가이슈의 경우에도 이미 내재되어 있던 침략과 연대의 이중성이 엿보입니다. '세계 시장'이라는 임팩트 속에서 동아시아의 나라들이 서로 '개항'하고 새로운 관계를 맺으려는 가운데, '근대'를 향한 자신의 변혁을 가져옵니다. 또한 이를 동아시아의 타자에게도 촉구하며 '근대'를 보급시키고자 함은 침략과 연대의 양면을 움트게 합니다. 그리고 그 불가피한 통과점으로서 사이고 다카모리를 둘러싼 '정한론'의 문제가 있었던 것이 아닐까 생각됩니다.

2. 갑신정변을 둘러싼 갈등

여기에서는 1880년대에 일어난 갑신정변과 이를 둘러싸고 불거진 갈등에 대해 살펴보고자 합니다. 특히 이와 관련해서 오이 겐타로 등의 자유당 관계자들에 의한 오사카 사건, 그리고 갑신정변 전후의 후쿠자와 유키치의 논의들을 언급하고자 합니다. 1880년대의 조선은 임오군란과 갑신정변이 일어나고, 근대화·문명개화의 행방, 그리고 청·일본·구미와의 관계를 둘러싼 분쟁이 이어지는 불안정한 시기였습니다. 일본의 자유민권론이나 계몽사상은 이러한 조선의 정세와 밀접한 관계를 지니고 있었는데, 여기에는 어떠한 문제가 내포되어 있었는지를 살펴보도록 하겠습니다.

갑신정변과 자유당·오사카 사건

갑신정변은 김옥균·박영효 등 조선의 급진 개화파가 일으킨 쿠데타 사건입니다. 당시 정권을 잡고 있던 민씨(閔氏) 정권(1873~94년)은 청의 양무정책에 가까운 노선을 밟으며 점진적 개혁에 나서고 있었습니다. 그러나 임오군란 이후, 청은 조선을 향한 적극적인 개입을 행사하고 종속관계를 강화합니다. 급진 개화파는 바로 이러한 정세 속에서 위기감을 느끼며 일본과 손잡고 청의 개입을 견제하고자 급진적인 개혁을 시도합니다.

이때 김옥균 등은 한성 주재 일본 공사 다케조에 신이치로(竹添進一郎)와 미리 접촉하여 쿠데타가 일어날 경우 일본이 군사력을 지원하고 청의 군사 개입을 견제한다는 약속을 얻어 내고 있었습니다. 김옥균 등의 급진 개화파는 민씨 정권을 타도하고 급진 개화파 중심의 정권을 창출하여 개혁을 꾀하고 근대국가로서 조선을 재구축하고자 했습니다. 이를 위해 김옥균은 사전에 몇 번이나 일본을 방문합니다. 그리고 사절단 내지 유학생을 일본으로 파견시키고 정부, 민간의 각 세력들과 활발히 교섭합니다. 이 과정에서 외무대신인 이노우에 가오루(井上馨)와 교섭하면서 일본의 차관을 유도하며 후쿠자와 유키치와의 교류를 돈독히 합니다. 그리고 유길준 이외의 많은 유학생들을 게이오기주쿠로 보냅니다. 또한 고토 쇼지로(後藤象二郎) 등 자유당계 사람들과도 연락을 취해 자금 원조와 무기 원조를 얻어 내려는 시도를 합니다. 이와 같이 급진 개화파는 일본의 각 세력들과 연대하며 자신들이 주체가 되어 쿠데타를 준비합니다.

그러나 갑신정변은 청의 군사 개입으로 진압되어 실패로 끝나며, 민씨 정권이 부활합니다. 이에 급진 개화파는 탄압을 받아 파멸에 이르고, 김옥균과 박영효 등은 일본으로 망명합니다. 한편 청은 군사 개입으로 개화파 정권을 진압한 뒤 조선에 대한 영향력 행사를 한층 강화합니다. 이와 같이 급진 개화파의 개혁은 좌절을 맞게 되고 오히려 청의 영향력만 키우는 결과를 낳습니다.

이러한 결과는 고스란히 일본의 자유당 좌파에게도 좌절을 맛보게 합니다. 이에 오이 겐타로·고바야시 구스오(小林樟雄)·아라이 쇼고(新井章吾) 등 자유당 좌파 사람들은 오사카 사건(1885년)을 일으킵니다. 이 사건은 조선에 개입하여 급진 개화파를 지원하고자 한 것입니다. 자유당 좌파는 우선 자금을 모으고 무장하여 조선으로 건너가 급진 개화파를 지원하고자 무력투쟁을 계획합니다. 또한 무력적인 방법으로 민씨 정권을 타도하고 청의 영향력 또한 배제함으로써 김옥균 등의 급진 개화파가 중심이 된 정권 수립을 꾀합니다. 당시 자유당 좌파들은 조선의 개화파 정권과 손잡아 연대를 돈독히 하고 청의 압력에 맞서면서, 또 한편으로는 일본 국내에서도 자유민권파에 의한 개혁을 꾀하며 번벌(藩閥) 전제정부를 타도하고자 합니다. 이러한 계획을 지닌 자유당 좌파들은 자금을 모으며 무기를 비축하는 등 준비를 하고 있었으나, 실제로는 조선으로 건너가기 전에 발각되어 일제히 검거되며 재판에 부쳐집니다.

이것은 자유민권론의 자유당 좌파 사람들이 급진파 입장에 서서 일본과 조선의 개화파가 연대를 통해 개혁을 꾀하고, 이를 통해 동아시아의 근대화·문명개화를 추진하고자 했던 프로젝트입니다. 이러한 오사카 사건에 대해서도 지금까지 아시아 연대의 시도인지, 아시아에 대한 침략인지를 놓고 논의가 거듭되어 왔습니다.

이는 한편으로는 조선의 급진 개화파를 돕고 서로 연대하여 근대화·문명개화를 추진하려 했다는 점에서 아시아 연대의 시도라는 평가를 내릴 수 있습니다. 그러나 또 한편으로는 무력으로 조선에 개입하여 민씨 정권을 타도하고 청의 영향력을 배제하며 급진 개화파 정권을 지원하려 했다는 점에서 조선을 일본의 영향력하에 두려고 했다고도 볼 수 있으므로, 명백히 침략적인 면모를 띠고 있었다고 간주할 수 있습니다. 이 장면에서도 근대 일본사상이 아시아의 변혁에 관여하고 또 연대를 시도하고자 할 때, 아시아와의 관계 속에서 항상 따라다니는 침략/연대의 이중성이 뚜렷이 드러나고 있습니다.

오사카 사건에 대해서는 재판기록 등 많은 자료가 남아 있습니다. 그중 실제로 조선에 건너가 무력투쟁을 벌일 때 대의명분을 걸고 널리 호소할 계획으로 배포할 예정이었던 격문(檄文)이 남아 있습니다. 이는 야마모토 겐(山本憲)이 써낸 「조선의 자주를 고하는 격」(朝鮮ノ自主ヲ告グル檄)으로서, 검거당할 때 관헌에게 압수당했던 자료입니다. 이 격문은 원문이

한문으로 씌어 있는데, 조선인 혹은 중국인이 읽을 것을 상정하여 썼음을 엿볼 수 있습니다.

이 책에서는 『오사카 사건 관계사료집』[22]의 '해제'에 수록된 내려쓰기(書き下し文)[23]에 대해서 살펴보도록 하겠습니다. "일본의 의도(義徒)는 격문을 통해 천하의 만민에게 조선은 자주의 나라임을 알린다"라는 선언으로 시작되는 이 격문은 조선이 문명개화하고 자주적인 국가가 되고자 하나, 이를 청이 방해하고 조선의 '사대'(事大) 세력은 이를 추종하고 있다, 이에 우리들은 청의 영향력을 배제하고 개화파 정권을 세우기 위해 싸우는 것이라는 대의명분을 높이 내걸고 있습니다.

여기서의 키워드는 '자유의 대의'(自由の大義)라는 표현입니다. "우리들은 항상 자유의 대의라는 입장으로 천하에 나선다." 자기 자신들은 스스로 '자유의 대의'에 목숨을 던지는 '의도'임을 자임하고 있습니다.

조선의 가업[先業]을 회복시켜 자주의 나라로 만든다. 청의 굴레를 벗어버림으로써 청의 폭력은 완전히 사라지고 구미 문명화를 전파하고자 함은 진정으로 조선 국왕의 마음임과 동시에 조선 국민의 의지이다.

이를테면 자신들로 인해 조선은 '자유'를 낳고, 이를 위해 문명개화를 추진하기 위한 '의도'로 자임하며, 청의 개입을 배제하고 청을 방패로 삼아 개화파를 억압하고 있는 민씨 정권을 타도하기 위한 투쟁이라 말하고

---

22) 松尾章一·松尾貞子 編, 『大阪事件関係史料集』上, 日本経済評論社, 1985.
23) 잡지 연재분이 아닌 단행본만을 위해서 쓴 원고.—옮긴이

있습니다.

여기에서 주목되는 것은 '구미 문명화'를 이념으로 내걸며 조선에 관여하고 청의 세력을 배제하고 있다는 점입니다. 이 격문에서는 청에 대해 "온 세계[宇內]의 문명을 경색시키고 있다"라고 비판하고 있습니다. 스스로를 '구미 문명화'의 전파를 짊어졌다고 자임하면서 "온 세계의 문명을 경색시키는" 청과 대비하여 '문명'과 '자유'를 위해 투쟁하는 '의도'로서 자기주장을 펼칩니다. 바로 여기에 '문명'이라는 이름하에 아시아로 개입해 가는 '근대'의 폭력이 드러나 있습니다.

또한 프랑스가 '자유의 대의'를 위해 영국과 독립전쟁을 벌이고 있는 미국을 지원한 것을 그 예로 들면서 청으로부터의 독립을 위해 조선을 지원해야 마땅함을 호소하고 있습니다. 이 글에서는 '자유의 대의'라는 이념은 국경을 넘어서는 보편적인 것으로, "어찌하여 국경이 다름을 묻는가"라고 묻고 있습니다. 고토 쇼지로 등 자유당원은 갑신정변에 앞서 실제로 프랑스로부터 자금과 무기 원조의 알선을 시도합니다. 자유당 좌파는 프랑스가 구현한 보편적인 '자유'의 이념을 동아시아에 전파시키는 대리인(agent)으로 자청하고 조선에 개입하고자 합니다.

오사카 사건 공판에서 오이 겐타로는 이 전쟁은 일반적인 침략전쟁이 아닌 '자유'라는 대의를 위한 전쟁임을 거듭해서 주장하고 있습니다. "독립당(급진 개화파)은 우리 자유당과 그 뜻을 같이하며 급진 개화파가 정권을 잡는다면 조선 인민에게 이익이 될 것이다."(1887년 7월 21일)[24] 즉, 김옥균 등 급진 개화파는 '자유'의 대의에 있어서 자신들과 가까운 입

---

24) 『大阪事件関係史料集』上.

장이기 때문에 이에 방관할 수 없어 적극적으로 개입했음을 설파합니다.

　이와 같이 오이 겐타로 등은 동아시아의 문명개화를 '자유의 대의'라는 이름하에 이끌고 나아갈 것을 목표로 삼고 있습니다. 그 배후에는 '구미 문명화'와 "온 세계의 문명을 경색시키는" 청과의 대비구도가 가로놓여 있습니다. 여기에는 '발전'한 유럽과 '정체'된 아시아를 갈라놓고 스스로를 유럽 쪽에 두는 오리엔탈리즘이 새겨져 있습니다.

　그러나 오이 겐타로 등은 일본이 이룬 문명개화의 발전을 일방적으로 내세우며 청이나 조선을 뒤떨어진 것으로 간주하는 입장을 취하고 있었던 것은 아닙니다. 오이는 공판의 변론에서 다음과 같이 말하고 있습니다. "세상에는 현재의 우리나라를 두고 거침없이 문명화가 추진되고 구미와 어깨를 나란히 한다는 둥 떠들어 대며 장단을 맞추면서 안심하는 이들이 있는데, 이는 한쪽으로 치우친 편협한 생각이다."[25] 오이는 공판에서 번벌 전제정부가 인민의 자유를 간섭하고 있음을 거듭해서 비판합니다.

　조선에서 임오군란, 갑신정변이 일어난 1880년대 전반, 일본에서도 후쿠시마(福島) 사건(1882년), 다카다(高田) 사건(1883년), 그리고 1884년에는 군마(群馬) 사건, 가바산(加波山) 사건, 나고야(名古屋) 사건, 지치부(秩父) 사건, 한다(飯田) 사건 등 각지에서 자유민권 반란이 잇따라 발생합니다. 이러한 일련의 '격화'(激化) 사건은 궁핍한 농민들의 봉기와 연결되어 무력투쟁을 통한 급진적인 자유민권 혁명을 일으킵니다. 또한 반란이 성공했을 경우에는 도쿄에 진격하여 번벌 전제정부를 전복시킬 것도 시야에 넣어 두고 있었습니다. 그러나 이러한 반란들은 가차 없이 진압되고

---

25) 『大阪事件関係史料集』上.

자유민권운동이 막다른 지경에 몰린 가운데 자유당도 해체됩니다.

갑신정변의 좌절로 개화파의 개혁이 정체상태에 빠진 조선과 마찬가지로 일본 국내에서도 자유민권 개혁이 정체상태에 빠지고 맙니다. 오이 겐타로는 일본과 조선의 개혁의 행방이 연동하고 있기 때문에 한쪽 개혁의 성공 여부가 다른 한쪽 개혁의 성패에 연결된다고 생각합니다. 자유민권개혁을 성공시키기 위해서는 조선의 급진 개화파와 연대하면서 청의 개입을 배제하고 동아시아 전역에 문명개화를 추진할 필요가 있다고 생각했던 것입니다.

이러한 논의들은 아시아 연대의 시도인가, 아시아에 대한 침략인가라는 막연한 구도로는 적확하게 파악할 수 없습니다. 동아시아에는 조선의 민씨 정권, 그리고 그 배후가 되고 있었던 청조(淸朝), 더욱이 일본의 번벌 전제정부라는 반동 세력이 있었고, 조선의 급진 개화파와 일본의 자유민권파는 서로 연대하면서 프랑스의 힘을 빌려 문명개화를 추진하려고 했습니다.

갑신정변이나 오사카 사건이 일어난 1884~85년에는 인도차이나반도 지역의 영유를 둘러싸고 청불전쟁이 일어나고, 청의 군대는 베트남 지역에 중점적으로 배치됩니다. 이때 급진 개화파와 자유당 좌파는 청불전쟁을 조선에서 청의 영향력을 배제할 절호의 찬스로 받아들이고 있었습니다. 이는 아시아의 이웃나라인 청과 식민지화가 진행되고 있는 베트남을 지원하여 유럽에 맞서고자 함이 아니라, 유럽의 문명과 근대를 폭력적으로 도입함으로써 청의 영향력을 몰아내고 동아시아를 개혁하고자 하는 생각입니다. 이와 같이 오사카 사건에는 조선의 급진 개화파와 연대한다는 연대론이 있었고, 또 다른 한편으로는 '문명'이라는 이름하에 아시아로 개입해 가는 '근대'의 폭력이 작동하고 있었습니다.

이러한 '근대'를 바라보는 시선은 그 뒤 일본의 헌법발포(1889년), 의회개설(1890년)을 거치면서 한층 고양됩니다. 헌법발포 사면으로 출옥한 오이 겐타로는 '동양자유당'을 결성합니다(1892년). 「동양자유당 조직 취지」에서 그는 "우리 일본인은 기꺼이 아세아 개혁의 지도자로서 스스로 임무를 완수해야 할 것"[26]이라고 주장하고 있습니다. 조선과 일본의 개혁을 위해 국경을 뛰어넘은 연대론은 이렇게 해서 '아세아 혁신의 지도자'로서 '일본인'의 자부심을 산출하기에 이릅니다.

후쿠자와 유키치의 문명화론

다음으로 후쿠자와 유키치의 논의를 살펴보고자 합니다. 이 책에서는 갑신정변 이후 후쿠자와 유키치가 논했던 「탈아론」(1885년)보다는 갑신정변 이전 조선의 문명개화에 적극적으로 관여했던 시기의 논의들에 주목하고 싶습니다. 이러한 입장이 가장 선명하게 드러나는 논설로는 「조선과의 교제를 논함」[27]을 들 수 있습니다.

우선 서두는 "일본과 조선을 놓고 본다면, 일본은 강대하고 조선은 약소하다. 일본은 이미 문명이 발달했고 조선은 아직 미개하다"라는 서술로 시작됩니다. 여기에서 잘 알 수 있듯이, 후쿠자와는 '문명'과 '미개'라는 도식으로 일본과 조선을 파악하고 있습니다. 그리고 미국이 일본을 개항시킨 것처럼, 일본이 조선에 군사적 압력을 가해 개항시킨 강화도 사건에

---

26) 『新東洋』創刊号, 1892년 10월 3일.
27) 福沢諭吉, 「朝鮮の交際を論ず」, 『時事新報』, 1882년 3월 11일자; 『福沢諭吉選集』 第7卷 수록.

대해 "우리 일본국의 영예"라고 평가하며, 따라서 일본과 조선의 관계는 미국과 일본의 관계와 동일하다고 말합니다. 후쿠자와는 일본이 동아시아에 '문명'을 전파한다는 사명 아래 조선에 개입해 나아가야 한다고 생각하고 있었던 것입니다.

여기서는 뒤의 「탈아론」에서 보이듯, '발전'한 일본과 '정체'된 아시아를 분리하고 일본이 단독으로 근대화를 추진한다는 그러한 노선은 보이지 않습니다. 그보다는 조선 내부의 개화파와 양이파가 분열되면서 분쟁이 일어나고 있는 정황에 적극적으로 개입하여 근대화·문명개화를 향해 원조·지도해 나아간다는 입장을 취하고 있습니다.

조선 국내의 정치가 안정될지 혼란스러워질지, 또 문명이 진보할지 퇴보할지에 대해 [일본은] 전혀 무관계한 듯 여겨서는 안 될 것이다. 만약 조선의 형편이 미개하다면 이를 문명을 향해 유도해야 할 것이며, 또한 조선의 인민이 완고하다면 조선 인민을 설득시켜야 할 것이다.

또한 후쿠자와는 "유도설유"(誘導說諭)라는 표현을 사용하고 있는데, 이는 문명개화를 위해 이끌고 깨우치며 설득시킨다는 의미의 동사를 짜맞춘 것입니다. 이는 바로 조선에 '문명'을 가르치는 교사로서 일본의 역할을 자리매김한 것입니다.

다만 이것은 단순히 말뿐인 계몽만을 의미하는 것이 아닙니다. 후쿠자와는 바쿠후 말기[幕末]의 일본에서 양이파가 서양인을 공격한 것처럼, 조선의 양이파가 일본인을 공격할 위험성을 예로 들며 무력을 사용해서라도 제압할 것을 주장합니다.

우리 일본이 무력과 권위를 앞세워 조선인의 마음을 압도하고, 일본의 국력으로 이웃나라가 문명을 향해 나아갈 수 있도록 돕는 것은 흡사 우리 일본의 책임이라 할 수 있다.

후쿠자와는 무력을 통해서라도 양이파를 누르고 개화파를 지원하여 조선의 문명개화를 위해 개입해 나아간다는 입장을 취하고 있습니다.

그리고 후쿠자와는 이러한 조선을 향한 개입을 두고 '서양 제국(諸國)'의 위협에 맞서고 '아세아'의 독립을 지키기 위함이라고 주장하고 있습니다.

"아세아의 나라들은 협심동력(協心同力)하여 서양인의 침략을 막는다", "아세아 동방에서 그 맹주를 맡을 수 있는 나라는 우리 일본이라고 말할 수밖에 없다." 이는 아시아의 나라들이 함께 문명개화를 이루고 서로 도우며 번창해 나갈 것을 꾀하는 것으로 일종의 '흥아론'으로도 간주할 수 있는 주장입니다. 또한 일본이 동아시아에서 선진적으로 문명개화를 이루고 있다는 자기인식을 근거로 일본이 맹주임을 주장합니다. 따라서 "이웃인 지나·조선"도, "우리나라를 모방하여 가까운 시일에 문명을 함께 수혜받음이 마땅함"이라고 말하고 있습니다.

위에서 살펴본 바와 같이 후쿠자와의 주장 속에는 아시아주의적인 '흥아론'과 함께 문명국인 일본이 아시아의 여러 나라들을 지도해 간다는 맹주론 역시 각인되어 있습니다. 여기에서도 아시아 연대의 논리와 함께 '문명'이라는 이름하에 아시아에 개입해 가는 '근대'의 폭력이 작동하고 있습니다. 이러한 논리는 『시사소언』(時事小言, 1881년) 등 당시 후쿠자와가 펴낸 텍스트에 거듭 되풀이되어 나타나고 있습니다.

이와 같이 갑신정변의 좌절을 거쳐 「탈아론」 집필에 이르기 이전의 후쿠자와 유키치는 적극적으로 조선에 개입하여 문명개화를 위해 도움을 주는 한편, 지도해 간다는 입장을 취하고 있습니다. 그리고 이 주장은 연대의 파트너로서 김옥균·박영효 등의 급진 개화파를 명확히 상정하고 있습니다. 실제로도 김옥균은 조선에서의 개혁을 성공시키기 위해 후쿠자와 유키치와의 교류를 돈독히 합니다. 그리고 유길준 외에 많은 유학생들을 게이오기주쿠에 유학시킵니다.

또한 후쿠자와는 급진 개화파의 요망에 따라 문하생인 우시바 다쿠조(牛場卓藏)나 이노우에 가쿠고로(井上角五郞) 등을 조선에 파견하고, 한문으로 된 『한성순보』(漢城旬報, 1883년 창간)와 한글·한자 혼용의 『한성주보』(漢城周報, 1886년)의 발간을 돕습니다. 이는 일본의 『시사신보』(時事新報, 1882년) 창간과 병행하여 조선에서도 근대적 언론·저널리즘의 장을 형성하려 했던 시도였습니다. 이러한 구체적인 교섭관계를 배경으로 후쿠자와는 조선의 문명개화에 적극적으로 관여할 것을 주장합니다.

여기에서 후쿠자와 유키치는 조선인에 대해 스스로를 '문명'을 가르치는 교사로 자임하고 있습니다. 앞의 논설 「조선과의 교제를 논함」에서도 조선의 '완고'[頑陋]한 인민들을 깨우치고 설득시켜 문명으로 이끈다는 서술이 있습니다.

물론 일본에 있어서도 후쿠자와는 "무지몽매"한 민중에게 '문명'의 위대함을 가르치고 '몽'(蒙)을 '깨우치는'[啓] 교사로 등장한 계몽사상가입니다. 문명개화를 위해 민중의 깨우침을 인도하는 『학문의 권장』(学問のすすめ)[28] 등은 많은 독자들에게 수용되었습니다. 그러나 여기에는 발전을 짊어질 근대적 주체를 생성하는 규율권력 또한 새겨져 있습니다.

그리고 후쿠자와 유키치에게 있어서 일본 국내의 "무지몽매"한 민중을 계도(啓導)하는 교사로서의 자신의 존재와, 조선을 '미개'로 간주하여 적극적으로 개입하면서 문명개화를 향해 이끈다는 자세는 기본적으로 공통된 과제로 자각되어 있다고 볼 수 있습니다. 즉, 후쿠자와는 조선을 문명개화로 이끄는 교사로서 행동을 자처하고 있습니다.

후쿠자와는 게이오기주쿠에 최초로 조선인 유학생 유길준과 유정수(柳正秀)를 받아들입니다. 이때 고이즈미 노부키치(小泉信吉), 히노하라 쇼조(日原昌造) 앞으로 보낸 서간[29]에는 다음과 같이 씌어 있습니다.

우선 내 집에 이 두 학생을 머무르게 한 뒤, 친절하게 유도(誘導)했습니다. 실로 이십 수 년 전의 나를 떠올려 본다면 이 학생들과 같은 기분으로 그 기분을 잘 알 수 있었습니다. 조선에서도 최초의 외국 유학생이며 게이오기주쿠로서도 최초의 유학생이 되니, 이는 실로 기이한 만남이라 할 것입니다. 이러한 만남을 인연으로 조선인은 귀천의 구별 없이 항상 내 집을 방문합니다만, 조선인의 이야기를 듣고 있자면 그것은 다름 아닌 삼십 년 전[1850년]의 일본이었습니다. 아무쪼록 앞으로도 좋은 교류를 열어 가고 싶습니다.

후쿠자와는 이 서간에서 조선인 유학생을 '유도'한다는 표현을 사용하고 있습니다. 그리고 조선과 일본 사이의 '삼십 년'이라는 격차를 통해

---

28) 후쿠자와 유키치, 『학문의 권장』, 남상영 옮김, 소화, 2003. 『학문을 권함』, 양문송 옮김, 일송미디어, 2004.—옮긴이
29) 1881년 6월 17일자; 『福沢諭吉書簡集』 第3卷, 岩波書店, 2001 수록.

문명개화의 길을 가르치고 이끌고자 합니다. 여기서 주목해야 할 것은 조선인을 대하는 모습이 드러나는 서간(1881년)과 조선과의 외교정책을 논하는 시평 「조선과의 교제를 논함」(1882년) 모두에서 공통적으로 '유도'라는 단어가 쓰이고 있다는 것입니다. 또한 이 서간을 썼을 당시는 바로 『시사소언』을 집필하던 중이었으며, '흥아론'·맹주론이라는 입장을 확립해 가던 시기였습니다.

후쿠자와는 조선인과 구체적이면서도 개인적인 교섭을 통해 조선에 '문명'을 가르치고 '유도'하는 교사로서의 '일본'을 자각합니다. 그리고 '동아'의 맹주론을 주장합니다. 그러나 이것은 동시대의 모순과 갈등을 함께 나누는 타자와의 교섭이 아니라, 과거의 자기(自己)를 투영하면서 문명으로 '유도'해야만 하는 '뒤떨어진' 타자와의 관계 속에서의 교섭이었습니다.

여기에는 갑신정변 이후의 「탈아론」에서 드러나는 것처럼, '정체'된 아시아와 절연하고 '발전'한 유럽과 가까이하여 아시아를 침략하려는 자세와는 다른 형태로 '근대'의 힘이 작동하고 있습니다. 즉, 일본은 어디까지나 '아세아'의 일원이며 아시아의 여러 나라들과 더불어 문명개화를 이루고 서로 도우며 번창해 간다는 '흥아론'의 입장을 취하고 있지만, 그 이면에는 '문명'이라는 이름 아래 동아시아에 개입하고 '유도'해 가는 '근대'의 폭력이 작동하고 있습니다. 이는 문명개화를 이루고자 분투하는 김옥균 등의 급진 개화파, 그리고 게이오기주쿠에 파견된 유길준과 그 이외의 유학생들과의 구체적인 관계, 즉 간주체적(間主體的)인 교섭의 장에서 작동하고 있는 지(知)＝권력인 것입니다.

또한 이러한 관계가 일본을 동아시아 문명개화의 지도자로 자리매김하는 후쿠자와에게 자기확신을 가능하게 했으리라 생각합니다. 김옥균 등은 조선의 문명개화를 통해 자주적인 국가 건설을 이룩하고자 합니다. 그 방법의 하나로 일본에 접근하기는 했지만, 결코 일본에 종속하는 '친일파'는 아니었습니다. 김옥균은 조선이 일본에 필적할 만한 강국이 될 것을 주장했으며, 일본이 동양의 영국이라면 조선은 동양의 프랑스가 되어야 한다고 여러 차례 말하고 있습니다. 그러나 그들의 주관적인 의도를 넘어서 후쿠자와의 사상 속에는 조선을 '유도'하고자 하는 식민지주의의 계기가 촉발되고 맙니다.

그러나 갑신정변의 좌절로 급진 개화파는 파멸하고 후쿠자와는 손잡을 파트너를 잃게 됩니다. 후쿠자와가 꾀한 프로젝트, 즉 조선과 일본의 제휴를 바탕에 둔 문명개화라는 프로젝트는 일단 전망을 상실하게 됩니다. 이는 조선과 일본의 교섭의 장에서 드러나는 '근대'의 힘이 유효하게 작동될 수 없음을 의미합니다. 이로 인해 후쿠자와는 조선의 개혁은 막다른 길에 도달했다고 판단한 뒤 「탈아론」을 쓰게 되며, 지리적으로는 '아세아의 동변(東邊)'에 있으면서도 국민 정신은 '서양 문명'으로 옮겨 갈 것을 주장하게 됩니다. 즉, '아세아 동방의 악우(惡友)'와의 교제 '사절(謝絶)'을 표명하게 됩니다. 이것은 조선의 급진 개화파와 손잡고 완수하려 했던 문명개화라는 프로젝트의 파탄을 선언한 것이라 볼 수 있습니다.[30]

아시아/일본을 횡단하며 작동하는 '근대'의 힘, 이것이 생산한 모순과 갈등에 주목한 이 책의 시좌를 통해서 본다면, 「탈아론」의 주장 이상으로 갑신정변 이전의 주장에 무게를 두고 이를 비판적으로 문제 삼아야 할 것입니다. 바로 이곳에 아시아 연대론과 함께 그 이면에는 '문명'이라는 이름하에 동아시아에 개입해 가는 '근대'가 지닌 폭력이 표출되어 있기 때문입니다. 1880년대의 조선/일본 사이에서 작동하는 '근대' 식민지주의가 지닌 힘을 살펴보기 위해 우리는 갑신정변 이전의 주장에 주의를 기울여야 할 것입니다.

실제로 갑신정변 이후 톈진조약[31]에서 청일전쟁 개전까지의 약 10년간은 조선에서 민씨 정권이 실권을 잡고 있었고 또한 청이 영향력을 행사하고 있었습니다. 그리고 1880년대 전반까지 강했던 일본의 영향력은 일단 후퇴하게 됩니다. 강화도조약 체결 이후에는 많은 일본인이 조선에 이주·거주하면서 세력을 확장합니다. 그러나 갑신정변 이후인 1880년대 후반에는 정체·후퇴해 갑니다.[32] [이러한 정세 속에서 후쿠자와는 「탈아론」을 쓰게 되며] 중국·조선과 함께 문명개화와 번창을 꾀한다는 종래의 노선을 포기하고 이들과는 거리를 둘 것을 선언합니다. 즉, 「탈아론」이 하나의 전환점이었던 것입니다. 이는 '문명'이라는 이름하에 조선에 개입하려던 노선으로부터의 퇴각을 선언한 것으로 간주할 수 있겠습니다.

이러한 문제영역을 근거로 삼는다면, 「탈아론」 노선의 연장선상에서 청일전쟁 이후의 일본의 발자취를 보면 어딘가 석연찮은 구석이 있습니다. 청일전쟁기에 친일적인 김홍집 정권 아래에서 추진된 '갑오개혁'을 짊어졌던 것은 다름 아닌 유길준 등 일본으로 유학을 가 게이오기주쿠에서 공부한 개화파 세력이었습니다. 즉, 청일전쟁기는 갑신정변 이전에 꾀

---

30) 坂野潤治, 『明治 思想の實像』, 創文社, 1977 참조.
31) 톈진조약(天津條約). 1885년에 중국의 톈진에서 일본과 청나라가 맺은 조약. 이토 히로부미(伊藤博文)와 이홍장(李鴻章)이 조선에 있는 일본군과 청나라 군대를 철수할 것과 군대를 조선에 다시 파견할 때는 서로에게 미리 알릴 것을 합의하였다.—옮긴이
32) 高崎宗司, 『植民地朝鮮の日本人』, 岩波新書, 2002 참조.

했던 조선과 일본의 제휴를 바탕으로 한 문명개화 프로젝트가 10년의 침체기를 거쳐 비로소 실현될 가능성이 엿보인 시기였습니다.『시사신보』는 청일전쟁을 '문명'과 '야만'의 분쟁으로 간주하고, '문명'의 지도자인 일본이 조선의 내정개혁에 관여할 것을 주장하고 있습니다. 이것은「탈아론」노선의 연장이라기보다는 오히려 갑신정변 이전 노선의 연장선상에 있는 것으로 보아야 할 것입니다.

여기서는 갑신정변 이전의 노선에 주목함으로써 '문명'이라는 이름 하에 동아시아에 개입해 들어가는 '근대'의 폭력을 살펴보았습니다. 이러한 접근은 최근에 나타나고 있는 후쿠자와를 둘러싼 논의들의 존재방식에 관한 의문이자 비판이기도 합니다.

후쿠자와에 대해 한편에서는「탈아론」에 비판을 집중시킴으로써 아시아를 경시하고 침략을 꾀한 사상가로 혹독하게 비판해 왔습니다.[33] 그러나 또 다른 한편에서는 후쿠자와의 기본 노선은 국권·민권의 균형 잡힌 리버럴리즘(자유주의)으로 조선 병합이 아닌 조선의 독립과 개혁을 지원한 것으로서, 아시아를 향한 침략적 사상가로 간주할 수 없다는 평가를 하고 있습니다.[34]

그러나 조선의 독립과 개혁을 지원하고자 적극적인 관여를 주장했던 후쿠자와의 사상이야말로 '문명'이라는 이름하에 아시아에 개입해 들어가는 '근대'의 폭력이 드러나 있습니다. 우리는 무엇보다도 바로 그 지점에 비판의 조준을 겨냥해야 할 것입니다.

---

33) 安川寿之輔,『福沢諭吉のアジア認識—日本近代史像をとらえ返す』, 高文研, 2000 등.
34) 杵淵信雄,『福沢諭吉と朝鮮—時事新報社説を中心に』, 彩流社, 1997. 平山洋,『福沢諭吉の真実』, 文春新書, 2004 등.

일본은 러일전쟁 이후 영일동맹·러일협약·불일협약 등을 통해 제 국주의 네트워크에 참가하고, 구미 열강과 함께 아시아 분할에 가담해 갑니다. 이러한 일본의 외교노선을 비판한다는 의미에서 아시아주의적인 연대론과 마주 놓고 「탈아론」을 비판하는 것은 분명히 일정한 의의를 지니고 있습니다. 그러나 이 책에서 살펴보았듯이 '흥아론'과 '탈아론'의 근저는 서로 맞닿아 있으며, '근대'가 품은 식민지주의적인 지＝권력 또한 작동하고 있음을 엿볼 수 있습니다. 갑신정변 이전의 후쿠자와 유키치의 텍스트에는 이러한 양상이 뚜렷이 새겨져 있습니다.

이상으로 갑신정변 전후의 조선 정세와 관련지어 자유당·오사카 사건, 그리고 후쿠자와 유키치의 문명화론을 검토해 보았습니다. 갑신정변이 좌절된 후에도 조선의 문명개화를 향해 적극적인 개입을 시도했던 오이 겐타로와, 「탈아론」을 쓰고 일본 단독의 문명개화을 표명하는 후쿠자와는 서로 양극단을 향해 발걸음을 내디뎠다고 할 수 있겠습니다. 그러나 아시아 연대론을 유지했다고 평가되는 오사카 사건에서도 '문명'이라는 이름하에 조선에 개입해 가는 '근대'가 지닌 폭력적 계기가 드러납니다. 이는 갑신정변 이전의 후쿠자와 유키치가 걸었던 노선과 닮은 것으로서, '탈아론' 이후 일시적인 정체·후진을 거쳐 청일전쟁기에 현실화되었다고 말할 수 있겠습니다.

이와 같이 자유민권론이나 계몽사상의 존재방식은 조선의 문명개화를 둘러싼 정세와 깊은 관계를 맺고 있습니다. 그리고 조선의 개화파와 연대를 도모하기 위한 교섭을 통해 '일본'은 동아시아의 문명국으로 그 자부심을 더해 갑니다.

3. 세기 전환기의 문명화론

청일전쟁, 의화단전쟁을 거쳐 러일전쟁에 이르기까지의 세기 전환기는 일본의 문명주의가 고양되고 '제국의식'이 드높아지던 시기입니다.

청일전쟁과 러일전쟁 개전 조칙(詔勅)에서는 '동양'의 '문명', 그리고 '평화'를 내걸며 이를 교란시키는 청과 러시아와 맞선다는 대의명분을 내놓고 있습니다. 당시 일본에서는 정부의 방침으로 민간의 여론을 포함해 '동아의 문명국'으로서 '제국의식'이 고양됩니다. 또한 '지나보전'(支那保全), '조선부식'(朝鮮扶植)을 외치는 '대아시아주의'(고노에 아쓰마로近衛篤麿)나 '동서문명 조화론'(오쿠마 시게노부大隈重信), '윤리적 제국주의'(우키타 가즈타미浮田和民) 등이 빈번히 제시됩니다.

다만 이러한 문명주의의 문제는 일본만이 지닌 특유한 양상으로 볼 수는 없습니다. 특히 청일전쟁 이후 동아시아 각 지역에서는 문명·근대를 향한 개입과 알력이 깊어져 지역을 넘어 서로 얽혀 가는 계기가 엿보이기도 합니다.

동아시아에서의 '문명'과 '계몽'의 네트워크

청일전쟁기의 조선에서는 문명개화, 근대화가 낳은 알력과 정부의 부패에 맞선 민중의 저항이 동학농민전쟁으로 나타나며, 그 내란은 청과 일본이 개입하면서 국제전쟁으로 변모합니다. 이때 후쿠자와 유키치의 『시사신보』는 청일전쟁을 '문야의 전쟁'(文野の戰爭), 즉 문명적 입헌국가인 일본과 '야만'적 전제국가인 청의 대결이라 주장합니다.[35]

이때 조선에서는 일본의 군사력을 배경으로 한 친일개화파 김홍집 정권이 탄생합니다. 김홍집 정권 아래 박영효, 유길준 등 개화파가 중심이 되어 갑오개혁이 추진됩니다. 갑오개혁은 갑신정변의 실패로 좌절된 개혁이 십 년이라는 세월을 거쳐 일본의 압력 속에서 비로소 구체화된 것이라 할 수 있습니다. 유길준은 일본으로 유학을 가 게이오기주쿠에서 공부했으며 그 뒤 미국에도 유학한 개화파 지식인입니다.

청일전쟁기의 조선은 친일개화파 김홍집 정권이 친청파인 민씨 정권의 세력을 배제하고 일본군과 함께 동학반란군을 진압하며 위로부터의 근대화 정책을 강압적으로 펼쳐 나갑니다. 이는 '문명'이라는 이름하에 일본이 폭력적으로 들여온 '근대'의 힘과 결부되어 갑니다. 이로 인해 조선 사회의 모순은 확대되고 분열 또한 깊어집니다.

그리고 청일전쟁기의 오키나와에서도 친청독립파와 친일개화파의 대립현상이 일어나고 있었습니다. 독립국인 조선과 일본에 병합된 오키나와는 서로 처한 상황이 다릅니다. 즉, 조선에서는 일본에 접근한 개화파가 청으로부터는 독립파가 되고, 이에 반해 오키나와에서는 일본에 저항하면서 청에 접근하는 '완고당'(頑固党)이 독립파가 됩니다. 그러나 청과 일본 사이에 끼어 있었던 조선과 오키나와는 일본, 그리고 '근대'와의 대면 방식을 둘러싸고 어떤 공통된 문제를 끌어안고 있었습니다.

청일전쟁기의 오키나와에서는 구(舊)류큐 토착민을 중심으로 한 친청독립파[頑固党]가 청의 힘을 빌려서라도 일본 통치하의 류큐를 해방시키고 독립 회복을 이룩하려 했습니다. 또한 청의 군대가 오키나와 상륙과 함께 류큐 해방도 가져다줄 것으로 기대하고 있었습니다.

---

35)「日清の戦争は文野の戦争なり」,『時事新報』, 1894년 7월 29일자.

또 다른 한편 친일개화파는 일본 통치 아래에서 오키나와가 문명개화·근대화를 이루어 사회 발전을 이루어 나갈 것을 꾀합니다. 오타 조후가 창간한 개화파 미디어 『류큐신보』(1893년)는 친청독립파를 비판하고 문명개화·근대화를 주장하는 논진(論陣)을 펼칩니다. 오타 조후는 도쿄로 '유학'해 게이오기주쿠에서 공부한 개화파 지식인입니다.

이와 같이 청일전쟁기의 오키나와에서도 조선과 마찬가지로 일본에 접근하는 개화파와 이에 맞서는 친청파 사이에 분열이 발생하고 있었습니다.

당시 동아시아에서는 '문명'이라는 이름하에 '제국'으로 탈바꿈해 가는 일본의 힘과 마주하면서 문명·근대와의 관련 방식을 둘러싸고 알력이 심화됩니다. 이는 지역을 넘어 연쇄되어 갑니다. 일본의 후쿠자와 유키치, 조선의 유길준, 그리고 오키나와의 오타 조후 등은 서로 영향을 주고받으며 서로 관련된 논의들을 내놓습니다. 이로써 동아시아에서 '문명'과 '계몽'을 둘러싼 네트워크가 형성되어 갑니다. 일본에서 문명주의와 '제국의식'의 앙진(昂進)은 이러한 네트워크로 인해 촉발되고 한층 촉진된 것이라고 볼 수 있습니다.

청일전쟁은 일본의 승리와 시모노세키조약에 따른 타이완 병합으로 끝을 맺고, 동아시아의 패권은 청에서 일본으로 이동해 갑니다. 이로써 동아시아 각 지역에서 문명·근대로의 참여(commitment)가 촉진됩니다.

청은 패전으로 인해 양무정책의 한계를 통감합니다. 이에 정치·사회구조의 변혁과 입헌정치 도입을 향해 캉유웨이(康有爲)·량치차오(梁啓超)의 변법운동(變法運動)이 대두됩니다. 또한 조선에서는 개화파의 흐름을 타고 서재필, 윤치호 등 '독립협회'의 개혁운동이 일어나고, 이윽고 정치·사회구조의 변혁과 입헌정치의 도입을 꾀합니다. 그리고 오키나와에서는 청의 패배와 타이완 병합으로 독립 회복의 전망을 상실한 친청독립파가 쇠퇴하게 되고, 오타 조후 등 친일개화파 노선은 한층 힘을 더해 갑니다. 이는 모두 일본의 문명개화·근대화를 하나의 모델로 삼으며 개혁을 추진하려고 한 시도였습니다.

　그러나 이러한 시도는 순조롭게 진행되지 않았습니다. 청일전쟁 이후 서양 열강의 중국 분할 위기 속에서 시도되었던 무술변법운동(戊戌變法運動, 1898년)은 서태후(西太后) 등 수구파의 탄압으로 좌절되고 캉유웨이와 량치차오는 일본으로 망명합니다.

　조선에서는 청일전쟁으로 인해 거세진 일본의 폭력적 개입, 특히 명성왕후(민비) 학살사건에 대한 반발이 일어나고 국왕의 '아관파천'(1896년), 반일 의병운동 등이 일어나게 됩니다. 또한 갑오개혁을 추진한 김홍집은 학살되고 유길준은 일본으로 망명합니다. 이러한 동요 속에서 청·일본·러시아라는 주변의 대국에 농락당해 온 조선을 자주적으로 개혁하고 발전시키기 위해 '대한제국' 건국과 '황제' 칭호의 창설(1897년), 그리고 '독립협회'의 개혁운동이 일어납니다. 그러나 입헌정치 도입을 원하는 '독립협회' 운동(1898년)은 수구파에 의해 탄압되고 황제 전제의 국제(國制)가 채택됩니다.

오키나와의 문명화론

이와 같이 세기 전환기의 동아시아는 문명·근대를 향한 개혁의 행방을 둘러싸고 난항을 겪게 됩니다. 그렇다면 여기에서 빚어진 모순과 갈등은 어떤 모습을 품은 것일까요? 그 중에서 특히 청과 일본 사이에 놓인 오키나와 그리고 한국의 정황은 어떠한 것이었을까요?

청일전쟁 이후의 오키나와에서는 친청독립파가 쇠퇴하고 오타 조후 등 친일개화파가 내건 노선이 한층 힘을 발휘하게 됩니다. 그러나 이러한 시도는 결국 모순을 끌어안는 고난의 도정(道程)이 됩니다.

오타 조후는 외부에서 온 '오키나와 현청'(沖縄県庁)의 지배와 '구관온존'(舊慣溫存) 정책으로 종속과 저개발을 강요당한 오키나와 사회를 자립·발전시키기 위해 일본의 문명·근대를 받아들이고 동화를 적극적으로 호소합니다. 그러나 이것은 오키나와의 주체성을 상실시키는 노선이 아닙니다. 가령 오타 조후는 '공동회운동'(公同会運動, 1896~7년)에도 참가합니다. '공동회운동'이란 청일전쟁으로 균열이 깊어진 친청독립파와 친일개화파를 화해시켜 오키나와를 주종상태에서 벗어나게 할 의도를 지닌 것입니다. 이를 통해 상(尚)씨 왕가를 세습적 지사(知事)로 지명하고 오키나와 사람이 주체가 되는 형태로 특별 자치를 꾸리는 정치운동입니다. 이는 일본으로의 동화를 전제한 특별 자치입니다만, 그러나 이 자치운동은 일본 정부가 그 요구를 받아들이지 않아 좌절되고 맙니다.

그후 오키나와에서는 '구관온존' 정책이 철폐되고 '토지정리사업'(1899~1903년)이 추진됩니다. 이는 일본으로의 제도적 동화가 본격적으로 진행된 것이라고 볼 수 있습니다. 이러한 흐름을 탄 오타 조후는 오키나와의 독자적인 풍속·관습을 버리고 적극적으로 일본에 동화해 갈 것을 호소합니다. 이는 일본이 이룬 문명·근대에 적극적으로 참여함으로써 주종과 저개발에서 벗어나 일본의 타지역[他府県] 국민과 동등하게 발전할 기반을 확보하려는 시도였습니다.[36] 그러나 오키나와 문화를 부정적인 것으로 치부해 버리고 일본화하려던 움직임은 결국 오키나와 주체에게 내재적 모순을 낳게 합니다.

오타 조후가 내놓은 동화담론 중에서도 특히 유명한 '여자교육과 오키나와현'[37]이라는 강연을 살펴보겠습니다. 이것은 바로 세기 전환기인 1900년에 오키나와 고등여학교의 개학식에서 문명화를 과제로 강연한 것으로서, 청일전쟁 이후 문명주의가 고양된 오키나와의 정황을 뚜렷이 드러내 주는 텍스트입니다. 이 강연에서 오타 조후는 모든 방면에서 문명화가 필요함에도 불구하고 오키나와 사회는 아직 충분히 문명화되지 않았다는 점, 그리고 사회 문명화를 위해서는 우선 '가정'에서부터 개혁을 해야 한다고 주장하며, 근대적인 '현모양처'를 양성하는 여자 교육이 지닌 사명의 중요성을 호소합니다. 오타 조후의 주장은 문명화가 불가피하다면 소극적으로 문명화＝동화를 이룸으로써 종속을 강요당할 것이 아니라, 스스로 적극적으로 문명화＝동화를 향해 힘차게 발을 내디뎌야 한다는 것입니다.

이 문맥에서 유명한 말이 있습니다. "오키나와에서 오늘의 급선무는 무엇인가 하면, 1부터 10까지 타지역과 닮아 가야 하는 것입니다. 극단적으로 말하면, 재채기조차 타지역과 똑같이 해야 한다는 것입니다." 이는 단순히 외형적인 문물을 문명화＝동화시키자는 것뿐만이 아니라, 풍속·관습이나 재채기 같은 무의식적인 몸짓까지도 적극적으로 문명화＝동화하자는 것입니다. 오키나와의 언어는 재채기를 표현하는 의성어도 일본

---

36) 오타 조후의 동화론 프로젝트에 대해서는, 比屋根照夫, 『近代沖縄の精神史』, 社会評論社, 1996 참조.

37) 太田朝敷, 「女子教育と沖縄県」, 『琉球教育』 55호, 1900; 『太田朝敷選集』 中卷, 第一書房, 1995에 수록.

어와 다릅니다. 오키나와 종래의 풍속과 관습을 부정하고 신체의 행동이나 언어를 '교정'하며 일본 '내지'의 것을 모방·도입한 동화를 통해 문명·근대화를 이루자는 주장인 것입니다.

즉, 이것은 압도적인 문명 개발의 힘으로 일본이 오키나와를 지배하고 있는 가운데 종래의 풍속·관습은 도저히 유지될 수 없으며, 또한 혹시라도 소극적으로 동화한다면 '우승열패의 법칙'에 지배되어 주종상태를 강요당할 것이라는 주장인 것입니다. 그렇다면 오히려 우리들이 오키나와의 풍속·관습을 스스로 부정하고 적극적으로 동화·일본화함으로써 오키나와 사회가 살아남는 길을 꾀하자는 것입니다. 오타 조후에게는 이것이 바로 오키나와가 주종과 저개발에서 벗어나 일본의 타지역 국민들과 동등하게 발전해 가기 위한 기반을 확보할 수 있는 유일한 시도였습니다.

그러나 오타가 제시한 방향은 오키나와에 사는 사람들에게 내재적 모순을 낳게 합니다. 앞의 강연 중에서 "극단적으로 말하면, 재채기조차 타지역과 똑같이 해야 한다는 것입니다"라는 말 뒤에는 "모두들 뒤돌아보며 쓴웃음을 짓는다"라는 주석이 달려 있습니다. 이 '쓴웃음'에는 당시 오키나와의 청중들(여학생과 교육 관계자, 내빈)이 느낀 당혹감, 난처함이 나타나 있습니다. 재채기 방법까지 동화하자는 것은 물론 '극단'적인 예로서, 오타 조후도 아마 해학을 가미하여 과장되게 이야기한 것일 것입니다. 또한 청중인 여학생들도 웃어넘길 수밖에 없었습니다. 그러나 자신들이 살아남을 수 있을지 어떨지, 그 갈림길에 서 있는 오키나와 사람들에게는 그 극단적이면서도 우스꽝스러운 일례가 결코 남의 일이 아닌 쓴웃음이 되었던 것입니다. 여기에는 자신들의 주체 속에 야기되는 갈등이 잔잔한 물결처럼 예감되고 있습니다. 아무렇지도 않은 듯 텍스트에 가미한 이

'쓴웃음'은 그때의 분위기를 여실히 전해 주고 있습니다.

또한 1903년에 일어난 '인류관 사건'(人類館事件)은 이러한 '쓴웃음'에 내재된 갈등이 표면화된 사건입니다. 이 사건은 오사카에서 열린 내국권업박람회(內国勧業博覧会)의 '학술인류관'에서 일어난 일입니다. 이 박람회에서는 아이누인, 타이완 선주민, '류큐인', 조선인, 중국인, 인도인, 자바인을 재현한 주거 내지 풍속·관습과 함께 실제로 살아 있는 사람을 '전시'·'진열'하여 관객의 시선을 끌고자 했습니다. 바로 여기에 당시의 일본 문명주의가 낳은 '제국의식'·오리엔탈리즘이 여실히 드러나고 있으며, 이로 인해 청과 한국의 유학생들에게 강한 저항을 낳습니다. 또한 여기에 '진열'된 것은 오키나와에서 온 두 명의 '기생'[娼妓]이었으며, 그 호기심 어린 눈에는 '내지'를 남성화하고 오키나와를 여성화하는 젠더화된 제국 의식이 드러나고 있습니다.

이 사건은 당시의 오키나와에서도 문제시되어, 『류큐신보』는 자신들을 야만적인 백성으로 다룬 것으로 간주하고 이를 모욕이라 항의하며 캠페인을 펼칩니다. 이러한 가운데 오타 조후가 쓴 논설에는 자신의 동화론이 직면하고 있는 모순과 당혹감이 나타나고 있습니다.

논설 「동포에 대한 모욕(인류관)」[38]에서 그는 청과 한국에서 항의가 있었음을 예로 들며 '인근 나라'에 대한 모욕임과 동시에 '동포'인 '오키나와 백성'에 대한 모욕이라 비판하고 있습니다. 이것은 문명이라는 이름 아래 주변화된 입장에서 청·한국과의 유대의식을 표명한 부분이라 할 수

---

38) 太田朝敷, 「同胞に対する侮辱(人類館)」, 『琉球新報』, 1903년 4월 7일자; 『太田朝敷選集』 中卷에 수록.

있겠습니다. 다만 여기에서 '동포'라는 표현은 오키나와인을 일본 국민의 '동포'로 상정한 것으로서, 같은 동포임에도 불구하고 오키나와인을 야만 스러운 백성으로 취급하는 것은 굴욕적이며 이를 수용할 수 없다는 논리 이기도 합니다. 즉, 여기에는 일본 국민으로 동화된 오키나와인은 일본의 타지역 사람들과 동등하게 문명 국민으로 대우받아야 한다는 논리가 담 겨 있습니다.

뒤이어 내놓은 논설 「인류관을 중지시키자」[39]에서는 "특히 타이완의 생번,[40] 홋카이도의 아이누 등과 우리 오키나와인을 동등하게 취급하는 것은 우리들을 생번, 아이누와 같은 백성으로 취급하는 것과 마찬가지이 다. 오키나와인에게 있어 이보다 더 모욕적인 일은 없을 것이다"라고 쓰 고 있습니다. 이것은 자신들을 타이완 선주민이나 아이누인과 같이 야만 스러운 백성으로 취급하는 것에 대한 저항입니다. 오키나와의 계몽사상 가인 오타 조후 자신이 견지하고 있는 문명주의는 타이완 선주민이나 아 이누인을 '야만'적인 백성으로 경시하는 의식이 밑바탕에 깔려 있고, 그 들과는 다른, 즉 오키나와인을 문명인으로서 자기규정하고 있음을 엿볼 수 있습니다.

스스로 적극적으로 동화하고자 하는 이들에게는 예전의 풍속·관습 이 몸에 밴 부정해야 할 자기와, 근대 일본의 문명을 익힌 긍정해야 할 자 기와의 분열이 존재합니다. 이전의 자기를 부정하며 일본 국민으로의 동 화를 향해 기투(投企)해 나가는 갈등 속에서도 일본 '내지'의 시선으로는

---

39) 太田朝敷, 「人類館を中止せしめよ」, 『琉球新報』, 1903년 4월 11일자; 『太田朝敷選集』 中卷 수록.
40) 타이완 선주민인 고산족(高山族, 혹은 高砂族) 중에서 교화를 거부하고 한족(漢族)으로 동화하 지 않은 사람들을 청조는 숙번(熟蕃)과 구별하여 생번(生蕃)이라 불렀다.―옮긴이

오키나와인을 '야만'인으로 간주하며, 식민지 민족과 다름없이 취급합니다. 오타 조후는 이러한 불안을 껴안으며 필사적으로 이 위기를 불식시키고자 타이완 선주민이나 아이누인과의 차이화를 언급하게 됩니다.

그리고 '진열'된 2명의 '기생'을 두고 '열등부인'(劣等婦人)으로 명명한 오타 조후의 호명 방식에는 근대적 '가정'과 '현모양처'를 규범화하는 문명의식·규율권력이 드러나고 있습니다. 즉, 여기에는 '내지'의 '남성'을 모방하고 '문명'의 힘으로 오키나와의 '여성'을 '현모양처'와 '기생'으로 나누어 점유·통어(統御)해 가고자 하는 콜로니얼/헤테로섹슈얼(hetero sexual)적 힘이 깔려 있다고 할 수 있습니다. 여기에는 동아시아가 추진했던 '문명'과 '계몽'의 네트워크 속에서 이에 관여했던(commit) 주체가 지닌 모순과 갈등이 드러나 있습니다.

일본의 계몽사상가인 후쿠자와 유키치가 오키나와를 바라보는 시선은, 이를테면 서양화로 발돋움하며 문명화하고 있는 일본 '내지'로의 동화를 촉구하는 식민지주의적인 것이었습니다. 후쿠자와의 논설 「외교론」[41]에는 일본의 서양화와 오키나와·아이누의 일본화를 병렬적으로 비교하는 다음과 같은 논의가 있습니다. 즉, 한편으로는 일본인에 대해, "먼저 우리의 낡은 풍속·관습을 변화시켜 정치·법률·교육을 포함한 나라 전체의 제도에서 사회 일상의 작은 것에 이르기까지 큰 지장을 주지 않는다면 가능한 한 서양식을 따르고, 아세아의 극동에 순수한 하나의 새로운 서양의 나라를 출현케 할 정도의 큰 결단을 내려야 함"을 촉구하고 있습니다.

---

41) 福澤諭吉, 「外交論」, 1883; 『福澤諭吉選集』 第7卷 수록.

그리고 다른 한편으로는 오키나와인·아이누인에 대해 전근대 봉건 사회 시대의 일이라고 양해를 구하면서 그는 발전을 위해 필요한 과제로서, "먼저 낡은 풍속·관습을 변화시켜 정치·교육을 포함한 나라 전체의 제도에서 일상의 의식주라는 작은 것에 이르기까지 큰 지장을 주지 않는다면 가능한 한 내지 방식을 따르고, 아이누·류큐 두 지방 모두에 순수한 무사도의 신일본국을 출현케 할 정도의 큰 결단을 내려야 함"을 설파하고 있습니다. 이러한 후쿠자와의 논의에 대해 히야네 데루오는 아시아를 향한 '탈아 논리'가 오키나와에서는 '내지화의 논리'로 이어져 서로 얽혀 있다고 보고 이에 대해 엄격한 비판을 가하고 있습니다.[42]

오키나와의 계몽사상가로 등장한 오타 조후는 이러한 후쿠자와의 계몽사상을 수용함으로써 내재된 모순을 껴안게 됩니다. 스스로 적극적으로 문명화를 향해 일본에 동화하고자 한 오타 조후의 논의는 후쿠자와가 주창한 계몽의 권장과 호응하면서 이를 오키나와 쪽에서 주체적으로 보완해 간다는 의미로도 비춰집니다. 이러한 오타 조후의 문명화론에 대해 가노 마사나오는 「오타 조후의 문명관」[43]에서 일본의 '탈아입구'(脫亞入歐)에 대응하는 오키나와의 '탈류입일'(脫琉入日)로 간주합니다. 또한 오타 료하쿠는 「오키나와의 후쿠자와 유키치」[44]에서 서양의 학문·사상을 일본에 이식한 후쿠자와의 '문명개화'를 거듭 오키나와에 '재이식'한 것으로 간주하고 있습니다.

---

42) 比屋根照夫,「脱亜の論理と内地化の論理─福沢諭吉の沖縄像をめぐって」,『新沖縄文学』19号, 1971.3, 특집「続·反復帰論」.

43) 鹿野政直,「太田朝敷の文明観」,『太田朝敷選集』下巻, 第一書房, 1996에 수록.

44) 太田良博,「沖縄の福沢諭吉」,『太田朝敷選集』下巻에 수록.

그러나 일본 '내지'의 입장에서 동화를 주창한 후쿠자와 유키치의 논설과 오키나와 입장에서 굳이 동화를 언급하고 있는 오타 조후의 담론 사이에는 비대칭적인 차이가 가로놓여 있습니다. 즉, 오타 조후의 담론은 외부에서 온 일본 '내지인'의 지배에 저항하는 것이자, 종속을 강요당한 오키나와인 쪽에서 이의를 제기한 것으로 제시되고 있으며 이는 곧 종속상태에서 벗어나기 위한 동화담론입니다.

다만 일본에 대한 동화의 추구는 종래의 풍속·습관이 몸에 밴 부정해야 할 자기를, 자기 스스로 끊임없이 들추어 낼 것을 강요하는 것입니다. 또한 일본 '내지'로부터 경시당할 것이라는 두려움은 타이완 선주민 혹은 아이누인과의 연관을 차단시키며 이들을 경시하는 것과 맞닿아 있습니다. 즉, '문명'의 일본과 '야만'적인 아시아를 대비시키는 구도인 것입니다. 이러한 논리는 오키나와를 일본의 '문명' 쪽으로 끌어올리고, 아시아를 향해서는 '야만'이라 규정지음으로써 획득한 우월감으로 옮겨 갑니다. 이러한 논리를 두고 히야네 데루오는 '탈아동화'(脫亞同化)의 논리가 낳은 '억압이양'(抑壓移讓)이라고 단호히 비판합니다.[45]

이와 같이 동아시아에서 발생한 '문명'과 '계몽'이라는 네트워크 안에서 그 종속적인 위치로부터 관련을 맺어 가는 주체는 '문명'과 '야만'이라는 틈새에서 분열을 일으키고 맙니다. 아시아 상호 간에 생성되는 마찰·저항은 '문명'을 동경함과 동시에 '문명'이 자아내는 폭력에 노출된 자기를 발견하고 마침내 그 폭력은 타자를 향합니다. 즉, 문명·근대를 향한 관여는 자기 안 그리고 타자와의 사이에서 분열·균열을 초래하고 맙니다.

---

45) 比屋根照夫, 「脫亞同化論の潮流」, 『アジアへの架橋』, 沖縄タイムス社, 1994.

세기 전환기의 문명화론, 바로 여기에 이러한 모순과 갈등을 낳는 장치가 내재되어 있습니다.

본래 일본은 서양의 충격 속에서 '문명'을 향한 관여를 종속적으로 강요당했습니다. 이러한 경험을 지닌 일본은 '문명'과 '야만'이라는 찢겨지고 내재화된 분열을 끌어안은 채 자신들에게 내재된 '야만'을 스스로 제압하고 그 폭력을 아시아의 타자에게 되돌렸습니다. 이러한 모순·갈등은 아시아 내부에 마찰과 분쟁을 초래합니다. 특히 청나라와 일본의 틈새에 놓인 오키나와가 '억압이양'과 '재이식'을 통해 한층 뚜렷이 드러났다고 말할 수 있겠습니다.

그리고 오키나와의 여학생들을 상대로 한 강연과 오키나와의 '기생'이 '진열'된 '인류관 사건'에 항의한 논설, 이 두 개의 텍스트에는 오타 조후의 담론 속에 작동하는 '문명'·'근대'라는 양의적인 힘이 아주 뚜렷이 새겨져 있다는 것에 주목할 필요가 있습니다. 여기에는 '문명'·'근대'가 낳은 콜로니얼/헤테로섹슈얼적인, 즉 폭주(輻輳)하는 규율권력이 각인되어 있습니다.

한말의 삼국제휴론·'동양평화'론

이처럼 동아시아의 문명국 일본을 모델로 하여 추진한 문명개화·근대화라는 프로젝트는 동아시아의 각 지역 속에서 모순과 갈등을 낳게 합니다. 한국에도 역시 '문명'이라는 이름하에 일본이 개입해 들어옵니다만, 그 와중에 제시된 동아시아의 삼국제휴론·'동양평화'론의 담론을 통해서도 그 모순과 갈등을 확인할 수 있습니다.

청일전쟁에서 러일전쟁에 이르기까지 이 시기의 일본은 '동양'의 '문명'과 '평화'를 주장하며 '제국의식'을 드높여 갑니다. 당시의 대한제국은 이러한 충격 속에서 청일전쟁 이후 '독립협회'의 개혁운동과 러일전쟁 이후 보호국 기간에 애국계몽운동이 펼쳐진 가운데 굴절된 모습으로 일본의 담론을 수용합니다. 『독립신문』(獨立新聞)이나 『황성신문』(皇城新聞) 등의 개화파 미디어에서는 동아시아의 삼국제휴론·'동양평화'론이 다양한 함의를 지닌 채 왕성하게 거론됩니다.

이것은 동아시아의 일본·한국·청이 저마다 문명개화를 이루고 국력을 더하며 삼국이 제휴하여 유럽(특히 러시아)의 압력에 맞서자는 노선을 한국의 시좌에서 말한 것입니다. 그럼에도 이것은 청·일본·러시아라는 대국에 농락당해 온 한국을 자주적인 개혁으로 근대화·발전시켜 독립을 확보·보전하려는 노선으로서, 일본의 논의에 종속된 단순한 '친일'담론이 아닙니다. 또한 이 논의는 일본이 동아시아 문명화의 맹주임을 전제로 한 일본의 논의를 수용하면서 긍정과 함께 이에 맞선 비판도 섞여 있어 다양한 반응을 보여 주고 있습니다.

한편으로 이 논의는 동아시아 문명개화의 모델로서 일본을 승인하고 '정체'된 청나라를 부정적인 것으로 평가하고 있습니다. 또한 일본을 맹주로 한 삼국제휴·'동양평화'는 유럽의 압박에 맞서고자 한 '친일'적 담론으로도 보입니다. 단 일본 자신이 러시아와 패권을 다투며 한국을 압박하고 있었기 때문에 이에 대한 비판도 제시되고 있습니다. 동아시아 삼국이 저마다 독립을 이뤄 연대한다는 노선을 제시하여, 일본의 압력을 견제하며 한국의 독립 확보·보전을 지향하는 담론이 빈번히 이루어집니다. 이는 일본이 내건 삼국제휴론·'동양평화'론을 비판적으로 수용하면서, 역으로 일본에 대해서는 강압적인 개입에 맞선 비판까지도 수행하는 담론입니다. 이러한 비판은 러일전쟁기 이후 한국의 보호국화가 추진됨에 따라 점차 강해집니다.

이와 같이 세기 전환기의 동아시아에서 '문명'과 '계몽'이라는 네트워크에 참여하는 가운데, 청과 일본의 틈새에 놓여 있던 한국에서도 '문명'과 '야만'이라는 찢겨지고 내재화된 분열을 끌어안은 채 청을 '야만'으로 간주하고 경시하며 연대/침략/저항이 서로 얽힌 사상적 정황이 확인됩니다. 이러한 동아시아의 연대론과 청에 대한 경시관이 병존하는 한국의 사상적 정황을 두고 쓰키아시 다쓰히코는 "연대와 침략이라는 아시아주의의 아포리아(aporia)는 근대 조선에서도 검증되어야 할 문제"라고 지적하고 있습니다.[46] 동시대의 오키나와와 마찬가지로 한국에서도 세기 전환기의 문명화론이야말로 이러한 모순과 갈등을 낳은 장치라 할 수 있을 것입니다.

여기에서는 안중근의 신문조서(訊問調書)를 살펴보고자 합니다. 이 자료는 세기 전환기의 문명화론이 담고 있는 모순의 임계점을 뚜렷이 드러내고 있습니다. 안중근은 이토 히로부미를 암살한 무장투쟁 노선의 독립운동가임과 동시에 동아시아 삼국제휴론·'동양평화'론의 논객이기도 합니다. 안중근은 암살사건으로 검거된 후 옥중에서 신문당하며 재판이 이루어지는 가운데 자신의 사상적 신조를 밝힙니다. 여기에서 안중근은 일본이 내건 동아시아의 삼국제휴론·'동양평화'론을 비판적으로 수용하면서, 역으로 비판의 화살을 일본에 겨냥하고 있습니다.

---

46) 月脚達彦, 「『独立新聞』における'自主独立'と'東洋'」, 渡辺浩·朴忠錫 編, 『韓国·日本·西洋―その交錯と思想変容』, 慶應義塾大学出版会, 2005.

여기에서는 1909년 11월 24일자 신문조서를 보고자 합니다.[47] 이것은 '동양평화'론을 둘러싸고 검찰관(미조부치 다카오溝淵孝雄)의 신문에 안중근이 답하는 형식으로 되어 있는 기록입니다.

문 : 당신은 동양평화를 주장하는데, 동양이란 어디를 가리키는가?

답 : 아세아주를 말합니다.

문 : 아세아주에는 어느 나라가 포함되는가?

답 : 지나, 일본, 한국, 타이, 미얀마(버마)입니다.

문 : 당신이 말하는 동양평화란 어떤 의미인가?

답 : 모든 나라들이 자주독립을 이룰 수 있는 것이 평화입니다.

문 : 그렇다면 그 중의 한 나라라도 자주독립이 이루어지지 않는다면 동양평화라 말할 수 없다고 생각하는데, 그런가?

답 : 그렇습니다.

문 : 일본이 세계 각국에 선언하고 있듯이 한국을 보호하는 것은 동양평화를 위함인데, 어떻게 생각하는가?

답 : 일본은 세계를 향해 그렇게 선언하고 있는 듯합니다.[48]

---

47) 市川正明, 『安重根と日韓関係史』, 原書房, 1979.
48) 이 신문은 일본인 검찰관이 일본어로 신문하고, 안중근이 조선어로 대답한 것을 통역관의 통역을 거쳐 일본인 서기가 기록한 것이다. 때문에 안중근의 조선어를 높임말로 바꾸었을 가능성이 크다. 애석하게도 당시 안중근의 조선어자료 및 이러한 사실관계를 확인해 볼 수 있는 자료는 현재 남아 있지 않은 상태이다. 현재 남아 있는 자료는 위의 책 『안중근과 일한관계사』(安重根と日韓関係史)에 수록된 일본어 자료밖에 없으며 이 신문 과정도 이 원문에 의거하여 번역한 것이다. ─옮긴이

이 문답은 일본이 지닌 '제국의식'과 함께 대외적으로 내세운 '동양평화'론이 안중근의 '동양평화'론과 서로 맞서고 있음을 보여 주고 있습니다. 신문하는 쪽에서는 한국의 독립과 '동양평화'를 위해 일본은 청일전쟁·러일전쟁을 치르면서까지 한국을 보호하고 있다고 주장하지만, 이에 대해 안중근은 '동양평화'론을 역으로 이용해 일본의 폭력, 특히 이토 히로부미의 정책에 가차 없이 비판을 가합니다.

이어서 안중근은 청·한국·일본 삼국이 서로 제휴해야 함에도 불구하고, 일본은 스스로 '후견인'을 자처하며 한국을 지배하고 압박을 가함으로써 '동양평화'론을 배반하고 있음을 통렬히 비판합니다. 안중근은 일본 스스로 '동양평화'론을 내걸면서도 스스로 그 이념을 배반한 책임자로서 이토 히로부미를 암살한 것입니다.

또한 흥미로운 것은 이토 히로부미의 보호통치 속에서 시행된 문명개화·근대화 정책을 평가하는 것과 관련하여 문답하는 부분입니다.

답 : 이토 씨가 한국을 보호한 데 대한 성과는 전혀 없습니다.

문 : 보호의 성과가 있었는지 없었는지에 대해 지금 당장은 알 수 없으나 훗날 드러날 것이다. 이를테면 한국이 일본의 보호를 받은 이후 농산공업의 발달, 위생, 교통, 그 외 내정이 점차 완비되고 있는데, 당신처럼 본국을 떠나 있는 자는 그 은혜를 입을 수 없기 때문에 모른다고 생각하는데 어떤가?

답 : 위생, 교통 완비, 그 외 학교 등의 설립은 저도 알고 있습니다. 그러나 그것은 모두 일본인을 위한 것이지 한국을 위해 힘쓴 것이라 생각하지 않습니다.

이 문답에는 문명화·근대화라는 이름하에 식민지화를 긍정하는 논리가 신문하는 쪽에서 노골적으로 제시되어 있음을 알 수 있습니다. 그리고 보호통치하의 한국의 근대화란 일방적인 일본의 이익뿐만 아니라 한국의 발전에도 기여한 것으로서, 이로 인해 '동양평화'도 이루어질 것이라는 주장을 주저 없이 넉살 좋게 펼치고 있습니다. 이에 맞서 안중근은 위생·교통 완비 혹은 학교 설립 등의 근대화 정책에 관해서는 자신도 알고 있으나, 이는 일본인의 이익을 위한 것이지 한국인을 위함이 아니라고 단호히 비판합니다. 나아가 안중근은 한국에도 자립적 발전의 가능성이 있음에도 불구하고 이를 일본이 억압하고 있다고 비판합니다.

이 자료는 한일병합 이전 보호국 시기의 것입니다. 그러나 여기서 펼쳐진 대화는 문명화·근대화라는 이름하에 식민지화를 정당화하는 논의와, 그 한편에 맞서고 있는 논의 즉 '문명'과 '근대'라는 명분하에 지배와 폭력을 가하는 것이라고 비판하는 논의가 결정적으로 서로 엇갈리며 평행선을 걷고 있음이 선명히 드러나 있습니다.

당시는 문명화론이 거세게 일던 시기였습니다. 세기 전환기의 동아시아에서도 '문명'이라는 이름하에 개입하는 일본의 폭력이 동아시아를 지배해 가기 시작합니다. 그 속에서 안중근은 일본이 내건 동아시아의 삼국제휴론·동양평화론을 굳이 비판적으로 수용하고 이를 역으로 들고 나와 일본이 폭력적으로 들여놓은 '근대'의 힘을 내재적으로 비판하고 저항하고자 한 것입니다.

그러나 삼국제휴론·동양평화론은 그 속에 내재된 분열·균열이 이미 결정적으로 깊어진 상태에서 나온 것입니다. 삼국제휴론·동양평화론이라는 이념하에 폭력적으로 개입해 들어간 일본과, 이러한 이념을 통해 일본을 엄격히 비판하는 안중근 사이에는 이미 대화 불가능한 엇갈림이 가로놓여 있습니다. 안중근은 이러한 틈을 무장투쟁과 이토 히로부미 암살을 통해 한 번에 해결하고자 한 것입니다.

동아시아에서의 '문명'과 '계몽'이라는 네트워크, 이 네트워크가 산출한 삼국제휴론·동양평화론에 내포된 모순과 갈등은 이미 임계점에 도달해 있다고 말할 수 있습니다.

Ⅱ부 **동아시아 변혁론의 계보**

제II부에서는 두 차례 세계전쟁[1]을 통해 제국주의 비판·민족자결론이 부상하는 가운데 동아시아의 변혁은 어떤 모습으로 전망되었고, 아시아/일본의 관련 양상은 어떻게 새롭게 제시되었는가에 대해 전간기에서 전시기, 나아가 '전후'에 걸친 동향을 통해 살펴보고자 합니다.

우선 1장에서는 전간기의 요시노 사쿠조(吉野作造)와 야나이하라 다다오(矢内原忠雄)가 구상한 제국개조론을 살펴보면서, 식민지/제국에서의 '문화'와 '사회'에 대해 생각해 보고자 합니다. 그리고 2장에서는 전시변혁을 통해 민족해방과 사회해방을 지향한 광역권론에 관해, 특히 이와 관련하여 중일전쟁기의 '동아협동체'론에 대해 다루고자 합니다. 끝으로 종장에서는 '전후'의 냉전기에 아시아/일본의 관계가 어떤 모습을 띠면서 새롭게 재편되어 가는가에 대해 생각해 보도록 하겠습니다.

제국주의 비판의 네트워크 ─ 아주화친회

동아시아의 '문명'과 '계몽'이라는 네트워크를 통해 맹주인 일본 아래서 '동양'의 '평화'를 주장하는 논의는, 일본 자신이 동아시아를 침략·지배하

---

1) '세계전쟁'은 총력전을 통해 정치·경제·사회구조·국제질서 전체가 변용·변동되는 계기임과 동시에, '세계'와 '인간 존재'를 지탱하는 근거·의미가 붕괴되고, 또한 '무'(無)가 노출되는 존재론적 불안을 가져왔다. 이에 '세계전쟁'은 대부분의 국가가 참전한 규모가 큰 전쟁일 뿐만 아니라, '세계'와 '인간 존재'(실존)의 존재방식이 근본적으로 변용을 강요당하는 것과 같은 특이한 시대경험을 초래했다. 이 책에서 저자는 이러한 견해에 찬동하여 '세계전쟁의 시대'로서의 20세기라는 시대 인식 아래에서, '세계시장', '세계적 존재'(하이데거), '세계내전' 등 '세계'를 말할 때, 주체적인 '물음의 태도'(본문 48쪽)를 포함하여 사용하고 있다. '세계전쟁'은 인식론적·존재론적인 물음에 관한 어휘이다. 米谷匡史, 「'世界戰爭の時代'としての二〇世紀」, 『世界』 別冊; 「この本を読もう! 書評の森 '97~'98」, 1998年 11月; 「'世界內戰'の渦中で」, 『情況』, 2002年 3月号; 西谷修, 『戰爭論』, 岩波書店, 1992; 『夜の鼓動にふれる ─ 戰爭論講義』, 東京大学出版会, 1995 참조. ─ 옮긴이

는 명백한 제국주의 국가가 되어 감에 따라 점차 파탄되어 갑니다.

일본은 러일전쟁 이후 아시아에서 열강의 세력권과 서로 승인하는 형식으로 타이완·한국·만주 지배를 구축해 나갑니다. 일본이 서양 열강과 다름없는 제국주의 국가라는 것은 이미 명백한 것이며, 따라서 '문명'이라는 이름하에 '동양'의 '평화'를 논하며 아시아 연대를 호소한다는 논의는 점차 유효성을 잃어 갑니다.

1907년 도쿄에서 결성된 '아주화친회'(亜洲和親会)의 활동이 이를 뚜렷이 보여 줍니다. 이것은 중국(장빙린章炳麟, 장지張繼, 류스페이劉師培 등), 인도, 베트남(판보이쩌우Phan Boi Chau 등), 한국, 필리핀, 일본(고토쿠 슈스이幸德秋水, 야마카와 히토시山川均, 사카이 도시히코堺利彦, 오스기 사카에大杉栄 등)의 혁명가·독립운동가들이 제휴하여 제국주의에 저항하고자 결성한 혁명조직입니다. 장빙린이 기초한 「아주화친회 규약」[2]은 지금도 남아 있으며, 일본에서는 사회주의자, 특히 아나키스트 혁명가들이 참가했습니다. 한국인 혁명가의 참가 여부에 대해서는 의견이 다양합니다만, 이경석 씨는 조소앙(趙素昂)이 참가했을 가능성이 높다고 추정하고 있습니다.[3]

중국에서 참가했던 아나키스트 류스페이는 일본에서 간행한 잡지 『천의』에 발표한 논고 「아주현세론」[4]에서 제국주의 네트워크의 일환인 일본의 입장을 뚜렷이 밝히고 있습니다. 여기서 그는 당시 일본 정부가 영일동맹·러일협약·불일협약 등을 통해 세력권을 상호 승인해 가면서, 구

---

2) 西順藏 編, 『原典 中国近代思想史』 第3卷, 岩波書店, 1977.
3) 李京錫, 「アジア主義の昂揚と分岐―亜洲和親会の創立を中心に」, 『早稲田政治公法研究』 69号, 2002. 5.
4) 劉師培, 「亞洲現勢論」, 『天義』, 1907; 西順藏 編, 『原典中国近代思想史』 第3卷 수록.

미 열강과 함께 아시아 분할에 가담하고 있는 것을 강도 높게 비판하고 있습니다. 또한 식민지화될 운명을 공유해 온 아시아의 여러 나라들 중에 "단, 일본 정부만은 아시아 공통의 적이 되었음"을 비판하며, 일본을 저항해야 마땅할 제국주의 국가로서 명백하게 대상화하고 있습니다. 그리고 다음과 같이 언급합니다.

아시아의 평화를 지키고 아시아 약소 민족의 독립을 도모한다면, 백인의 강한 권력을 배제해야 함은 물론, 일본이 강권을 앞세워 우리 아시아인을 학대하는 것 또한 배제하여야 한다. 필경 제국주의야말로 바로 현대 세계의 해충이기 때문이다.

이 글에서는 일본의 제국주의야말로 '아시아의 평화'를 저해하고 있음을 정확하게 비판하고 있습니다. 또한 이러한 인식은 제국주의 네트워크의 일환으로서 일본을 파악하는 시좌에 의해 지탱되고 있습니다. 제국주의 네트워크에 저항하기 위해 결성된 혁명가·독립운동가 네트워크 속에서 상호 촉발을 통해 이러한 시좌를 선명하게 드러내고 있습니다.

여기서는 동아시아의 '문명'과 '계몽'이라는 네트워크 속에서 맹주로서의 일본이라는 논의는 통용되지 않습니다. '아주화친회'는 망명한 혁명가들의 거점인 도쿄에서 결성되었습니다만, 그 기축이 된 것은 일본인 혁명가들이 아닌 중국인·인도인들이었습니다. 일본인 혁명가들은 제국주의에 저항하기 위해 상호 원조를 위한 네트워크의 일원으로 참가했습니다. 고토쿠 슈스이 등은 '비전론'(非戰論)[5]을 제창한 평민사[6] 계열의 미디어에서 일본과 한국의 지배층이 연대하여 진행하는 한국의 식민지화를 단호히 비판하고, '평민계급'의 연대에 의한 혁명을 지향하는 논의를 제시합니다.

그러나 이들 혁명가들의 네트워크는 바야흐로 제국주의 네트워크로 인해 탄압당하고 그 활동 또한 봉쇄당합니다. 청·프랑스 정부의 의뢰를 받은 일본 정부는 도쿄에 집결해 있는 혁명가·독립운동가들의 활동을 감시·압박하며 강제로 국외 퇴거를 행합니다. 이렇게 해서 '아주화친회'는 단기간의 활동을 끝으로 중지 상태에 빠집니다.

이후 대역사건[7]·한국병합으로 인해 제국주의 비판의 네트워크는 폐색을 강요당하고 맙니다. 그러나 신해혁명(1911년)으로 인해 중국혁명이 본격적으로 싹트고, 제1차 세계전쟁을 통해 민족자결론이 부상하는 가운데 새로운 모습을 띤 제국주의 비판이 과제가 되어 전간기·전시기의 사상을 규정해 나갑니다. 그렇다면 여기에서 동아시아의 변혁은 어떻게 전망되고, 아시아/일본의 관계는 어떻게 이야기되고 있는 것일까요.

---

5) 일본에서 사회운동으로서의 비전론은 19세기 말인 메이지 시대에 나타났으며, 특히 러일전쟁기에 고토쿠 슈스이, 우치무라 간조(内村鑑三), 사카이 도시히코 등이 『요로즈초호』(万朝報), 『평민신문』(平民新聞) 등의 지면을 통해 사회주의적인 사고를 배경으로 비전(非戰)을 주창했다.—옮긴이

6) 평민사(平民社). 1903년 11월, 러일전쟁 개전의 움직임에 반대하기 위해 비전론을 주장하고 있던 『요로즈초호』가 개전론으로 입장을 전환하자, 비전론을 주장하고 있던 고토쿠 슈스이, 사카이 도시히코가 비전론을 관철시키기 위해 『요로즈초호』를 퇴사하고 새롭게 결성한 신문사. 평민주의, 사회주의, 평화주의를 내걸며 기관지 『평민신문』을 발행하는 등 사회주의 사상의 선전·보급에 힘을 기울였다.—옮긴이

7) 대역사건(大逆事件). 1910년 메이지 정부가 사회주의자들에게 가한 대 탄압 사건. 천황을 암살하려 했다는 죄목으로 고토쿠 슈스이(幸徳秋水) 등 26명의 사회주의자들이 사형당하거나 감옥에 갇힌 사건으로 고토쿠 사건(幸徳事件)이라고도 한다. 이 사건으로 일본 사회주의 운동은 반국가적인 이념으로 여겨져서 1920년대까지 위축되었다.—옮긴이

'문명'의 위기와 반제·민족운동

자본주의·제국주의라는 불균형의 격동 속에서 일어난 제1차 세계전쟁은 사상·문화에 다양한 충격을 안겨 줍니다. 4년에 걸친 총력전의 결과, 파괴된 유럽은 피폐하고 '근대'·'문명'이 몰락·종말하고 있다는 예감이 유럽의 지식인들에 의해서 제기되기 시작합니다. 또한 '민족자결'이라는 이념을 내걸고 미국·소련이 대두함으로써 제국주의의 정당성은 밑바탕부터 의심되기 시작하며, 이데올로기와 혁명의 시대가 도래합니다.

유럽의 위기의식을 드러내 주는 것으로는 오스발트 슈펭글러[8]의 『서구의 몰락』, 폴 발레리의 『정신의 위기』[9] 등이 알려져 있습니다. 이러한 위기의식은 '문명'의 진화·발전의 정점에 '유럽'을 두고, '정체'·'야만'의 '아시아'를 밑바닥에 두면서 식민지화를 정당화해 왔던 틀을 뒤흔듭니다.

레닌의 논설 「후진적 유럽과 선진적 아시아」(1913년)[10]는 이러한 가치 전도를 단적으로 드러내 줍니다. 이 논설은 프롤레타리아트의 대두에 대해 반동화되고 진보를 적대시하게 된 유럽의 부르주아지가 아시아의 반동 세력을 지지하고 독립운동, 혁명운동을 억압하고 있는 것을 비판한 글입니다. 구체적으로는 신해혁명 이후의 중화민국의 분쟁 속에서 반동 세력인 위안스카이(袁世凱) 정권을 지지하면서 혁명파에 대한 억압에

---

8) 오스발트 슈펭글러(Oswald Spengler, 1880~1936). 독일의 역사가, 문화철학자. 그는 대표작 『서구의 몰락』에서 문명은 유기체로 발생·성장·노쇠·사멸의 과정을 밟는다고 주장했고, 이를 근거로 서양 문명의 몰락을 예언하였다. 『서구의 몰락』(*Der Untergang des Abenlandes*, 2 vols, 1918/1922; 박광순 옮김, 『서구의 몰락』 전3권, 범우사, 1995), 『인간과 기술』(*Der Mensch und die Technik*, 1931; 양우석 옮김, 『인간과 기술』, 서광사, 1999) 등을 썼다.—옮긴이

9) Paul Valéry, *La Crise de l'esprit*, 1919.—옮긴이

10) レーニン,「後進的なヨーロッパと先進的なアジア」,『レーニン全集』第19卷, 大月書店, 1956.

가담하고 있는 유럽 부르주아지의 동향을 가리키고 있습니다. 그리고 아시아에서는 부르주아지와 프롤레타리아트가 제휴하여 혁명 세력을 구성해 이것이 유럽의 프롤레타리아트와 동맹하여 세계의 반동 세력과 투쟁하며 해방을 실현해 갈 것을 호소하고 있습니다. 레닌의 논설은 지금까지 '정체'된 '야만'으로 비춰진 아시아에서 '선진성'을 발견하는 가운데 이러한 아시아의 저항이 유럽의 '문명'·'선진성'에 의문을 던지고 있는 사태를 날카롭게 지적하고 정확하게 판단하고 있습니다.

이 논설은 제1차 세계전쟁 발발 이전의 텍스트입니다. 이후 전쟁이 끝날 때까지 러시아혁명이 일어나고, 레닌 혹은 윌슨에 의해 '민족자결'이라는 이념이 제창되면서 세계 각지에서 자립·독립을 꾀하는 운동이 부각됩니다. 세계제국 영국은 1919년에 인도·아프가니스탄·이집트 등 세계 각지에서 일어난 반제·민족운동으로 인해 흔들리고, 극동의 제국 일본에서는 3·1독립운동, 5·4운동으로 인해 민족·식민지 문제가 불거집니다.

이렇게 해서 제국주의화된 '문명'은 비판을 피할 수 없게 되고, 유럽은 '문명'·발전의 모델로서의 그 지위를 상실하기 시작합니다. 이와 함께 '동아의 문명국'으로서 자부해 온 일본도 막다른 곳에 몰려 위기에 직면합니다. 동아시아의 중국·조선·타이완은 소련이나 미국과 연대하는 와중에 좌파/우파로 분열되고, 반제·민족운동, 항일운동이 전개됩니다. 이러한 움직임 속에서 일본은 아시아와 어떠한 관계를 맺어야 할지 의문을 갖게 됩니다.

이때 메이지 시대 이후의 '아시아주의'는 '연대를 호소한다'는 유효성을 이미 상실하고 있었습니다. 이 책의 '책머리에'에서도 살펴보았듯이, 5·4운동의 유력한 리더가 된 리다자오(李大釗)는 「대아시아주의와 신아시아주의」(1919년)에서 '대아시아주의'는 '대일본주의'의 다른 이름에 불과하다며 혹독하게 비판하고 있습니다. 동아시아 개혁의 모델로 일본을 내세우고 맹주 일본 아래에서 '친일'적 민족주의의 결합을 제시하는 '아시아주의'는 항일운동을 적대시하고 이를 친일적인 방향으로 전환시키려고 압력을 가합니다. 그러나 이러한 기만은 명확하게 거절당하고, 리다자오는 제국주의에 저항하는 '민족자결'을 원칙으로 세우면서 해방된 아시아의 여러 민족이 연합하는 '신아시아주의'를 제창합니다.

리다자오의 이 논설은 1919년 2월에 발표된 것입니다. 그 직후에 일어난 3·1독립운동, 5·4운동을 통해 동아시아 각 지역의 반제·민족운동이 일본 제국주의에 맞서는 구도가 명확하게 그 틀을 다져 가게 됩니다. 그렇다면 동아시아로부터 제시된 제국주의 비판을 마주하면서, 아시아/일본은 어떤 형태로 새로운 관계·네트워크를 형성해 가며 동아시아의 제국주의적 질서를 변혁해 나갔는가. 이하에서는 이 과제에 민감하게 반응했던 요시노 사쿠조의 사상에 초점을 두면서 살펴보도록 하겠습니다.

1장_전간기의 제국개조론

1. 민본주의와 '다문화제국'론

요시노 사쿠조(吉野作造)는 일본에서 일어난 다이쇼 데모크라시·'민본주의'의 리더임과 동시에 중국·조선·타이완의 민족자결운동에 적극적으로 응답했던 인물로도 유명합니다. 요시노는 기존의 동화정책을 비판하고 조선·타이완의 민족자결론을 승인하는 입장을 취하고 있었습니다. 다만, 독립론자로서가 아니라 조선·타이완의 자치를 인정하면서 제국 일본을 재편·개조해 나갈 것을 주장하고 있습니다.

　이러한 요시노의 논의에 대해, 제국주의를 비판하고 조선·타이완의 자립·해방을 지향한 주장이라고 보는 해석과, 제국주의의 극복이 철저하지 못하며 기본적으로는 제국주의의 틀 안에 머무른 주장이라고 간주하는 해석으로 나뉘어 서로 대립하는 형태로 읽혀 왔습니다. 그 중 마쓰오 다카요시(松尾尊兊)는 요시노 사쿠조가 중국인·조선인 사이에서 구체적인 교섭관계를 가지며 민족을 넘는 연대를 시도해 왔음을 밝힌 바 있습니다.[1] 여기서는 이러한 연대의 시도에 중점을 두고 싶습니다.

그리고 최근에는 히라노 유키카즈(平野敬和) 씨의 일련의 논고로 인해 '민본주의' 운동과 '민족자결' 요구를 연결시켜 제국 질서를 개조하려고 시도한 정치사상으로 보는 지평이 열리게 되었습니다.[2] 이는 식민지/제국이 서로 얽힌 제국 질서가 세계전쟁의 충격으로 모순을 품게 되고, 그 속에서 식민지 자치를 포함한 '제국개조론'을 모색해 왔음을 밝히면서, 그 일환으로서 '민본주의'를 파악하고 있습니다.

이 책에서는 이러한 독해의 지평을 채택하면서 중국인·조선인·타이완인과의 구체적인 교섭관계에 주목하여 이것이 초래한 촉발이 요시노 사쿠조의 담론에 어떻게 각인되어 있는가를 살펴보도록 하겠습니다. 이로 인해 아시아/일본의 관계가 많은 변화를 겪은 그 전환기인 전간기에 아시아/일본의 새로운 관계가 어떻게 제시되어 있는가에 대해 살펴보고자 합니다.

민족자결론과 제국개조론

요시노 사쿠조는 러일전쟁기에 '안으로는 입헌주의, 바깥으로는 제국주의'라는 세기 전환기의 논단에서 일반적이었던 틀(와키다 가즈타미浮田和民 등) 속에서 사고했으므로, 제국주의자로 단정해도 좋을 인물이었습니다. 이때는 일본을 모델로 한 '문명화'야말로 동아시아에 발전을 낳을 것이라는 틀이 의심되지 않았습니다. 또 그 연장선에서 1915년의 21개조 요구를 지지했습니다. 그러나 1915년 말부터 위안스카이의 제제(帝制)에 반

---

1) 松尾尊兊, 『民本主義と帝国主義』, みすず書房, 1998.
2) 平野敬和, 「帝国主義の政治思想」, 『特策山論叢』 34, 日本学篇, 2000. 「吉野作造のアジア」, 『吉野作造記念館研究紀要』 1号, 2004.

대하는 제3혁명이 일어나는 가운데, 중국의 새로운 혁명운동의 움직임에 자극을 받으며 서서히 사상의 틀을 재편해 갑니다.

제1차 세계전쟁의 경과와 더불어 일본에서는 '민본주의' 운동이 대두되고, 식민지의 자치·독립을 요구하는 움직임이 싹트기 시작합니다. 이러한 새로운 움직임을 느끼며 요시노는 '민본주의'를 언급하기 시작합니다. 이와 동시에 식민지 민족의 자치를 내겁니다. 그리고 제1차 세계전쟁 종결 후인 1919년에 조선에서 3·1독립운동이 일어나고, 중국에서 5·4운동이 일어나자 요시노 사쿠조는 제국주의 나라인 일본 쪽에서 민감하게 반응하며 적극적으로 대응해 나갑니다. 이리하여 식민지 자치와 '민본주의'를 통해 제국 질서를 개조해 나가려는 논의가 제시됩니다.

이 논의는 일본 제국주의에 저항하는 반제·민족운동과의 제휴를 시도한 새로운 아시아 연대론으로 등장합니다. 여기에는 민족을 넘어선 연대를 통해 제국주의를 변혁해 나가려는 계기와 함께 '민족자결'을 승인하는 가운데 헤게모니를 유지·확대해 나가려는 '신식민지주의'적 계기도 엿보입니다. 이러한 양면이 중국인·조선인·타이완인과의 교섭관계 속에서 어떤 형태로 촉발되어 갔는가에 대해 검토해 보도록 하겠습니다.

요시노 사쿠조는 한편으로는 워싱턴 체제를 적극적으로 지지하는 이른바 국제협조주의의 리버럴리스트, 친영미파라는 인상이 강하고, 일반적으로 아시아주의자로서의 이미지는 강하지 않습니다. 그러나 다른 한편으로는 자기변혁을 통해 발전을 이루는 아시아와 연결하여 새로운 질서를 만들고자 했던 아시아 연대론자, 아시아주의자와 같은 면도 분명히 지니고 있습니다.

요시노는 주로 잡지 『중앙공론』(中央公論)을 무대로 활동했습니다. 그러나 1916년에서 1919년경까지 아시아주의자인 나카노 세이고(中野正剛)가 주재했던 잡지 『동방시론』(東方時論)에서 논설주간으로도 왕성하게 활동합니다. 그 중에서도 특히 중국론을 지속적으로 게재하고 있었습니다. 원래 요시노는 도야마 미쓰루(頭山滿)·데라오 도루(寺尾享) 등 아시아주의자들과도 관계를 갖고 있었으며, 그들의 의뢰를 받아 '지나혁명사' 연구를 시작했습니다. 또한 『지나혁명외사』(支那革命外史)를 펴낸 기타 잇키(北一輝)와도 접촉이 있었고, 미야자키 도텐(宮崎滔天)의 『33년의 꿈』(三十三年の夢) 복각판도 교정·간행하고 있었습니다. 이와 같이 일견 리버럴리스트의 대극에 자리한 아시아주의적인 맥락도 지니고 있었던 것입니다.

그렇다면 왜 이러한 양면이 요시노의 사상 안에서 서로 얽혀 있는 것일까요? 그 이유에는 '정체'된 아시아가 아니라 스스로 움직이기 시작한 중국·조선을 인식하게 된 점, 그리고 '민족자결'을 승인하면서도 그 가운데서 헤게모니를 유지·확대해 가는 미국에서 받은 충격이 관련되어 있습니다. 제1차 세계전쟁 이후 동아시아의 각 지역에서는 반제·민족운동이 대두되었으며, 이와 함께 쇠퇴하는 대영제국 대신 미국의 헤게모니가 극동에 드리워지던 시기이기도 합니다. 이러한 충격에 노출되면서 요시노는 제국 질서의 개조를 논합니다.

요시노 사쿠조는 제1차 세계전쟁 때부터 종래의 일본 군부 주도의 침략적 아시아 정책은, 21개조 요구 이후 중국에서 고양된 배일의식으로 인해 정체 상태에 빠졌다고 판단하게 됩니다. 따라서 군사적으로 압박하면서 권익을 확보하는 것이 아니라, 중국의 자립성을 승인하면서 경제적으로 침투해 가는 정책으로 전환해 갈 것을 주장하게 됩니다. 이때 그 모델이 된 것은 아시아의 자립·독립을 승인하면서 헤게모니를 확대해 가는 데모크라시 제국 미국이었습니다. 전후에는 그 연장선에서 윌슨(T. W. Wilson)이 제창한 '민족자결'론을 원칙으로 국제질서의 재편에도 공명하며 워싱턴 체제도 지지합니다.

한편 요시노는 미국으로부터 받은 이러한 충격으로 인한 반응과 함께 '정체'된 아시아로서가 아닌, 스스로 움직이기 시작한 중국·조선에 주목하게 됩니다. 또한 요시노는 제3혁명 이후 남방혁명파(南方革命派)의 태동에도 주목하게 되었습니다. 그리고 중국을 분열·'정체'된 사회로 간주하고, 베이징 군벌정부와 결탁하여 제국 질서를 유지하고자 했던 일본 외교를 강하게 비판합니다. 5·4운동 직전의 강연 「지나문제에 대하여」[3]에서는 "흥국(興國)적인 새로운 정신이 지금 지나에는 매우 왕성하다"라고 언급합니다. 중국 혁명파의 동향을 지켜보는 가운데 요시노는 중국 민중이 스스로 움직이기 시작했고 이에 따라 중국 사회도 통일과 발전을 향해 움직이기 시작한 것을 느끼게 됩니다.

또한 요시노는 3·1독립운동에 직면하여 조선의 자기변혁 기운에도 주목하게 됩니다. 그의 논설 「흥국적 조선의 존재를 잊지 말라」[4]에서는 "이른바 우리나라의 지식인이 망국의 조선은 알고 있으면서 흥국의 조선이 있다는 것을 몰랐다는 점은 참으로 우리나라가 조선 통치를 잘못한 최대 원인이 아닐까"라며, '애국적 독립심'에 눈뜨고 '화폐제도 개혁'을 요

---

3) 吉野作造, 「支那問題に就いて」, 『黎明購演集』 4輯, 1919. 6.
4) 吉野作造, 「興国的朝鮮の存在を忘るゝ勿れ」, 『海か陸か』, 1919년 7월호.

구하는 '홍국적 조선'의 존재를 인정해야만 한다고 호소합니다. 여기서는 '정체'되어 자주적 발전의 힘을 갖지 못한 조선을 문명국 일본이 통치하여 발전시킨다는 기존의 식민지주의적인 시좌가 비판되고 있습니다.

그리고 요시노는 중국·조선에서 태동하기 시작한 민족운동이 일본 제국주의에 대한 비판으로 이어지는 가운데, 일본의 제국 질서의 근본적인 변혁이 필요하다고 생각했습니다. 이처럼 중국·조선의 반제·민족운동과 대화해 가면서 미국의 충격을 수용하고 제국 질서의 개조를 시도하게 된 것입니다.

요시노는 파리강화회의의 개최를 맞이하여 발표한 「세계의 대조류와 그 순응책 및 대응책」[5]에서 '세계의 대조류'는 "내정에 있어서는 민본주의의 철저", "외정에 있어서는 국제적 평등주의의 확립"에 있다고 간주하면서 '사회적 정의의 철저'와 '국제적 정의의 확립'을 향해 '내외에 정의를 펼칠' 것을 '입국(立國)의 이상'으로 세워야 한다고 주장합니다. 그리고 3·1독립운동 및 5·4운동, 나아가 타이완의 자치운동에 적극적으로 응답해 나갑니다.

제국주의 비판의 새로운 네트워크

여기에서는 요시노 사쿠조가 중국인·조선인·타이완인과의 접촉·교섭을 통해 자신의 사상을 재편성하면서 제국 질서의 변혁을 주장해 갔던 점에 주목하고자 합니다. 여기에는 구체적인 어법을 포함하여 그 접촉·교섭의

---

5) 吉野作造, 「世界の大主潮と其順応策及び対応策」, 『中央公論』, 1919년 1월호; 『吉野作造選集』, 第6卷, 岩波書店, 1996 수록.

흔적이 남아 있습니다. 몇 가지 이러한 흔적을 검토해 보도록 하겠습니다.

중국 혁명파와의 교섭에 대해서는 리다자오와의 관계가 중요합니다. 마쓰오 다카요시 씨가 밝히고 있는 것처럼 5·4운동이 일어나기 이전부터 리다자오와 요시노 사쿠조는 서로 연락을 주고받으며 연대를 시도하고 있었습니다.[6] 리다자오는 1918년 말에 천두슈(陳獨秀)와 함께 잡지 『매주평론』(每週評論)을 창간합니다. 이 잡지에는 1918년 말 요시노 사쿠조·후쿠다 도쿠조(福田德三) 등이 민본주의 운동의 거점으로 결성한 여명회(黎明会)의 활동이 보고되어 있습니다. 그리고 리다자오와 요시노는 서로의 운동에 주목하여 『매주평론』과 『여명강연집』(黎明講演集)을 서로 기증하기도 하면서 연대를 시도하고 있었습니다.

『매주평론』 제9호에는 여명회의 창립을 축복하는 논설 「축 여명회」와 여명회의 제1회 강연회(1919년 1월 18일 개최) 상황을 보고한 「여명 일본의 서광」이라는 기사가 게재되어 있습니다. 이것은 리다자오가 필명으로 쓴 것으로 추정됩니다.[7] 또한 마찬가지로 리다자오가 편집에 관여한 신문 『천바오』[8](1919년 6월 18·19일자)에는 요시노 사쿠조가 5·4운동에 대해 논한 「베이징대학 학생 소요사건에 대하여」[9]가 중국어로 번역되어 게재되어 있습니다.

---

6) 松尾尊兊, 「五四期における吉野作造と李大釗」, 『民本主義と帝国主義』.

7) 「祝黎明會」, 「黎明日本之曙光」, 『每週評論』, 第9號, 1919. 2. 16.; 『李大釗文集』 上卷, 人民出版社, 1984 수록.

8) 『천바오』(晨報). 베이징의 유력 조간신문으로서 당시 진보당의 기관지 역할을 하였다. 1926년 봄 상하이로 귀국한 리다자오는 탕화룽(湯化龍)과 량치차오(梁啓超)의 영향력하에 있던 연구계(研究系)라는 정치단체의 일원으로 참가하면서 탕화룽의 추천으로 진보당의 기관지 『천바오』의 편집책임을 맡게 되었다.—옮긴이

9) 吉野作造, 「北京大学学生騷擾事件に就て」, 『新人』 1919. 6; 『吉野作造選集』, 第9卷, 岩波書店, 1995.

『매주평론』에 게재된 「축 여명회」와 요시노가 5·4운동에 대해 논한 일련의 논설을 서로 견주어 보면, 양자 간에는 서로 깊은 연관이 있었음을 알 수 있습니다. 「축 여명회」에서는 여명회의 설립에 대해 강권에 저항하고 자본주의·군국주의를 타파하고자 한 운동으로 소개하고 여기에 지지를 표명하고 있습니다. 그리고 친밀한 관계를 맺어야 마땅할 중·일 양국 간에 군벌 강권이 개입하여 방해하고 있다는 점, 양국의 '군벌적 친선'이 양국 민중의 시의심(猜疑心)을 강화시키고 있다는 점에 우려를 드러내고 있습니다. 그리고 "여명의 서광이 나타났다!"(黎明的曙光現了!)라 언급하면서 중국과 일본의 민중이 서로 손잡고 연대하여 개혁을 진행할 것을 호소하고 있습니다.

「축 여명회」는 1919년 2월의 자료입니다만, 그 뒤 5·4운동이 일어나자 요시노 사쿠조는 여기에 민감하게 반응하여 일련의 논설을 서술합니다. 이 텍스트들의 어법을 살펴보면 리다자오의 호소를 강하게 의식하고 있음을 엿볼 수 있습니다.

「베이징대학 학생 소요사건에 대하여」에서는 중·일 양국의 군벌·관료에 의한 비밀외교를 규탄하고 민주적인 정치·외교에 대한 요구로서 5·4운동을 파악하고 있습니다. 이러한 의미에서 이 운동은 "명백히 우리들과 그 입장을 같이하는 것"이며, "일본의 지나에 대한 군벌적 외교를 탄핵하는 주장과 크게 공명하는 것"이라고 쓰고 있습니다. 그리고 '관료 군벌 간의 친선'을 '사이비 친선'이라 비판하면서 "그들과 우리들에게 있어서 소위 우리당[민주 세력]의 승리는 최초로 일지(日支) 친선의 확실한 기초를 연다"라고 적고 있습니다.

이러한 요시노 사쿠조의 5·4운동론은 군벌 간의 '친선'을 비판함과 동시에 민주 세력 간의 연대를 호소하는 발상이나 그 어법을 포함하여 모두 리다자오의 호소에 대한 구체적인 응답으로 쓴 것이 명백합니다. 그리고 이 점을 이해한 리다자오 쪽에서는 발 빠르게 이 논설을 중국어로 번역해 『천바오』에 게재하였습니다.

또한 요시노는 논설 「지나의 배일적 소요와 근본적 해결책」[10]을 써냅니다. 이 논설에서 요시노는 "우리 양국의 민중 사이에 평화주의, 자유주의, 인도주의를 기초에 둔 사회 개조의 공동운동이 점차 생겨날 것을 희망할 수밖에 없다"라며, "어떤 방법으로 양국의 민중 사이에 협동 제휴의 기회를 만들어 갈 것인가가 급선무임"을 호소하고 있습니다.

이처럼 요시노 사쿠조는 5·4운동을 짊어진 세력에 대해 중국을 내부로부터 변혁시켜 일본 제국주의를 비판하는 주체로 수용한 뒤, 일본 내부에서 이에 응답해 가는 주체를 창출함으로써 상호 승인과 제휴를 지향하였습니다. 이로써 중국의 5·4운동과 일본의 '민본주의' 운동 사이에 연대가 싹트면서 동아시아의 제국주의 체제를 변혁해 나갈 가능성을 모색하게 됩니다.[11]

이후 요시노와 리다자오는 서로 연락을 취하며, 중·일 쌍방의 지식인과 학생들이 서로 방문할 수 있도록 하고 연대를 돈독히 하고자 합니다. 그러나 이것은 단기간의 시도로 그칩니다. 다만, 여기에서는 5·4운동의 리더였던 리다자오의 사상에 촉발되어 요시노의 사상이 새롭게 재편성되고, 중·일 민주 세력 간의 제휴로 인해 제국개조론이 짜여졌다는 점에

---

10) 吉野作造, 「支那の排日的騷擾と根本的解決策」, 『東方時論』, 1919년 7월호; 『吉野作造選集』, 第9卷 수록.

11) 平野敬和, 「帝国主義の政治思想」; 「吉野作造のアジア」 참조.

주목하고 싶습니다.

이와 같이 중국과의 관계에서는 5·4운동의 중심 세력이었던 리다자오와의 상호 제휴가 시도되었습니다. 그러나 일본의 식민지 상태였던 조선과의 관계에서는 민족을 넘어선 연대라는 것이 더욱 곤란했습니다. 요시노는 조선·타이완의 자치를 통한 제국개조를 주장했지만, 3·1운동은 어디까지나 독립을 지향한 운동이었으며 그 양자 사이에는 명백한 간극이 있습니다. 이 간극은 조선의 독립운동가 여운형(呂運亨)과의 만남으로 인해 겨우 되물을 수 있는 계기를 맞이합니다.

여운형은 3·1독립운동 이후 상하이에서 창립된 대한민국 임시정부의 요원으로 독립운동가입니다. 임시정부가 발행한 기관지 『독립』(獨立; 훗날 『독립신문』으로 제호 변경함)에는 요시노 사쿠조가 3·1독립운동에 대해 논한 강연 「조선 통치 개혁에 관한 최소한의 요구」[12]가 한국어로 부분 번역되어 게재되어 있습니다.[13] 이 강연에서 요시노는 차별대우 철폐, 무단정치 폐지, 동화정치 포기, 언론의 자유라는 4항목을 '최소한의 요구'로 내놓고 있습니다. 독립운동가·임시정부 쪽에서도 일본에서 영향력이 큰 요시노 사쿠조의 발언으로서 주목하고 있었음을 알 수 있습니다.

당시 요시노의 주변에는 교회청년회 혹은 신인회(新人会)에 참가했던 조선인 학생들(김우영金雨英, 김준연金俊淵, 백남훈白南薰 등)이 있었습니다. 요시노는 그들과의 교섭을 통해 조선인 유학생에 의한 2·8독립선언, 나아가 3·1독립운동으로 이어지는 일련의 독립운동의 태동을 느끼고 있

---

12) 吉野作造, 「朝鮮統治の改革に關する最小限度の要求」, 『黎明講演集』 6輯, 1919. 8.
13) 『독립』 1~6호, 1919. 8~9.

었습니다. 그리고 이러한 움직임에 자극을 받으며 논의를 전개하고 독립
운동을 짊어진 여러 세력들과 교섭을 가졌다고 생각됩니다.[14]

1919년 가을에 여운형은 일본을 방문하고 정부나 민간 요인과 회담
하며 일본의 동향을 파악합니다. 이때 요시노 사쿠조와 여운형이 회담한
사실은 널리 알려져 있습니다. 여운형의 방일 전후의 언동에 대해서는 강
덕상의 『여운형 평전 1. 조선의 3·1독립운동』[15]에서 자세히 다루고 있습
니다. 여기에서 주목하고 싶은 것은 요시노 사쿠조가 여운형과의 만남과
대화를 통해 사고가 깊어졌으며, 그 영역이 확립되었다는 점입니다.

당시 일본 정부의 하라 다카시(原敬) 수상은 독립운동가 여운형을 설
득하여 자치론자로 전환시켜 통치구조 속으로 회유하려는 책략을 지니
고 있었습니다. 이 책략은 3·1독립운동을 겪은 뒤 '무단정치'를 철폐하고
'문화정치'로 전환한 사이토 마코토(斎藤実) 총독, 미즈노 렌타로(水野錬太
郎) 정무총감의 지휘하에 새로운 통치구조를 창출하는 가운데, 조선 쪽의
협력자를 확보할 필요를 느끼면서 구상된 것입니다. 이에 명망 높은 여운
형을 주목하여 독립운동의 분열을 꾀한 것입니다. 일본 정부 쪽에서는 이
러한 책략의 일환으로 여운형을 일본에 초청하여 다양한 회담과 회견을
계획하였습니다.

그러나 여운형은 이러한 일본의 책략을 엄중히 경계했으며 자치론으
로의 전환을 거부하고 지속적으로 독립론을 주장합니다. 그리고 기자회
견에서도 자신들의 독립운동은 정의를 추구하는 것이며, 정의 실현을 위

---

14) 松尾尊兌, 「吉野作造と在日朝鮮人学生」, 『民本主義と帝国主義』.
15) 姜徳相, 『呂運亨評伝 1. 朝鮮三·一独立運動』, 新幹社, 2002.

해 일본은 독립을 인정해야 한다는 것을 내외의 기자들에게 호소합니다.

여운형은 고가 겐조(古賀兼造) 척식국(拓植局) 장관과의 회담과 기자회견에서 '동양평화'론을 펼치면서 독립을 요구합니다. 일본의 한국병합은 조선과 일본을 대립시키고 '동양평화'를 가로막는 것이며, 일본이 조선의 독립을 인정할 때 조선과 일본의 관계가 친밀해질 수 있고 독립한 조선과 일본·중국이 연대함으로써 '동양평화'가 유지될 수 있음을 주장합니다.[16] 여운형은 이처럼 '동양평화'의 이념을 내걸며 일본의 식민지 지배를 비판하고 조선 독립 승인만이 정의를 실현할 수 있다고 주장합니다.

요시노는 여운형의 기자회견 연설을 듣고 감명을 받아 그를 직접 만나서 회담을 가집니다. 이 회담의 내용에 대해서는 밝혀진 바가 없지만, 이후 요시노는 그의 논설 「소위 여운형 사건에 관하여」[17]와 「조선청년회 문제」[18]를 씁니다. 이 글은 여운형의 사상에 촉발받아 그에 응답하고자 한 듯이 씌어 있습니다(또한 「소위 여운형 사건에 관하여」는 대한민국 임시정부 기관지 『독립신문』에 부분 번역되어 실렸습니다).

「소위 여운형 사건에 관하여」에서는 독립론의 주장이 국법에는 어긋나나 "여씨의 주장에는 확실히 무시하기 어려운 한 가닥 정의의 빛이 보인다", "그가 견지하고 있는 한 가닥의 정의를 포용하지 않는다면 일본 장래의 도덕적 생명은 결코 성장할 수 없다"라고 말하고 있습니다. 또한 「조선청년회 문제」에서는 '정의의 확립'을 지향하고 일본의 통치를 비판하는 독립론에 답하는 형식으로 "조선 통치에 근본적인 대개혁을 가하는 것과

---

16) 姜德相, 『呂運亨評伝 1. 朝鮮三·一独立運動』.
17) 吉野作造, 「所謂呂運亨事件について」, 『中央公論』, 1920년 1월호; 『吉野作造選集』, 第9卷 수록.
18) 吉野作造, 「朝鮮青年会問題」, 『新人』, 1920년 2·3월호; 같은 책 수록.

동시에, 나아가 한편으로는 동양의 전체적인 동향을 넓은 안목으로 내다보고 그들과 협력하여 최고의 정의 실현을 위해 노력하는 태도"가 필요함을 주장하면서 "국가를 초월한 최고의 정의"에 대해 논하고 있습니다.

또한 요시노의 이 논설을 비판한 마루야마 쓰루키치(丸山鶴吉; 조선 총독부 경무국사무관)에 대한 반론인 「조선통치책에 대해 마루야마 군에게 답함」[19]에서는 다음과 같이 말하고 있습니다.

조국의 회복(恢復)을 꾀한다는 것은 일본인이든 조선인이든 지나인이든 상관없이 보편적으로 시인해야만 하는 도덕적 입장이다. 이러한 점에서 공통된 어떤 최고의 원리를 인정할 때에 곧 일선(日鮮) 양 민족의 진정한 일치·제휴의 신(新)경지를 발견할 수 있다. 이것이 나의 입장이다.

이와 같이 요시노 사쿠조는 여운형의 사상에 촉발되어 국가를 넘어선 정의에 대해 언급하며, 이를 매개로 하지 않는 한 조선인·일본인의 제휴는 불가능하다고 생각하게 되었습니다. 요시노는 「조선청년회 문제」에서 다음과 같이 말합니다.

일본이 최종적으로 조선과 진정한 정신적 제휴를 이루고자 한다면, 이들 중견분자를 손에 넣지 않으면 안 된다. 따라서 나는 주장한다. 조선 문제를 근본적으로 해결하기 위해서는 외면상 가장 맹렬한 배일적(排日的) 분자와 먼저 제휴해야 한다는 것을 마음에 새겨 두어야 할 것이다.

---

19) 吉野作造, 「朝鮮統治策に関して丸山君に答ふ」, 『新人』, 1920년 4월호; 같은 책 수록.

이 글은 다양한 문맥으로 읽힐 수 있습니다. 여기에서 요시노는 일부의 친일 세력과 손잡고 제국 질서를 유지하고자 했던 기존의 아시아 정책을 단호히 비판함과 동시에 배일 세력이야말로 대화의 상대로 인식해야 함을 주장하고 있습니다. 그러나 요시노의 주장은 독립론이 아닌 조선·타이완의 자치를 통한 제국의 재편·개조론입니다. 따라서 요시노가 지향하는 조선인과의 '제휴'는 일본 제국주의의 자기비판과 변혁을 통해 독립론자를 가까이 끌어들여 자치의 협력자로 유도하는 '신식민지주의'적인 논의로 간주될 수도 있습니다.

그러나 이와 동시에 독립론과 자치론 사이에 존재하는 어떠한 간극 속에서 여운형에 의해 '정의'가 들추어지고, 이에 대해 요시노는 국가를 넘어선 정의라는 입장으로 유도되기도 합니다. 이처럼 정의의 수준을 시험당하는 가운데 요시노는 "그들이 한 가닥의 도의를 내세워 독립을 부르짖고 있는 이상 우리들은 그 이상으로 높은 도의적 이상을 내거는 것 외에는 그들을 복종시킬 수 있는 길이 없다"[20]라고 말합니다. 이와 같이 요시노는 자립·독립을 바라는 조선인과, 제국주의를 자기비판하는 일본인이 상호 승인함으로써 제국 질서를 변혁하고 다민족이 자립성을 지닌 채 공생하며 민족을 넘어선 보편적인 정의를 실현하는 제국을 구상하게 됩니다.

이렇듯 요시노는 여운형이 제시한 '정의'의 요구에 응답해 가면서 민족의 알력을 넘어선 보편적 정의의 기대에 촉발되어 자신의 사상 속에서 어떤 보편성을 지닌 제국으로의 욕망을 산출해 갑니다. 이는 한편에서는

---

20) 吉野作造, 「所謂呂運亨事件について」, 『吉野作造選集』, 第9卷 수록.

데모크라시와 '민족자결'을 이념으로 헤게모니를 확대해 가는 미국에 대한 관심으로 이어집니다. 이러한 비전이 중국·조선의 혁명가·독립운동가와의 접촉·교섭을 통해 한층 더 명확한 형태를 지니게 되었다고 생각해 볼 수 있습니다.

식민지/제국에서의 '문화'

이상에서 살펴본 바와 같이 요시노 사쿠조가 구상한 새로운 제국의 모습은 다민족이 자립성을 지닌 채 공생하는 '다문화제국'이라 할 수 있습니다. 이는 특히 타이완 자치운동과의 대화를 통해 선명히 드러납니다.

1920년 7월 도쿄에서 유학하고 있던 타이완 청년 차이페이휘(蔡培火), 린청루(林呈祿), 황청충(黃呈聰)에 의해 타이완인의 주체성을 구축하기 위한 문화운동의 거점으로서 잡지 『타이완 청년』(臺灣靑年)이 창간됩니다. 요시노 사쿠조는 이 창간호에 '축사'(祝辭)를 싣고 있습니다.[21] 이 잡지는 일본어와 중국어의 이중언어 잡지로서 지면은 '일문'란과 '한문'란으로 나누어져 있고, 상호 번역하여 일본어와 중국어로 게재하는 독자적인 편집방식을 취하고 있습니다. 요시노 사쿠조의 '축사'는 일본어로 씌어진 것이었으나 이것을 중국어로 번역하여 창간호의 '일문'란과 '한문'란에 동시에 게재합니다.

여기에서 요시노는 타이완인의 '문화 개발'은 타이완인 스스로의 과제임을 내세우면서, "일본 내지에서 성장한 문화를 그대로 타이완에 주입하려는 것은 큰 오류"임을 지적하고 있습니다. 이처럼 요시노는 타이완의

---

21) 吉野作造, 『吉野作造選集』 第9卷.

동화정책을 부정한 뒤 타이완인이 민족으로서 자립하고 일본인과 협동해 가는 형태로 제국 질서를 재편성해 나아가가 함을 논합니다.

모든 협동의 기초는 독립입니다. 독립 없는 협동은 맹종입니다. 예속입니다. 우리들은 일본 국민으로서 이러한 예속적 민족의 존재를 원하지 않습니다. 타이완인이 법률상으로 일본 국민으로서 제휴하기 전에 우리들은 타이완인이 먼저 독립 문화 민족이 될 것을 요구합니다.

여기에서 요시노는 타이완인을 '문화 민족'으로 표현하고 있습니다. 이러한 표현은 타이완인의 문화운동으로 인해 촉발된 것으로 보입니다. 당시 민족자결을 완수하려는 타이완인의 운동은 동화정책에 저항함과 동시에, 타이완 문화를 재구축하여 자립성을 고양하는 방향으로 움직이기 시작합니다. 이러한 가운데 잡지 『타이완 청년』이 창간되고, 타이완 문화협회가 결성되어 타이완의회 개설을 꾀하는 자치운동이 전개됩니다. 이는 장래에 있을 독립을 향한 발판이 됨과 동시에 제국 일본의 자치령으로 편성되는 것이기도 합니다. 이와 같이 일본의 제국주의·동화정책에 대한 저항과 동시에 한편으로는 제국 일본에 대한 협력으로도 비춰지는 양의적인 모습을 지닌 문화운동이 펼쳐집니다.

당시 타이완의 문화운동은 일본어를 통해 초래된 '문명'의 수용을 도모하는 한편, 일본 민족으로의 동화를 거부하고 백화문[22] 보급운동 및 타이완어 로마자화 운동 등을 통해 '타이완 문화'의 자립성을 회복·창조

---

22) 백화문(白話文). 일반 서민들이 사용하던 언어.—옮긴이

하고자 했습니다.[23] 이러한 가운데 창간된『타이완 청년』은 자립을 지향하는 타이완인의 주장과, 이를 수용하고 이것에 답하는 일본인의 주장을 상호 번역하여 일본어와 중국어로 게재한 잡지였습니다. 이처럼 요시노는 동화정책에 저항하는 문화운동에 촉발받으면서 타이완인을 자립성을 지닌 '문화민족'으로서 승인하고 대화·제휴해 갈 것을 지향합니다.

여기에서 요시노 사쿠조가 상정하는 제국은 조선인·타이완인의 민족성·문화를 부정하고 동화를 강요하는 제국이 아니라, 다민족·다문화가 자립성을 지닌 채 공생하고 협동·제휴해 가는 이른바 '다문화제국'입니다.

그렇다면 전간기·1920년대의 식민지/제국에서 일컬어진 '문화'란 어떠한 함의를 지닌 단어였을까요? 당시의 제국 일본에서는 다양한 영역에서 '문화'가 유행어처럼 논의되었습니다. 교양주의·인격주의가 유행하는 가운데 '문화주의'가 논해지고 또한 '문화주택', '문화냄비', '문화생활' 등 일종의 모던한 생활양식을 표현하는 단어로서, '문화'는 대중생활의 장에서도 유통되었습니다. 그리고 식민지 조선에서는 3·1독립운동 이후에 '무단정치'를 대신하여 '문화정치'가 표방됩니다. 또한 민족의 자립을 이룩하려는 조선인 쪽에서도 문화운동이 펼쳐집니다. 나아가 식민지 타이완에서도 '타이완 문화협회'를 거점으로 한 문화운동이 추진됩니다.

당시 '문화'라는 단어의 용법은 다의적이었습니다. 문화는 메이지기 이후에 사용된 '문명개화'와 거의 같은 의미의 어감을 지니는 한편, 세계 표준으로서의 보편적 '문명'에 비해 '문화'는 민족·국민에게 뿌리내린 것

---

23) 陳培豊,『「同化」の同床異夢─日本統治下台湾の国語教育史再考』, 三元社, 2001.

이라는 의미로도 사용되었습니다. '문화주의' 철학을 주창한 구와키 겐요쿠(桑木嚴翼)와 소다 기이치로(左右田喜一郎) 등은 독일의 영향을 받았습니다. 당시 영국, 프랑스를 중심으로 한 '문명'의 글로벌화에 비해 뒤늦게 출발한 반(半)주변국가인 독일은 문화적 자립성을 내세워 개성을 발휘하는 형태로 '문명'(Zivilisation)과 '문화'(Kultur)를 구분하는 내셔널한 자기주장을 펼칩니다. 일본에서도 그 영향을 받아 서양적 '문명'의 글로벌화에 맞서 '일본문화'의 개성을 어떠한 방식으로 주장할 것인가가 논의됩니다. 이때의 키워드가 '문화'였습니다. 와쓰지 데쓰로(和辻哲郎)가 『고사순례』(古寺巡禮, 1919년)와 『일본 고대문화』(日本古代文化, 1920년)를 간행하고, '일본문화사' 연구회 활동을 시작한 것도 이 시기입니다.

그리고 동시대의 조선과 타이완에서도 민족적 자립성을 둘러싼 키워드로서 '문화'가 거론됩니다. 일본이 식민지 권력을 통해 폭력적으로 유입한 '문명'의 힘으로 식민지 사회를 계몽·개발하고자 하는 가운데, 이와는 서로 어긋나나 조선 문화·타이완 문화를 재구축하고 자립성을 꾀하는 문화운동이 펼쳐집니다.

'문화정치'기의 조선에서는 『동아일보』, 『조선일보』 등의 신문과 각종 잡지가 창간되고 조선어 미디어를 통한 언론 공간이 어느 정도 확보됩니다. 또한 다양한 조류의 민족주의 담론이 생성되며 '실력양성운동', '문화운동'이 펼쳐집니다. 이는 일본이 주도하는 '문명'의 힘에 의한 동화정책에 저항한 것으로서, 조선인의 내셔널한 자립성을 회복·창조하고자 하는 것이었습니다. 이와 동시에 독립운동에 좌절한 민족주의를 제국 통치 구조 속에서 자치를 통해 실현하고자 하는 시도이자, 대일협력으로 향하는 것이기도 합니다.

이와 같은 위태로운 양의성을 품은 채, 당시의 식민지/제국에서는 보편화된 '문명'의 힘에 저항하면서 동시에 민족적 자립성을 요구하는 키워드로서 '문화'라는 표현이 사용됩니다. 이처럼 전간기(1920년대)의 식민지/제국에서는 '문명'과 '문화'의 비대칭적인 마찰·알력을 품으며 동화정책이 비판되고 민족적 주체성의 재구축이 시도됩니다. 요시노 사쿠조는 이러한 문화운동의 태동을 타이완의 자치운동가들과의 접촉·교섭을 통해 깨닫고 이에 '다문화제국'의 비전을 내놓습니다.[24]

앞에서 살펴보았듯이, 요시노 사쿠조의 제국개조론은 중국·조선·타이완의 반제·민족운동에 직면하여 그에 응답하는 주체로서 '민본주의' 세력을 키우고 민족을 넘어선 대화·제휴로 제국 질서를 변혁해 가고자 하는 시도입니다. 그러나 이는 조선인·타이완인의 문화적 자립성을 승인하고 그 주체성을 불러일으키며 제국 질서의 구조 속으로 유도·포섭하는 것으로, 중국의 독립을 지원하면서 이와 동시에 헤게모니를 확대시켜 나가는 '신식민지주의'적 사상이기도 합니다.

또한 여운형과의 대화에서도 드러나듯이, 저항하는 타자와의 연대를 모색함에 있어 민족의 알력을 넘어서는 보편적 정의로의 기대가 촉발·쇄신됩니다. 이러한 보편성에는 자칫하면 또 다른 모습의 식민지주의를 산출할 위험성이 내포되어 있다고 볼 수 있겠습니다.

그리고 이러한 요시노 사쿠조의 사상은 기존의 아시아 연대론과는 다른 새로운 형태의 논의였다는 점에도 주목하고 싶습니다. 앞에서 살펴

---

24) 米谷匡史, 「戰間期知識人の帝国改造論」, 『日本史講座』 第9卷, 東京大学出版会, 2005 참조.

본 논설 「조선청년회 문제」에서 그는 "조선 문제를 근본적으로 해결하기 위해서는 외면상 가장 맹렬한 배일적 분자와 먼저 제휴해야 한다는 것을 마음에 새겨 두어야 할 것이다"라고 말하고 있습니다.

요시노의 논의는 일본의 제국주의 정책과 얽혀 온 아시아 연대론의 존재방식을 단호히 비판하는 것입니다. 이는 군벌·관료 등 일부 친일적 세력과 결탁하여 제국 질서를 확대하고 저항 세력을 억누르면서 지배해 온 방식입니다. 그러나 3·1독립운동과 5·4운동으로 불거진 반제·민족운동에 직면하여, 요시노 사쿠조는 새로운 시대가 도래하고 있음을 깨닫게 됩니다. 여기에서 요시노는 일본의 제국주의 정책에 저항하는 민중운동만이 제국주의를 파멸시키고 새로운 질서를 창출할 원동력이 될 것임을 깨닫습니다. 이에 요시노는 민족을 넘어선 연대를 시도하는 한편, 일본에서도 '민본주의'에 따른 개혁을 추진하고 군벌·관료에 의해 구축된 제국주의를 변혁하고자 합니다. 이렇게 하여 전간기의 일본에서는 '배일' 세력과 손잡은 새로운 아시아 연대론이 논의되기 시작합니다.

2. 식민지/제국의 '사회' 문제

요시노 사쿠조가 구상한 '다문화제국'의 시도는 동아시아의 각 지역에서 반제·민족운동이 불거졌던 전간기의 새로운 정황에 호응하는 제국개조론이었습니다. 그러나 이 시도는 구체화되지 못했고 또 진전되지도 못했습니다. 또한 일본 정부는 조선·타이완의 자립성을 부인하는 내지연장주의·동화정책을 강화해 나갑니다. 그리고 '문화정치' 아래에서의 자본주의적 침투는 점차 식민지의 '사회' 문제로 대두됩니다. 여기에서 드러나는 새로운 모순에 직면하면서 요시노 사쿠조와는 다른 차원에서 제국개조론을 제시한 것이 야나이하라 다다오의 식민정책론입니다.[25]

식민지 문제와 '사회' 문제의 교착

야나이하라 다다오의 식민정책론은 대영제국의 제국재편론을 모델로 했다고 간주되어 왔습니다. 영국은 19세기 후반부터 20세기 초반에 걸쳐 캐나다, 오스트레일리아, 뉴질랜드, 남아프리카 등의 식민지가 독자적인 의회·정부를 가진 자치국가(Dominion)로 자립할 것을 인정하고, 본국과 식민지가 협동·제휴하는 '제국적 결합'(Imperial unity)을 재편·강화했습니다. 1922년에는 아일랜드가 자치국가로 자립하고(1937년에 분리 독립), 뒤이어 인도의 자치 획득 여부도 주목받고 있었습니다.

야나이하라는 이러한 대영제국의 동향에 힌트를 얻어 조선의회 개설을 주장하고 타이완의회 설치운동을 지원하며 제국개조론에 관여합니다. 이것은 '민족자결' 요구를 승인하면서 제국 통치를 재편성하는 것으로서 식민지의 자립·발전과 제국 질서의 유지·발전을 양립시키려는 식민정책론이었습니다.

다만 야나이하라의 독자적인 식민정책론이 확립된 것은 1920년대 중반이었고, 이 시기가 직면하고 있던 문제는 1919년 전후의 정황과는 다른 것이었습니다. 이때는, 자본주의의 침투가 식민지 사회를 변용시키고 '사회' 문제를 발생시키는 일이 곧 제국주의가 막다른 곳에 다다랐음을 표출한 것이었으며, 이에 새로운 식민정책의 필요성이 논의됩니다. 야나

---

25) 이 논의에 관해서는 米谷匡史, 「矢内原忠雄の'植民·社会政策'論」, 『思想』 945号, 2003 참조.

이하라는 조선의회 개설에 따른 자치를 논하고 있습니다만, 그 관심의 초점은 법·주권을 둘러싼 차원이 아닌, 특히 사회와 경제를 둘러싼 차원으로 향해 있습니다.

조선의회 개설을 주장한 유명한 논설 「조선 통치 방침」[26]에는 식민지 문제와 '사회' 문제를 교착시키는 야나이하라의 관심이 선명하게 드러나 있습니다.

1919년 3·1독립운동으로부터 7년이 경과한 1926년에는 6·10만세운동이 일어납니다. 야나이하라는 이 두 번의 독립운동을 겪으면서 질적인 차이를 이끌어 냅니다. 3·1독립운동 때는 '민족자결'을 둘러싼 정치 문제에 초점이 맞추어져 있었지만, 6·10만세운동 때는 공산주의의 영향이 강해지고 경제·사회 문제로 초점이 옮겨 갑니다. 그리고 야나이하라는 자본주의가 3·1독립운동 이후의 '문화정치'기 조선 경제에 깊이 침투한 점에 근본적인 문제가 있었다는 것을 발견합니다.

1918년의 쌀소동 이후, 1920년대에는 '조선산미증식계획'이 입안·실시되었습니다.[27] 이는 일본 '내지'에서의 쌀 공급 부족 현상이 민중의 폭동으로 이어지지 않도록 이를 조선에서의 증산으로 채우고자 한 것이었습니다. '문화정치'기는 '조선산미증식계획'을 통해 조선 경제에 자본주의가 깊게 침투하는 시대가 되었습니다. 이로 인해 계급분화가 진행되어 토지를 잃은 민중의 빈곤화가 심화되면서 이민노동자·'유민'들이 만주·시베리아·간사이(關西) 등지로 이동해 갑니다. 이러한 과정에서 식민지

---

26) 矢內原忠雄, 「朝鮮統治の方針」, 『中央公論』, 1926년 6월호(개정 논집 『植民政策の新基調』에 수록); 『矢內原忠雄全集』 第1卷, 岩波書店, 1963 재수록.

27) 河合和男, 『朝鮮における産米增殖計畵』, 未来社, 1986.

조선의 '사회' 문제가 구성되고 그 모습 또한 뚜렷이 드러나게 됩니다.

지금까지 일본 '내지'에서는 1920년 전후를 '사회' 발견의 시대로 간주해 왔습니다. 이때는 러시아혁명 혹은 쌀소동에 촉발받으면서 '사회' 문제가 두각을 드러내고 '사회 개조'를 외치게 되었습니다. 한편 1920년대 중반 식민지 조선에서는 '사회' 문제가 구성되고 이를 해결하기 위한 시도가 구체화됩니다. 1918년 일본 '내지'에서 오사카부 방면위원제도(大阪府方面委員制度)가 설치되면서 사회사업이 본격화되고,[28] 조선에서는 1927년에 경성부 방면위원(京城府方面委員)이 설치되면서 식민지 사회사업이 제도적으로 발족합니다.[29] 조선공산당이 결성된 것은 1925년의 일이며, 식민지 조선의 '사회' 문제가 현저화되면서 일본의 식민지 권력은 위기감을 더해 갑니다. 그리고 일본에 이주한 조선인의 노동운동이 거세지면서 재일본조선노동총동맹이 결성된 것도 1925년의 일이었습니다. 이와 같이 1920년대는 자본주의의 침투와 함께 조선/일본이라는 콜로니얼적 비대칭적 관계 속에서 식민지의 '사회' 문제가 구성됩니다.

이와 같이 식민지에서의 '사회' 문제가 구성된 1920년대 중반의 시점에서 야나이하라의 논설 「조선 통치 방침」이 씌어진 것입니다. 그는 이 논설에서 다음과 같이 말하고 있습니다.

토지에 관한 실권을 내지인이 장악하고 있는 것은 현저한 사실이다. 조선인의 입장에서 보면 이러한 과정으로 인해 생산자는 생산수단으로부터

---

28) 玉井金五, 『防貧の創造―近代社会政策論研究』, 啓文社, 1992.
29) 慎英弘, 『近代朝鮮社会事業史―京城における方面委員制度の歴史的展開』, 緑蔭書房, 1984.

분리된다. …… 그들은 무산자화(無産者化)되었다. 많은 조선인이 시베리아나 만주로 이주했다. …… 혹은 근래 많은 조선인이 내지로 이주해서 노동을 하고 있다는 사실은 우리들의 일상에서 흔히 접하는 모습들이다. …… 오늘날 조선인의 경제적 불안은 문화정치의 결과라 할 수 있다.

여기에서 논하고 있듯이, 야나이하라는 '문화정치'라는 명분하에 이루어지는 자본주의의 침투야말로 조선인을 무산자화하고 디아스포라 상태로 몰고 갔다고 말하고 있습니다. 이처럼 '문화정치'를 비판하는 야나이하라는 '조선산미증식계획'에 관해서는 다음과 같이 언급합니다.

조선인에 대해 한마디로 말한다면, 쌀은 내지에 내다 팔고 자신들은 값싼 만주 좁쌀을 구입해서 먹고 있다. …… 또한 공복을 채우기 위해 여전히 좁쌀, 콩, 감자, 심지어는 풀뿌리, 나무껍질까지 찾아다녀야 한다. 내지의 식량 문제를 해결할 순 있지만 조선의 식량 문제를 야기시킬 가능성도 무시할 수 없다.

이 논설에서는 일본 내지의 사회 문제와 비대칭적인 관계 속에서 식민지의 사회 문제가 구성됩니다. 더불어 야나이하라는 참정권 문제도 언급합니다. 조선인의 참정권이 없는 상태에서 입안·실시되는 식민정책·농업정책은 일본인 본위의 것이 되고, 이로 말미암아 야기되는 조선의 '사회' 문제는 시정되지 않는다. 조선인의 '생활 안정과 번영'에 중점을 둔 정책을 실현시키기 위해서는 '조선인 스스로가 정책 결정에 참여하는 것'이 필요하다.

노동계급이 자신들의 계급적 대표자를 의회에 보내지 않으면 그 이익을 충분히 옹호할 수 없듯이, 식민지인들도 자신들 스스로가 정책 결정에 참여하지 않는다면 그 자신의 이익을 충분히 옹호할 수 없다. …… 조선인의 경제적·사회적 불안을 완화하고 장래에 광명과 자신감을 줄 수 있는 유일한 수단은 경제생활·사회생활에 관한 정책, 이에 따른 재정적 부담 문제 등에 관한 참정권을 승인하는 데 있다.

이러한 논의는 식민지의 '사회' 문제에 바탕을 두면서, 조선인의 사회·경제적 이해를 보호하기 위해서는 조선인의 참정권이 필요함을 호소한 것입니다. 또한 참정권의 구체화에 관해서는, 동화정책을 비판하면서 본국의 제국회의에 대한 참정이 아니라 조선의회 개설에 따른 자치의 형태로 실현해야 함을 논하고 있습니다.

이처럼 야나이하라 다다오의 제국개조론은 법·주권을 둘러싼 차원에 머물지 않고 나아가 사회·경제를 둘러싼 차원과 관련되는 것이었습니다. 여기에서 상정되는 제국 일본의 새로운 모습은 콜로니얼적 '사회' 영역을 통치하는 권력으로 재편되고 변용을 이루는 것입니다. 이러한 의미에서 야나이하라 다다오의 '식민정책학'은 식민지의 '사회' 영역을 제어하는 통치이성, 즉 '식민·사회정책'론으로 간주할 수 있습니다.

본래 야나이하라가 논한 '제국'이란 식민지/제국의 국경을 넘는 사회군(群)의 이동과 자본주의의 침투를 통해 사회·경제가 변용하고, 상호관계에 따라 변용을 이루어 가는 것이었습니다. 야나이하라는 자본주의 경제에 의한 식민지화를 통해 세계 각지의 사회·경제가 서로 연결되며, 글로벌한 분업·교환의 시스템인 '세계경제'가 성립·발전한다고 생각하고 있었습니다.[30] 바로 여기에서 식민지화(colonization)를 문명화 (civilization)의 과정으로 파악하는 식민지주의적인 '세계사'의 시좌를 엿볼 수 있습니다.[31]

다만 야나이하라는 제국주의 전쟁인 제1차 세계전쟁을 겪으면서 이미 자본주의·제국주의에 바탕을 둔 식민정책은 막다른 길에 접어들었다고 판단합니다. 즉, 제국주의는 ① 제국주의 국가 상호 간의 투쟁, ② 민족자결을 원하는 식민지와 제국주의 국가 사이의 투쟁, 나아가 ③ 제국주의 국가 내부의 계급투쟁으로 인해 이미 막다른 길에 접어들고 있다는 것입니다.[32]

또한 야나이하라는 이를 극복할 해결책으로 식민지와 제국주의 국가의 상호작용을 통해 '제국'의 전 지역이 사회주의화로 나아갈 방향을 모색합니다. 식민지에 대한 자본주의의 침투는 식민지 민중을 몰락시키고 '사회' 문제를 노출합니다. 이로 인해 식민지는 '사회주의의 양성소'가 되고, 또한 이것이 본국에 반작용으로 작용해서 "식민지의 사회주의화는 본국의 사회주의화를 자극"합니다. 그리고 본국의 사회주의화에 따른 '사회주의적 식민'은 식민지 경제의 사회주의화를 촉진합니다. "본국의 경제와 식민지의 경제는 이처럼 서로 밀접하게 상대에게 반응"합니다.[33]

이와 같이 야나이하라는 식민지/제국의 국경을 넘는 '사회' 문제 구

---

30) 矢内原忠雄,「世界経済発展過程としての植民史」, 1929;『矢内原忠雄全集』第4卷, 岩波書店, 1963 수록.
31) 姜尙中,『オリエンタリズムの彼方へ—近代文化批判』, 岩波書店, 1996.
32) 矢内原忠雄,『植民政策の新基調』,「序」;『矢内原忠雄全集』第1卷 수록.
33) 矢内原忠雄,『植民及植民政策』, 13章「労働政策」;『矢内原忠雄全集』第1卷 수록.

성과 함께 상호작용을 통해 '제국'의 전 지역이 사회주의화로 나아갈 것을 상정하고 있었습니다. 또한 야나이하라는 이러한 과정을 통해 제국주의의 막다른 길에서 벗어나 이로 인해 '세계경제'가 발전하고 국제협조·국제통제에 의한 '국제사회주의'가 도래할 것이라고 생각합니다.[34]

그리고 야나이하라는 여당이 된 영국의 노동당이 1925년에 주최한 '제국노동회의'에도 큰 관심을 기울이고 있었습니다. 이 회의는 캐나다, 오스트레일리아, 남아프리카, 아일랜드, 인도 등 각 식민지의 노동당 및 노동운동 대표가 모여 노동자의 입장에서 '제국'이 안고 있는 문제에 관해 토의하는 국제회의였습니다. 야나이하라는 이를 본국과 식민지의 노동자계급이 협동·제휴하고 상호작용을 통해 '제국'의 전 지역이 사회주의화하는 것을 지향하는 시도로 파악하고, '비착취적 협동주의의 결합정책'과 '세계 각 지역의 통제적 개발'의 시도에 주목합니다.[35]

이상과 같이 야나이하라 다다오는 식민지 문제와 '사회' 문제를 교착시켜 식민지/제국의 상호작용을 통해 '제국' 전 지역의 사회주의화를 구상합니다. 이는 전간기·다이쇼기에 비국가적인 '사회' 영역이 석출되고, 나아가 국제질서에서 사회연대론으로 전개해 가는 문제 구성의 일환으로 간주할 수 있습니다.[36] 야나이하라는 이러한 시좌를 통해 새로운 레벨에서 조선·타이완의 자치를 논합니다. 그렇다면, 야나이하라는 요시노 사쿠조가 논했던 내셔널한 '문화'의 자립과 상호 승인의 문제를 어떻게 풀어내고 있을까요.

---

34) 矢內原忠雄,「世界経済発展過程としての植民史」, 『矢內原忠雄全集』 第4卷 수록.
35) 矢內原忠雄,「第1回英帝国労働会議」, 1926; 『矢內原忠雄全集』 第1卷 수록.
36) 酒井哲哉,「国際関係論と忘れられた社会主義」, 『思想』 945号, 2003.

'식민지 근대'를 둘러싼 갈등

야나이하라는 자본주의와 그 외부 환경의 접촉·접합이나 상호침투·상호작용과 관련하여 '식민' 현상을 새롭게 파악하고 있습니다. 식민지화를 통해 자본주의 경제와 비자본주의적 외부 환경 등이 접촉하면서 식민지에 자본주의가 침투합니다. 그리고 마침내 식민지 경제의 자본주의화·근대화가 진행되고, 이것이 자립·탈식민지화를 향한 기반이 되어 '민족자결'을 원하는 식민지의 민족주의가 발전해 갈 것이라고 야나이하라는 생각했던 것입니다.

> 식민국에 의한 식민지의 통치개발, 그런 자본주의화는 식민지 자신의 투쟁, 반항[저항]의 실력을 양성하기에 충분하다. ······ 식민정책은 결국 자신들에게 반항하는 이들에게 반항할 힘을 양성시키고 있는 것과 같은 것이다.[37]

여기에는, 제국주의에 저항하는 식민지의 자립·탈식민지화를 지탱하는 것은 바로 '식민' 현상이 가져온 자본주의화·근대화로 상정되어 있습니다.

이러한 문제의 관심은 조선의 자치와 독립을 논할 때도 드러납니다. 논설 「조선 통치 방침」의 말미에서는 조선의회를 개설하여 자치국가가 된 조선이 마침내 분리·독립될 가능성을 염두에 두며, 이를 용인해야 한다는 논의를 전개하고 있습니다. 그 이유로는 평화적으로 영유관계가 종

---

37) 矢內原忠雄, 「世界經濟發展過程としての植民史」, 『矢內原忠雄全集』 第4卷 수록.

료되었을 경우, 분리·독립 이후의 '우의적 관계 유지'가 기대될 수 있다는 것을 들면서 더 나아가 다음과 같이 언급합니다.

이조(李朝) 이래 피폐하고 고달픈 조선이 우리 일본의 통치 아래에서 활력을 되찾아 독립국가로 일어설 실력을 함양하게 된다면 이것이 바로 식민정책의 성공이며 일본 국민의 명예가 아니겠는가.

이 글에서 그는 일본 제국주의를 비판하고 독립국가로서 조선의 분리·독립을 인정함과 동시에 이를 가능케 하는 '실력'이 일본의 식민정책에 의해 '함양'될 것을 적극적으로 긍정하고 있습니다. 여기에서는 식민지화에 의한 근대화·문명화를 철저히 긍정하는 식민지주의를 엿볼 수 있습니다.

그러나 여기에서 나타난 식민지주의는 단지 제국 일본 지식인의 사상에 내재되어 있는 것이 아닙니다. 야나이하라 다다오가 이러한 문제 영역을 논할 때, '실력'의 '양성', '함양'이라는 표현을 사용하고 있음에 주목해야만 합니다. 이는 명백히 일본 통치하의 조선인·타이완인이 내셔널한 자립을 향해 '실력 양성'을 시도하는 문화운동을 하고 있음을 염두에 둔 표현입니다. 이러한 문화운동이 일본인과 대화·제휴하고 일본 통치라는 틀 속에서 짜여질 때 바로 식민지와 제국 사이의 식민지주의가 작동하게 됩니다.

앞에서 언급했듯이, '문화정치'기의 민족주의에 바탕을 둔 '실력양성운동'·문화운동은 일본이 주도하는 '문명'의 힘에 의한 동화정책에 저항하고 조선인의 내셔널한 자립성을 회복·창조하고자 한 것입니다. 동시에 이것은 독립운동에 좌절한 민족주의가 제국 통치의 틀 속에서 자치의 실현을 시도하는, 이를테면 대일협력으로 향하는 것이기도 하며, 이로써 내부에 모순과 갈등을 끌어안게 됩니다.

'문화정치'기는 교육제도·관료기구 개혁으로 '친일파'(대일협력자) 인재 육성·등용이 도모되고, 지방 자문기관을 설치함으로써 명망이 높은 사람을 의사결정기구에 편성시키는 틀이 형성된 시기입니다. 또한 경제개발 부문에서도 '회사령'(會社令)이 철폐되고, '조선산미증식계획'에 의해 조선인 자본가·지주를 경제활동의 주체로 포섭해 가는 식산흥업정책이 행해진 시기였습니다. 이러한 식민정책으로 피식민자들을 근대화·문명화로 유도해 감에 따라 '친일파'가 구조적으로 등장한 시기가 바로 '문화정치'기였습니다.[38]

당시의 '실력양성운동'·문화운동은 이러한 정황들과 관련되면서 일어난, 위험성을 내포한 운동이었습니다. 이것은 '식민지성'과 '근대성'이 서로 극을 이루면서 공범관계를 구축해 가는 과정이었다고 할 수 있겠습니다.[39]

문화운동을 통해 동화정책에 저항하고 내셔널한 자립성을 재구축하면서, 다른 한편으로는 조선 사회의 근대화·발전을 도모했던 것입니다. 그러나 이는 일본의 식민지 권력이 도입한 '근대'와 교섭하면서 저항/협력이라는 간극에서 활로를 찾으려는 위험을 동반한 도정입니다. 여기에는 제국주의에 저항하고 자립과 발전을 지향하는 식민지 주체가 '식민지

---

38) 姜東鎭, 『日本の朝鮮支配政策史研究―1920年代を中心として』, 東京大学出版会, 1979.

39) 趙慶喜, 「「植民地性」と「近代性」の共犯と葛藤」, 高橋哲哉 編, 『歴史認識』論争』, 作品社, 2002.

근대'가 낳은 시스템에 한층 깊게 흡수되면서 규율권력을 내면화해 버리는 안으로부터의 갈등이 내포되어 있습니다.

야나이하라의 제국개조론은 이러한 상황에서 주창된 담론입니다. 여기에는 국경을 넘어 침투하는 자본주의에 의해 식민지가 근대화하고, 이를 기반으로 내셔널한 자립성을 고취시킨 식민지가 제국 일본과의 사이에서 상호 승인을 진행해 간다는 것이 상정되어 있습니다. 야나이하라는 차이페이훠가 진행하는 타이완의회 설치운동을 적극적으로 지원하고 있었습니다.[40] 이는 야나이하라에게 있어서 제국개조를 함께 실현해 갈 파트너를 대화를 통해 형성하고자 하는 '제국의 문화운동'이었습니다. 나아가 식민지/제국을 넘어 '사회' 문제와 관련된 관계 속에서 제국의 전 지역이 사회주의화해 갈 것이라고 상정한 것이기도 합니다.

이러한 야나이하라의 제국개조론은 조선·타이완 사회를 '식민지 근대'가 낳은 발전 속으로 유인하고 내셔널한 자립성을 인정하면서 제국 질서의 유지와 발전을 양립시키고자 한 것이었습니다. 여기에는 '근대성'에 대한 욕망이 '식민지성'으로의 구속을 더욱 심화시키는 내재된 갈등이 존재하며, 이러한 모순을 통해 제국 시스템의 발전을 꾀하는 교활함이 존재합니다.

이러한 '식민지 근대'는 아이누인·타이완 선주민·오키나와인 등의 마이너리티에 대해 '동화'를 촉구하는 힘으로 작동합니다. 야나이하라의 식민정책론은 동화정책·내지연장주의를 비판하고 식민지 자치를 주창하는 논의로 평가되어 왔습니다. 그러나 아이누인·타이완 선주민·오키

---

40) 若林正丈, 『台灣抗日運動史硏究』(增補版), 硏文出版, 2001.

나와인 등은 내셔널한 자립을 인정받지 못한 채 자치의 주체로 상정되지 못했습니다. 조선의회 개설을 주장한 논설인 「조선 통치 방침」에서도 일본 '내지인'이 다수를 차지하는 가라후토(사할린)에 대해서는 내지연장주의에 의한 제국의회 참정을 주장하고 있습니다. 그리고 '남방'으로 이민한 오키나와인에 대해서는 생활 습관의 '개선' 등을 통해 근대적 주체를 구축함으로써 '일본인' 사회로 포섭해 갈 것을 논하고 있습니다.[41] 여기에는 내셔널한 자립성을 승인하는 조선인·타이완인과는 다른 형태로 '식민지 근대'가 동화의 압력으로 작동하고 있습니다.

이와 같이 조선인·타이완인에 대해서는 내셔널한 자립과 상호 승인을 상정하면서도, 그 밖의 주변화된 마이너리티를 동화·포섭하고자 하는 시좌는 요시노 사쿠조와 야나이하라 다다오 등 전간기 일반적인 담론과 사상에 공통적으로 드러나는 구조입니다. 또한 당시 아이누인과 오키나와인 쪽에서도 '차별로부터 벗어나기' 위해 '일본 국민'으로의 동화를 지향하는 바람이 강했습니다.

그러나 당시는 '민족자결'의 기운에 촉발되면서 아이누인·오키나와인으로 자각하는 이화(異化)의 계기도 나타나고 있었습니다. 그리고 동화와 이화의 틈새에서 갈등을 내포한 식민지적 주체로서의 아이누인과 오키나와인이 서로 만나고 상호 승인해 나가는 계기도 발생하게 됩니다. 오키나와인의 개성을 탐구하는 '오키나와학'(沖繩學)을 창시하고 '일류동조론'(日琉同祖論)을 주창한 이하 후유(伊波普猷)는 아이누인으로서의 자각

---

41) 矢內原忠雄, 「南方勞働政策の基調」, 1942; 『矢內原忠雄全集』 第5卷, 岩波書店, 1963 수록. 冨山一郎, 『戰場の記憶』, 日本經濟評論社, 1995 참조.

을 지닌 채 일본 국민으로서의 평등화를 요구하는 이보시 호쿠토(違星北斗)와 1925년에 만나게 됩니다. 이보시 호쿠토의 강연을 듣고 감명을 받아 교류를 시작한 이하 후유는 「깨우치기 시작한 아이누 종족」[42]에 깊은 공감을 기록하고 있습니다. 이 장면에는 전간기의 '민족자결'과 상호 승인의 기운에서 촉발된 내셔널한 구조를 내부에서 깨뜨리고 찢어 버리는 계기가 싹트고 있습니다.

이상에서 살펴보았듯이, 요시노 사쿠조와 야나이하라 다다오의 제국개조론은 식민지의 자립에 대한 요구에 응답하면서, 이를 일본 '내지'의 '민본주의'·사회주의와 연결시켜 제국주의에 대한 비판과 변혁을 꾀하고자 한 것입니다. 전간기의 식민지/제국은 반제·민족운동의 출현, '사회' 문제의 현재화(顯在化)라는 새로운 국면을 맞이하여 모순과 갈등이 깊어집니다. 이러한 가운데 식민지/제국의 존재방식을 변혁·개조하고자 하는 움직임이 싹틉니다.

이러한 문맥 속에는 '문화'와 '사회'라는 문제가 구성되면서 내셔널한 '문화'의 상호 승인 혹은 식민지/제국을 넘어선 '사회' 영역과의 관련이 논의되었습니다. 여기서는 자본주의적 제국이 아닌 조선/타이완/일본에서 현재화된 '사회' 문제를 연결시키면서 사회민주주의적 제국으로의 개조가 시도되고 있습니다. 이때 눈앞에 드러나는 제국 일본의 모습은 '다문화적'(multi-cultural)임과 동시에 '사회적'(social)인 제국이라 할 수 있겠습니다. 이는 '민족자결' 요구와 현재적 '사회' 문제 속에서 식민지

---

42) 伊波普猷, 「目覚めつつあるアイヌ種族」, 『伊波普猷全集』 第11卷, 平凡社, 1976.

의 자립·발전과 제국 질서의 유지·발전을 양립시키고자 한 구상입니다. 그리고 여기에는 제국주의 비판을 통해 산출되는 신식민지주의가 작동하고 있습니다.

이와 같이 전간기의 일본에서는 다민족·다문화가 공생하는 '사회적' 공간으로서의 식민지/제국이 논의되기 시작합니다. 이 논의는 동아시아의 식민지에서 내세운 '민족자결'이라는 요구에 대해 일본의 지식인이 어디까지 응답할 수 있었는가라는 기준을 통해 전간기의 사상가를 평가해 왔던 기존의 틀로서는 명확하게 파악할 수 없습니다. 이제까지 '민족자결'론에 관해 일본 지식인들이 어떻게 응답했는가 하는 응답 정도를 기준으로 서열화해 보면 ① 식민지의 즉시 독립을 논한 이시바시 단잔(石橋湛山), ② 자치론을 기본으로 하면서 독립도 승인한 야나이하라 다다오, ③ '민족자결'의 원칙은 승인하면서 독립은 인정하지 않은 채 자치론을 주창한 요시노 사쿠조 등의 사상가들이 평가되어 왔습니다.

이러한 해석 틀에 의하면 이들은 식민지 민족의 자립·해방을 지향하는 사상가로 평가되기도 하지만, 다른 한편 제국주의에 대한 비판이 철저하지·못하고 기본적으로는 제국주의의 틀 속에 머물러 있다고 비판받기도 했습니다. 그러나 식민지/제국이 서로 얽히면서 모순·갈등을 품어 가는 전간기의 정황 속에서 아시아/일본을 넘어 서로 연관을 맺으면서 제국주의의 변혁을 시도하고 새로운 양상의 제국을 구상하고 있었던 담론·사상으로 해석하는 것도 가능합니다.

다만, 전간기의 일본 제국주의는 '민족자결' 요구를 부인하고 오히려 내지연장주의·동화정책을 강화하는 방침으로 나아가고 있었습니다. 또한 식민지/제국을 넘은 연대의 움직임은 진전되지 못한 채 제각각 분열을 낳았습니다. 조선에서는 1920년대 후반 민족운동의 좌우 분열이 첨예화되고, 1927년에는 중국 국민혁명이 분열하고 국공내전(國共內戰)이 시작됩니다. 한편 타이완 민족운동의 거점인 타이완문화협회(臺灣文化協會)도 1927년에 분열하여 우파인 타이완민중당과 좌파인 타이완공산당으로 분리됩니다. 그리고 동아시아 각 지역의 반제·민족운동과의 연대를 모색하는 정치·사회운동의 기반으로서 요시노 사쿠조가 기대를 걸었던 일본의 무산정당운동도 분열합니다(1926년, 노동농민당 분열).

1920년대 동아시아에서는 '사회' 문제가 현재화(顯在化)되고 사회주의 운동이 출현합니다. 이는 민족을 넘어선 연대·제휴의 가능성을 품고 있었으나 혹독한 탄압 속에서 분단되고 스스로 그 기반을 무너뜨리게 됩니다. 이러한 가운데 요시노 사쿠조나 야나이하라 다다오가 시도했던 제국개조 또한 파탄을 맞이하며 실현될 수 없었습니다.

그러나 여기서 던져진 물음, '문화'의 상호 승인 혹은 '사회' 영역과의 관련에 대한 문제는 오히려 1930년대의 전시기에 이르면 탈바꿈된 모습으로 다시 질문됩니다. 중국 대륙으로의 침략을 굳히는 일본 제국주의가 중국의 저항과 교착·대치될 때 내셔널리즘의 상극(相剋)을 극복한 '광역권'으로서 '동아신질서'론이 주창됩니다. 그리고 전시 사회변혁을 통해 식민지/제국주의와의 항쟁을 극복하고자 하는 '동아협동체'론이 좌파 지식인들에 의해 주창되었습니다. 이 논의들에서는 타자의 '문화'와 공생 그리고 광역적 '사회' 문제의 해결을 꿈꾸는 다양한 변혁의 꿈이 호소되고 기투됩니다. 그러면 아시아/일본이라는 틈새에서는 어떠한 모순을 끌어안게 될까요.

2장_전시기의 동아시아 변혁론

2장에서는 아시아 각 민족의 해방과 공생을 주창하는 전시광역권을 동아시아에서 일어난 항쟁 속에서 재검토하고자 합니다. 특히 중일전쟁기에 저항하는 중국을 마주한 상황 속에서 논의된 '동아협동체'론을 둘러싸고 아시아/일본의 국경을 넘어 초래된 마찰·상극을 검토할 것입니다.

1. 전시광역권론의 대두

1930년대부터 1940년대 전반에 걸친 만주사변기에는 '오족협화'론이, 중일전쟁기에는 '동아신질서'론이 주창되었습니다. 나아가 아시아·태평양전쟁기에는 '대동아공영권'론이 주창되었습니다. 이는 식민지 제국 일본의 팽창과 함께 아시아 각 민족의 해방·공생을 주창하는 이념으로 제시된 것입니다. 그 지리적 범위는 '만주'(중국 동북부)에서부터 중국을 포함한 '동아', 나아가 동남아시아를 포함한 '대동아'로 퍼져 나갑니다. 아시아를 침략하고 지배영역을 확대해 가는 일본 제국주의가 그와 동시에 아시아 각 민족의 해방·공생을 주창한다는 모순된 사태가 일관되게 반복되어 왔습니다.

물론 각각의 시기마다 서로 다른 문맥을 내포하고 있습니다. 또한 이러한 이념이 출현하는 문맥 그리고 이를 주창한 주체, 호소의 대상도 다양합니다. 이 책에서는 그 상세함까지 파고들 수는 없습니다만, 아시아를 침략해 나가는 전시기에 이러한 이념이 제시되었다는 것, 그 자체에 대해 생각해 볼 필요는 있다고 생각합니다.

아시아 각 민족의 해방·공생이라는 이념에 관해서는 일반적으로 구미 제국주의에 맞서면서 일본의 세력 범위를 보유·확대하는 가운데, 반(反)구미·아시아주의의 문맥에서 제시된 지역주의적 슬로건으로 간주되어 왔습니다. 맹주 일본의 지도 아래 '아시아인을 위한 아시아'를 건설하고자 한 일종의 '아시아·먼로주의'로 파악되었으며, 그 배경에는 서양/동양을 대항시키는 이항대립적 도식이 있습니다.

이러한 슬로건이 제시된 것은 미영 협조를 기축으로 하는 워싱턴 체제가 붕괴해 가는 과정이었습니다. 당초에는 흔들리기 시작한 워싱턴 체제를 보완하는 예외적 지역주의로서 일·만[만주]블록이 거론되었습니다. 그러나 중일전쟁으로 인해 워싱턴 체제가 전면적으로 붕괴하면서 이를 대신할 새로운 질서로서 '동아신질서'가 주창되고, 마침내 동남아시아에서도 구미열강을 몰아낼 심산으로 '대동아공영권'으로 확대되어 갑니다. 이러한 문맥에서는 서양/동양을 대항시키는 도식을 기본으로 한 외교이념으로서 아시아 각 민족의 해방·공생이라는 대의명분이 논의되는 것처럼 보입니다.

그러나 이것만으로는 단선적이고 표층적인 파악에 그칩니다. 이러한 이념이 나타난 것은 일본 제국주의가 아시아를 침략하고, 동시에 아시아의 저항을 받으면서 아시아와 교착하고 얽히는 관계가 폭력적으로 창출되던 시기였습니다. 단지 구미 열강을 향해 대의명분을 호소하는 것뿐 아니라, 저항하는 아시아의 각 민족에게 호소하고 일본과 협력·제휴할 관계를 구축하지 않는다면 이러한 이념은 현실화되지 못합니다. 아시아 각 민족의 해방·공생이라는 이념 자체를 저항하는 아시아와 대응하는 관계 속에서 읽어 내고, 또 여기에 내포된 모순·갈등에 시선을 집중할 필요가 있습니다.

앞에서 살펴본 바와 같이, 전간기의 동아시아에서는 '민족자결'을 위해 저항하는 중국·조선·타이완의 반제·민족운동이 있었습니다. 그리고 이러한 요구를 폭력적으로 억누르면서 확장하는 일본 제국주의가 있었습니다. 이 양자가 대치·교착하는 가운데 아시아 각 민족의 해방·공생의 이념이 출현했다는 것, 이것이 바로 근본적인 문제인 것입니다.

만주사변과 '오족협화'론

이것은 만주사변이 발발한 경위와도 관련됩니다. 1920년대에는 상하이 5·30 사건(1925년)이 발화점이 되어 국공합작에 의한 국민혁명·북벌전쟁(1926~8년)이 진전됩니다. 이는 군벌 항쟁과 제국주의의 침입으로 인해 분열과 혼란을 거듭해 온 중화민국을 반제·민족운동으로 통일시키고 제국주의로부터 자립을 지향하려는 시도였습니다. 국민혁명은 장제스의 반공 쿠데타(1927년 4월 12일)로 인해 위기를 맞이하고 국공내전이 시작됩니다. 또한 국민혁명군의 베이징 입성과 동북군벌 장쉐량의 '역치'(1928년)[1]로 인해 중화민국을 대표하는 정권으로 국민정부가 성립합니다. 이에 따라 구미·일본의 열강이 지닌 권익을 회수하고 불평등조약을 개정하려는 요구가 강해집니다. 특히 '만몽권익'(滿蒙權益)의 회수를 우려한 일본에서는 세계공황(1929년)이라는 위기감 속에서 군사력 행사에 의한 권익 확보를 꾀하는 강경론이 거세져 만주사변(1931년)을 일으킵니다.

이와 같이 중국의 반제·민족운동이 고양되는 것에 대한 적대적인 공세의 일환으로서 만주사변 이후 중국 침략이 시작되었습니다. 그러나 수가 적었던 일본인이 단독으로 점령 지역의 지배를 유지한다는 것은 곤란한 것이었으며, 이에 중국인·조선인 등 각 민족으로부터 일정한 협력과 제휴를 얻어 내기 위해 '오족협화'론을 주창합니다. 이는 주로 '만주' 지역에 거주하는 일본인·조선인·만주족·한족·몽골인이 다민족으로 공생하는 '만주국'을 건설하고자 했던 이념입니다.[2]

다만 그 배경에는 중국인/조선인/일본인이 복잡하게 얽혀 마찰·갈등을 겪는 '만주' 지역의 특성이 있었음을 간과해서는 안 됩니다. '만주'에는 조선반도와 인접한 '간도' 지역(현재 연변조선족 자치주)을 중심으로 다수의 조선인 이민자들이 살고 있었습니다. 그들 대부분은 일본 통치하에 압박을 받아 '유민'이 되어 이동했고 농민으로 정주하면서 간도에 조선인 지역사회를 형성한 사람들입니다. 특히 '간도' 지역은 독립운동가가 망명하여 항일운동을 펼쳤던 거점인 동시에, 이를 진압하는 일본군·경찰이 침투하여 '친일파'(대일협력자)를 발굴하면서 치안유지를 꾀했던 지역

---

1) 장쉐량(張學良)의 역치(易幟). 북경에 있던 장쭤린(張作霖)이 동북으로 들어가려다 일본군에게 폭사당하자, 1928년 12월 29일 동북3성 보안 총사령관이자 장쭤린의 아들인 장쉐량이 "삼민주의를 준수하고 국민정부에 복종하며 기치를 바꾼다"고 선포한 사건으로서, 이를 계기로 국민당 국민정부는 형식상의 전국 통일을 실현하게 된다.—옮긴이
2) 山室信一, 『キメラ―滿洲国の肖像』, 中公新書, 1993. 塚瀬進, 『滿洲国―'民族協和'の實像』, 吉川弘文館, 1998.

이기도 했습니다. 이러한 저항/협력이라는 틈새에서는 다양한 갈등이 표출됩니다.

만주사변이 발생하기 이전인 1930년 5월 30일에는 조선인 공산주의자 유격대(partisan)가 항일무장봉기를 일으킨 '간도 5·30 사건'이 발생합니다. 이들은 중국공산당에 입당하여 일본 제국주의에 저항하며 무장투쟁을 일으켰습니다. 중국 반제·민족운동의 상징인 5·30이라는 날짜에 맞추어 봉기가 일어난 것을 보더라도 조선인·중국인, 농민·노동자가 서로 연대하면서 일본 제국주의에 맞선다는 구도가 여기에 있었음을 알 수 있습니다. 이러한 조선·중국의 연대는 만주사변 이후의 항일운동에 따른 빨치산투쟁으로 계승됩니다.

그러나 한편으로는 일본 제국주의의 압박을 배경으로 중국인과 조선인이 서로 항쟁하는 사태가 발생하기도 합니다. 만주사변이 시작되기 몇 개월 전인 1931년 7월에는 만보산 사건이 발생합니다.[3] 이는 이민 배척에 대한 요구를 강화했던 중국인 농민이 창춘(長春) 근교의 만보산 부근에서 조선인 농민의 수전(水田) 개발을 방해하고 중국·일본의 치안부대가 서로 발포하는 사태로 번진 것입니다. 이 사건은 고양된 중국 항일 내셔널리즘이 조선인 이민자에게 향한 것입니다. 일본 제국주의의 압박으로 인해 '유민'이 된 조선인이 생활의 장을 도모하기 위해 만주로 이주합니다. 그러나 이를 뒤쫓듯이 일본의 군대·경찰이 침입하고 조선인을 '일본 제국의 신민'으로 간주하여 치안유지를 실시하고자 합니다. 따라서 일본과 맞

---

3) 朴永錫, 『万宝山事件研究—日本帝国主義の大陸侵略政策の一環として』, 第一書房, 1981 참조[박영석, 『만보산 사건 연구』, 아세아문화사, 1978 참조].

서고 있는 중국 쪽에서 보면, 조선인이 이주하여 생활기반을 쌓는다는 것 자체가 일본 제국주의의 침입의 조짐으로 비춰지고 위협적인 것으로 간주됨으로써 이민 배척의 대상이 된 것입니다.

이러한 마찰이 중국·일본의 치안부대의 발포사건으로까지 전개되었을 때, 이 사건은 일본·조선 각 지역의 신문에서 중국인이 '재만조선인'을 박해하고 있다는 논조로 크게 보도되었습니다. 이로 인해 조선반도의 각 지역에서는 반중국의식이 고양되어 화교를 박해하는 민중폭동으로 파급되었습니다. 평양·경성(서울)·인천 등 조선반도의 각 지역에서 화교에 대한 박해가 발생하고, 차이나타운이 습격당하여 100명이 넘는 사망자를 낳았습니다. 그리고 고베·요코하마 등 일본 각 지역의 차이나타운에서도 작은 규모이지만 일본인이 화교를 박해하는 사태가 일어납니다.[4]

조선인·중국인 양쪽 모두 일본 제국주의의 피해자임에도 불구하고 일본의 압박을 배경으로 중국인과 조선인이 서로 항쟁을 일으키고 서로 피해자가 된 것입니다. 그리고 직접적인 피해자는 만주에 거주하는 조선인 이민자와 조선·일본에 거주하는 화교였습니다. 이는 지극히 극단적인 사건입니다. 그러나 이러한 불온한 정세 속에서 마침내 9월에 만주사변이 시작됩니다.

이와 같이 중국인/조선인/일본인이 서로 얽힌 관계 속에서 복잡한 갈등을 끌어안게 되고, 그 가운데 지배하는 일본 쪽에서 '오족협화'론이 주창되었습니다. 그리고 이전에는 불안전한 지위에 처해 있어서 토지 등을 둘러싼 권리조차 불충분했던 조선인들 사이에서 일본 점령하의 '만주

---

4) 中華会館 編, 『落地生根―神戸華僑と神阪中華会館の百年』, 研文出版, 2000 참조.

국'에서 권리의 획득과 사회적 지위 상승을 지향하는 주장이 나타납니다. 이런 형태로 '오족협화'론을 내건 '만주국' 건설에 일부 조선인이 참여함에 따라 '친일파'(대일협력자)를 낳게 됩니다.[5]

이상과 같이 '만주' 지역은 마찰·상극을 끌어안은 각 민족이 섞여 생활하고 다양한 방향에서 서로 분쟁하는 위태로운 곳이었습니다. 이러한 상황에서 전쟁·점령이 시작된 것이 '오족협화'론의 배경이 되었습니다. 이곳에는 침략하는 일본 제국주의와 저항하는 중국의 반제·민족운동의 상극이 근본적 대립 축이었습니다. 또한 그 틈새에서 갈등을 겪는 조선인, 그리고 중화민국으로부터 분리 독립을 지향하는 몽골인 등 다양한 대립점으로 둘러싸여 있었던 지역이 '만주'였습니다. 이를 실질적으로 지배하려는 형식으로서 일본의 대륙 진출이 시작된 것이 '오족협화'론이 발생한 사회적 배경 중 한 요인이 되었습니다.

일반적으로 '오족협화'론에 대해서는 다치바나 시라키(橘樸)와 같은 이데올로그가 주목되면서 왜 이러한 사상이 주창되었는가에 대해서 검토되어 왔습니다. 그러나 문제가 전혀 없었던 평온한 땅에 일본인 쪽에서 돌연히 '오족협화'라는 말을 덧씌워 버린 것은 아닙니다. 이러한 이념을 욕망하게 되는 모순을 품은 사회적 배경이 있었다는 점 또한 신중하게 살펴보아야 할 필요가 있습니다.

이러한 의미에서 '오족협화'론은 다치바나 시라키와 같은 일본의 사상가가 관념적으로 제시한 그저 '공허'한 슬로건이 아닙니다. 착종된 모

---

5) 申奎燮, 「初期'満州国'における朝鮮人統合政策」, 『日本植民地研究』 9号, 1997. 「在満朝鮮人の'満州国'観と'日本帝国'像」, 『朝鮮史研究会論文集』 38号, 2000 참조.

순을 끌어안은 채 각 민족이 공존하는 '만주'라는 지역에서, 그리고 이러한 갈등을 강제적으로라도 해결할 이념으로서 '오족협화'론이 창출되었다는 문맥을 비판적으로 살펴볼 필요가 있습니다. 그렇게 하지 않으면 왜 이러한 이념이 일정한 힘을 지닌 채 유통될 수 있었는가에 대한 내재적인 비판이 불가능합니다. 여기에서는 우선 전시기에 다민족의 해방·공생이라는 이념을 낳게 된 배경으로서 이러한 문제 영역이 있었음을 확인해 두고 싶습니다.

'식민지 없는 제국주의'

이상에서 살펴본 바와 같이, 전시기에 각 민족의 해방·공생이라는 이념이 창출된 배경으로는 반제·민족운동을 통한 동아시아의 저항과, 이를 폭력적으로 억누르며 팽창했던 일본 제국주의, 그 사이의 항쟁이 있었습니다. 이 양자가 대치하고 복잡하게 교착해 가는 가운데 내셔널리즘의 상극을 뛰어넘는 '광역권'론이 제시됩니다.

이 장면에는 식민지/제국주의가 항쟁을 극복하고 아시아 각 민족이 공생하면서 발전해 가는 광역적 공간으로서 일본의 세력권을 재정의하려는 시도가 엿보입니다. 이러한 이념은 만주사변기의 '오족협화'론에서 시작되어 중일전쟁기의 '동아신질서'론으로, 나아가 아시아·태평양전쟁기의 '대동아공영권'론으로 변주되고 전개되어 갑니다. 이것은 일본 정부의 공식 성명·외교 방침부터 민간 지식인 및 사회운동까지 다양한 방면에서 논의됩니다. 일본 제국주의에 의한 지배영역의 확대가 식민지화의 형식이 아니라, 거꾸로 아시아 각 민족의 해방·공생으로 변증(弁証)되어 나갑니다.

전시기 일본에서 나타난 이러한 이념에 대해 피터 두스(Peter Duus)는 '식민지 없는 제국주의'(Imperialism without colonies)라는 개념으로 파악하고 있습니다.[6] 이것은 전간기에 '민족자결' 이념이 주창되면서 제국주의에 의한 식민지 지배가 정당성을 잃은 이후, 세력권의 유지·확대를 정당화해 간 논리입니다. 두스는 식민지화에 의한 영토 확장과는 다른 형식으로 세력권을 확대해 가는 논리로서 '위임 통치'와 '범내셔널리즘', 그리고 '대동아공영권'을 들고 있습니다.

만주사변 이후의 일본은 '만주'에서 중국 점령지, 나아가 동남아시아로 세력권을 확대해 갑니다. 그러나 이는 영토로서 병합한 것이 아니라, '만주국', '중화민국'(왕징웨이汪精衛 정권), 나아가 필리핀, 미얀마(버마) 등의 독립·발전을 지원하는 형식을 취하고 있었습니다. 실질적으로는 일본군이 점령·지배하며 '내면지도'(内面指導)를 실시함으로써 군사·정치·경제적으로 영향력을 끼칩니다. 그러나 독립국가라는 형태를 취하고, 그들이 맹주인 일본과 연합해 나아가는 형식으로서의 '동아신질서', '대동아공영권'을 구성하면서, 아시아 각 민족의 해방·공생을 실현할 것이 주창되었습니다. 이처럼 형식적으로는 식민지화·영토 확장을 하지 않으면서 실질적으로는 세력권을 확대해 가는 제국주의 방식을 두고 두스는 '식민지 없는 제국주의'라고 한 것입니다.

여기서 흥미로운 것은 두스의 논문에 대한 '해설'에서 번역자인 후지와라 기이치(藤原帰一)가 제2차 세계전쟁 이후의 '팍스아메리카나'(Pax Americana)를 두고 바로 이것이 '식민지 없는 제국주의'에 다름없다고

---

6) ピーター ドウス, 藤原帰一 訳, 「植民地なき帝国主義─'大東亜共栄圏'の構想」, 『思想』 814号, 1992.

평가하고 있는 점입니다. 직접적으로는 영토 지배를 하지 않으면서 오히려 '민족자결'과 민주주의를 지지하고, 제국주의로부터의 해방을 표방하면서 세력권을 확대해 온 미국의 '신제국주의'야말로 바로 '식민지 없는 제국주의'라고 할 수 있습니다.

또한 제국주의를 비판하고 식민지의 '민족자결'과 사회주의적 발전을 지원하면서 이와 동시에 세력권을 확대해 나가던 소련 또한 '식민지 없는 제국주의'의 변종으로 볼 수 있겠습니다. 전간기에 나타난 '민족자결'론 이후 미국, 소련, 일본 등이 서로 경쟁하듯이 동아시아에서의 세력권을 확장해 나가는 가운데 '식민지 없는 제국주의'론의 일종으로 '대동아공영권'이 출현했다고 생각해 볼 수도 있습니다.

다만 두스의 논의는 영토 확장을 하지 않고 독립국가 형성을 지원하는 형식을 취한 만주사변 이후의 것으로서, 이미 식민지였던 조선·타이완에 대해서는 거의 언급하지 않습니다. 그리고 두스는 대동아회의[7]에서 조선·타이완의 대표가 없다는 것을 근거로, 이는 주권과 독립을 주장할 권리를 빼앗긴 것이며, 이러한 점으로 미루어 볼 때 '대동아공영권' 구상은 '공소'(空疎)에 지나지 않는다고 간주합니다.

물론 이러한 시각은 정당한 비판입니다. 그러나 어떤 의미에서는 단선적이며 표층적인 파악이라고 해야 할 것입니다. 아시아 각 민족의 해

---

7) 대동아회의(大東亜会議). 1943년 11월 5~6일 일본 정부가 도쿄에서 주최한 친일 아시아 제국 회의. 태평양전쟁의 완수, 대동아 각국의 공존공영 질서의 건설, 자주 독립의 존중, 호혜제휴 등을 채택하고, 이른바 대동아선언을 발표한다. 이는 동아시아와 동남아시아에서 일본의 우위를 획책하려는 것으로서, 참석자로는 일본의 도조 히데키(東條英機)와 중국의 왕자오밍(汪兆銘), 필리핀의 J. P. 라우렐, 만주국의 장징후이(張景惠), 타이의 왕와이다야콘, 미얀마의 바 마우 등이 있다.―옮긴이

방·공생이라는 이념은 제국의 영토 밖에서 독립국가의 형태를 취한 지역에 대한 호소일 뿐만 아니라, 제국 내부의 공식적인 식민지였던 조선과 타이완을 향해서도 호소한 것입니다. 그리고 실제로 조선과 타이완에서는 강압적인 전시 동원에 의해 막다른 지경으로 내몰리는 와중에 많은 '친일파'가 발생했으며 '동아신질서', '대동아공영권'으로의 참여[参畵]를 통해 자립·발전을 지향하게 되었습니다.

전시기의 일본 제국주의는 식민지화·영토 확장을 부정하는 형식으로 세력권을 확대했지만, 반면 여전히 조선·타이완의 독립은 인정하지 않은 채 식민지 통치를 유지하고 있었습니다. 이는 명백한 모순이며 기만입니다. 그럼에도 불구하고 이러한 이념은 조선과 타이완을 향해서도 호소되었으며, 이것이 굴절된 형태로 수용되어 갔던 문맥이 있습니다.

즉, 여기에는 아시아 각 민족의 해방·공생이라는 이념이 식민지/제국주의 간의 분쟁을 극복하고 지배와 차별을 부정하며 식민지 민족의 자립과 발전을 낳는 논리로 호소되면서 비판적으로 수용된 경위가 있습니다. 실제로는 명백한 식민지 통치임에도 불구하고 조선·타이완의 자립·발전이 인정되고 급기야 제국주의의 식민지가 아니라는 논리가 바로 여기에서 성립합니다.

이는 식민지 통치를 '비(非)-식민정책'으로 재정의하고 변증해 나가는 자기기만적인 논리입니다. 그러나 이것이 기만적인 것임에도 불구하고 어떤 정당성을 지닌 것처럼 보이는 이유에는 아시아의 사회와 경제를 논하는 지역개발 논리가 가로놓여 있습니다. 아시아 각 민족의 해방·공생을 논하는 '식민지 없는 제국주의'라는 담론은 제국의 밖에 있는 독립국가를 향해 호소하는 단순한 외교 이념이 아니라, 제국 내부의 식민지에도 반사되고 안으로부터의 사회·경제 발전이 이야기됩니다. 그리고 제국주의의 식민지화로서 주체를 부정당해 온 식민지 민족이 주체성을 회복하고 자립·발전해 나갈 것을 촉구하는 논리로 수용됩니다. '식민지 없는 제국주의'를 재검토하는 논의는 이러한 점까지도 시야에 넣어 더 한층 비판적으로 파고들어 가야 할 필요가 있습니다.

사회주의자의 전시광역권론

'동아신질서', '대동아공영권'의 개발·발전을 제시하는 전시광역권론은 우파에서 좌파까지 다양한 세력에 의해 논의됩니다. 한편으로는 자본가·재벌에 의해 일본 자본주의 경제블록이 형성되고, 자원 개발과 시장 획득을 도모하는 노골적인 제국주의도 제시됩니다. 또 다른 한편에서는 제국주의적 착취를 부정하는 형식을 취하면서 아시아 전 지역에서의 국가사회주의적인 개발·발전을 논하는 전체주의적 논의도 활발해집니다. 그리고 앞으로 자세히 살펴보겠지만, 좌파 사회주의자 쪽에서도 식민지/제국주의의 분쟁을 극복하기 위한 이념으로서 민족해방·사회해방을 위한 전시광역권론에 참여하려는 움직임도 보입니다.

이러한 각 세력들에 의해 제시되는 개발·발전론은 전시하의 조선·타이완의 근대화·개발론으로 이어집니다. 1930년대 전반, 조선에서는 우가키 가즈시게(宇垣一成) 총독의 통치하에 '농공병진'(農工倂進) 정책, 농산어촌 진흥운동에 의한 산업개발이 진행되었습니다. 이는 식민지화와 공황으로 인해 피폐해진 조선 경제를 자립·재생시킬 것을 지향한 것입니다. 이러한 동향이 전시하의 경제 재편에 의한 개발·발전론으로 전개되고 좌파에서 우파에 이르기까지 다양한 세력에 의해 논의됩니다.

이러한 전시하의 광역권론과 개발·발전론에 대해서는 특히 좌파 사회주의자의 논의를 식민지/제국, 아시아/일본의 관련 속에서 살펴볼 필요가 있습니다. 여기에서는 이러한 담론이 발생한 출발점으로서 만주사변을 지지한 '전향' 사회주의자의 논의를 살펴보도록 하겠습니다.

당시 최대의 합법적 사회주의 정당인 사회민중당(社会民衆党)은 만주사변의 평가를 둘러싸고 지지/반대로 나뉘어 분쟁하고 있었습니다. 그러나 1931년 11월에 만주사변을 지지하는 결의가 제출됩니다. 그 중 적극적으로 지지하는 쪽이었던 아카마쓰 가쓰마로(赤松克麿) 등은 사회민중당을 이탈하고 일본국가사회당을 결성합니다(1932년 5월). 아카마쓰는 국가사회주의를 바탕으로 일만연휴(日滿連携)하여, "일만(日滿)을 종합하는 착취 없는 통제경제의 확립"을 통해 아시아를 해방해 갈 것을 주창하기 시작합니다.[8]

그리고 이러한 움직임과 호응하여 옥중에서 '전향'한 일본공산당 간부인 사노 마나부(佐野学), 나베야마 사다치카(鍋山貞親)의 '전향' 성명이 발표됩니다.[9] 이 전향 성명은 소련이나 중국공산당과의 전쟁을 반동 전쟁으로 간주하여 이에 반대합니다. 반면 국민당 군벌이나 미국과의 전쟁은 진보적인 해방 전쟁으로 전화(轉化)할 수 있는 것으로서 "태평양에서의 세계전쟁은 후진 아시아의 근로 인민을 구미 자본의 억압으로부터 해방을 가져다주는 세계사적인 진보 전쟁으로 전화한다"라고 말하고 있습니다. 이는 "불가피한 전쟁 위기"를 "국내 개혁"과 결합시켜 국가사회주의

---

8) 赤松克麿, 『新国民運動の基調』, 萬里閣, 1932.
9) 佐野学・鍋山貞親, 「共同被告同志に告ぐる書」, 『改造』, 1933년 7월호.

적 개혁을 추진함으로써 가능하게 되고, 그 연장선상에 "일본, 조선, 타이완뿐 아니라 만주, 지나 본부까지 포함한 한 개의 거대한 사회주의국가"의 성립이 상정되어 있습니다.

이것은 전시하의 사회 개혁에 의해 아시아를 변혁하고 해방해 갈 것을 사회주의의 입장에서 주창하는 좌익판 '대아시아주의'라고 할 수 있습니다. 만주사변의 충격을 받아 출현한 이러한 논의는 전시기 '전향'의 전례를 창출하고 맙니다.

이러한 '전향'의 호소는 일본인 사회주의자의 대량 전향을 초래했을 뿐만 아니라 조선 사회주의자의 '전향' 논리로도 제공됩니다. 그리하여 전시하의 가혹한 탄압 속에서 국가사회주의적인 '대아시아주의'로 경도되어 '전향'하게 되는 조선인 사회주의자도 발생합니다. '전향'은 일본 내부의 내셔널한 문제라기보다는 식민지/제국이란 관계 속에서 문제시되어 갑니다.[10] 이 장면에서는 전시 변혁을 통한 민족해방과 사회해방을 실현해 나가는 광역권론이 환시(幻視)됩니다.

이러한 '유토피아'적 광역권이라는 비전은 사회적으로 억압·차별받아 온 사람들에게는 차별로부터의 해방 혹은 사회적 지위 상승을 위해 꿈을 기투할 수 있는 공간으로 보입니다. 일본 및 조선의 각 지역의 농촌에서는 '만주'로 이민을 감으로써 빈곤 문제를 해결하고자 하는 이민정책·사회운동이 추진되었습니다. 또한 부락해방운동·융화사업 중에서도 '만주'로 이민하면 차별로부터 해방되고 빈곤으로부터도 벗어날 수 있다는 캠페인이 펼쳐짐으로써 이민정책을 북돋웠습니다.[11]

---

10) 戸邉秀明, 「転向論の戦時と戦後」, 『岩波講座: アジア太平洋戦争』第3卷, 岩波書店, 2006 참조.

전시기에 '전향'하여 이민·식민정책의 조사·연구에 몰두한 오키나와 출신의 사회주의자 나가오카 지타로(요헤나 지타로)는 『극동의 계획과 민족』[12]에서, '만주'로 이민한 조선인 및 '남양' 각 지역으로 이민 갔던 오키나와인의 생활에 주목합니다. 여기에는 제국주의의 위계질서(Hierarchie) 속에서 종속적인 '제국 신민'이 된 조선인·오키나와인이 스스로 차별 해소와 사회 발전을 위해서 '오족협화'론이나 '대동아공영권'에서 그 활로를 찾아내고, 이를 지지하게 되어 버렸던 계기가 있습니다.

이러한 전시광역권론이 조선/일본의 좌파 지식인들에게 왕성하게 논의될 수 있었던 획기적인 사건은 중일전쟁입니다. 이때는 침략하는 일본 제국주의와 저항하는 중국이 대치·교착하는 가운데 '동아협동체'론이 출현하고, 다민족·다문화가 공생하는 '사회'적 광역권을 둘러싼 논의가 전개되었습니다. 다음 절에서는 아시아/일본의 국경을 초월하는 마찰·상극 속에서 '동아협동체'론을 둘러싼 담론을 재검토해 보겠습니다.

2. '동아협동체'론을 둘러싼 갈등

중일전쟁기에는 침략하는 일본 제국주의와 국공합작으로 저항하는 중국이 충돌하면서 전쟁이 장기 지구전으로 전개되는 가운데, 일본의 사회주의자 쪽에서도 '동아협동체'론이 주창되었습니다. 이는 고노에 후미마로(近衛文麿) 수상의 '동아신질서' 성명(1938년 11월 3일)을 계기로 다양하

---

11) 下村春之助, 「滿洲に住めば差別は解消する」, 『更生』 1941년 6·7월호.
12) 永丘(饒平名)智太郎, 『極東の計畵と民族』, 第一出版社, 1938.

게 논의된 구상 중 하나입니다.

'동아신질서' 성명은 중국의 국민정부에게 용공·항일정책을 포기할 것과 대일협력으로 전환해 줄 것을 호소합니다. 즉 이 성명은 맹주 일본 아래에서 동아시아 신질서를 형성하고자 했던 '흥아 외교'의 표명이었습니다. 이는 명백히 제국주의 정책의 일환입니다. 같은 해 1월 16일 '국민정부를 상대하지 않는다'라는 성명에서는 교섭 상대로서 국민정부를 부인하고 점령지의 괴뢰정권과의 교섭을 통해 동아시아를 제패하고자 하는 강경노선을 표명하고 있었습니다. 이에 반해 11월의 '동아신질서' 성명은 그러한 강경노선의 궤도를 수정하고 국민정부와의 교섭 가능성을 살피려는 것이기도 했습니다.

일본군은 국민정부 정규군과의 전투에서 승리를 거듭함으로써 중국의 각 지역을 점령합니다. 그러나 그 이후에도 충칭(重慶, 국민정부), 옌안(延安, 공산당)의 항일정권을 거점으로 게릴라전쟁이 계속됩니다. 점령지의 각 지역에 성립된 괴뢰정권(베이징의 중화민국 임시정부, 난징의 중화민국 유신정부 등)은 민중의 지지를 받지 못하고, 반면 오지의 항일정권 및 항일 게릴라전쟁이 민중의 강한 지지를 받게 됩니다. 이처럼 전쟁이 조기 종결되리라는 전망은 보이지 않고 일본의 강경노선은 막다른 곳에 이르게 됩니다.

이와 같이 국민정부를 다시금 교섭 상대로 상정할 수밖에 없는 처지에 내몰린 일본 정부는 왕징웨이파와의 교섭을 통해 전쟁 종결의 실마리를 찾으려고 했습니다. 그러나 '동아신질서' 성명에 호응하여 충칭을 이탈한 왕징웨이파의 힘은 약했으며, 난징에 설립된 신국민정부(新國民政府, 1940년 3월)도 민중의 지지를 얻지 못한 채 중일전쟁은 더욱 장기화되고 아시아·태평양전쟁으로 확대되어 갔습니다.

이러한 문맥 속에서 제시된 '동아신질서' 구상은 한편으로는 일본 제국주의 정책의 일환이 되었고, 다른 한편에서는 제국주의 정책의 궤도를 수정하여 일본과 중국의 화해와 제휴를 지향하는 노선으로 전환해 가는 징조로서 주목되기도 했습니다.

또한 1938년 가을 '동아신질서' 성명을 계기로 ① 대아시아주의, ② 경제블록론, ③ '동아연맹'론, ④ '동아협동체'론 등 다양한 구상이 논의되었습니다. 이 중에서 '동아연맹'론과 '동아협동체'론은 일본 제국주의의 자기비판을 포함해 중일제휴를 제시한 것이었습니다.

'동아연맹'론과 '동아협동체'론

'동아연맹'론은 만주사변의 주모자인 이시와라 간지(石原莞爾)가 제창했고 미야자키 마사요시의 『동아연맹론』[13] 등에 의해 이론화된 사상·운동입니다. 이는 아시아 여러 나라들의 민족주의 연합과 국가혁신·통제경제로 인한 동아시아의 개발·발전을 실현하고 구미 제국주의로부터의 해방과 지역 통합을 추진하고자 한 것입니다. 그리고 일본·중국·'만주국'이 결합하여 광역적 지역기구로서의 '동아연맹'을 창설하고, 아시아 상호 간의 전쟁을 억제하고자 했습니다. 이는 전체주의적 사상이지만, 일본이 제국주의 정책을 취하고 있는 한 중일제휴는 불가능하다는 것, 전쟁을 종결시켜 중·일이 화해하기 위해서는 일본 쪽에서 제국주의 정책을 포기할 필요가 있음을 주장하고 있습니다.

---

13) 宮崎正義, 『東亞連盟論』, 改造社, 1938.

'동아연맹'론은 연맹 결성 조건의 하나로 '정치의 독립'을 내걸고 있었기 때문에 중국의 왕징웨이파도 여기에 참여합니다. 왕징웨이 등은 일본 제국주의를 견제하고 중국의 독립을 보전하기 위해서는 동아연맹론이 유효하다고 판단하고 중국 각 지역에서 동아연맹운동을 일으킵니다. 한편 조선에서도 독립운동·혁명운동에 좌절한 '전향자' 가운데 동아연맹론에서 활로를 찾고 민족주의의 실현과 자치·독립을 꾀하는 사람들이 나타납니다(강영석姜永錫, 조녕주曺寧柱, 김용제金龍濟 등). 중국과 조선의 동아연맹론자들은 저항을 단념하고 대일협력으로 변절한 '매국노'[漢奸], '친일파'이지만, 그러나 그들의 사상과 행동에는 협력 행위를 통한 일정 정도의 비판·저항도 담겨 있었습니다.

한편 '동아협동체'론은 전시하의 사회변혁으로 식민지/제국주의 분쟁을 극복하고 각 민족이 자주·협동하여 새로운 동아시아를 형성하고자 한 것으로, 고노에 수상의 브레인 집단인 쇼와연구회[14]의 혁신적 지식인들——미키 기요시(三木淸), 오자키 호쓰미(尾崎秀実), 로야마 마사미치(蠟山政道), 가타 데쓰지(加田哲二) 등——에 의해 주창되었습니다. 또한 합법적인 사회주의 정당인 사회대중당 혹은 농민운동의 조직화를 위해 결성된 일본혁신농촌협의회 등에 의해 주창되고 지지를 받았습니다.

이처럼 '동아협동체'론은 전시하의 노동운동·농민운동을 기반으로

---

14) 쇼와연구회(昭和研究会). 고노에 후미마로(近衛文麿)의 측근인 고토 류노스케(後藤隆之助)가 주재한 정책연구단체(1933년 12월 27일~1940년 11월 19일). 고토 류노스케는 아리마 요리야스(有馬賴寧), 가자미 아키라(風見章) 등 당시의 신관료와 혁신적 학자들을 모아 신체제운동을 통해 대중조직을 기초로 국민을 통합하고 군부의 움직임을 억제하여 근대적인 합리적 사회체제를 건설하려 했다. 1936년 11월 이후 정식적인 조직으로 발족.—옮긴이

한 사회주의 세력이 지지하고, 저항하는 중국에 마주 대응해 가면서 일본 제국주의의 자기비판과 사회주의적인 동아시아 형성을 지향한 논의로서 주목할 만한 가치가 있습니다.

이러한 논의가 중국을 침략하는 일본 쪽에서 주창된 것이 언뜻 보기에는 이상하게 생각될 것입니다. 그러나 당시에는 총력전하의 통제경제로 자본주의 체제가 수정되고 노동자·농민의 조직화와 전시 사회변혁으로 인해 사회주의로 향하는 전환점이 될 수 있으리라 생각되었습니다. 또한 일본의 침략과 중국의 항일 게릴라전쟁을 통해 중국 종래의 사회 질서가 해체되기 시작하고 사회변혁이 진행되었던 것도 '동아협동체'론에 임팩트를 가져다주었습니다.

오자키 호쓰미는 그의 논설 「'동아협동체'의 이념과 그 성립의 객관적 기초」[15]에서 다음과 같이 말하고 있습니다.

'동아협동체'론의 발생이 다른 유사 계열의 이론과 다른 점은, 이것이 지나사변의 구체적인 진행에 따라 지나의 민족 문제가 지닌 의의를 깨닫고, 역으로 자국의 재조직에 생각이 미치게 된다는 그 진지함에 있다.

이 글에서 오자키가 언급하는 중국의 "민족 문제"란 일본의 침략에 저항하고 제국주의로부터의 해방을 지향하는 반제·민족운동을 가리키며, "자국의 재조직"이란 일본 제국주의의 자기비판을 꾀하는 전시 사회

---

15) 尾崎秀実, 「'東亜協同体'の理念とその成立の客観的基礎」, 『中央公論』, 1939년 1월호; 『尾崎秀実時評集』, 平凡社·東洋文庫, 2004 수록.

변혁을 가리킵니다.

　'동아협동체'론은 전체주의와 친근성을 지니며 국가사회주의적인 '협동체' 국가의 연합을 주창하는 세력에서부터 맑스주의적인 제국주의 비판과 친근성을 지닌 좌파 세력에 이르기까지 다양한 세력으로 파급되어 갔습니다. 또한 동아시아의 민족을 초월한 관련 속에서 '사회'의 재조직을 진행하여 제국주의를 극복하고자 한 시도였다는 점에서 다른 여러 종류의 '동아신질서'론과는 다른 특질을 지니고 있습니다.

　일본혁신농촌협의회의 중심 멤버인 아다치 이와오(安達巌)는 일본·조선·타이완·'만주국'·중국의 협동조합운동·합작사(合作社)운동의 제휴로 동아시아의 농업경제를 재편성할 것을 호소합니다.[16) 또한 이러한 사회운동은 고노에 내각의 아리마 요리야스(有馬頼寧) 농림장관이 추진한 '동아'의 농업정책을 연관시키는 광역적 혁신정책과도 결부된 것이었습니다.[17)

　'동아협동체'론은 '사회'를 재조직함으로써 식민지/제국주의의 분쟁을 극복하고, 동아시아 전 지역에서 사회 연대를 실현하고자 하는 비전으로서 제시되었습니다. 또한 이는 민족해방과 사회해방을 실현하고 다민족이 자주·협동하는 '사회적' 광역권의 이념으로 내세워졌습니다.

　이러한 이유로 '동아협동체'론은 억압·차별당해 온 사회적 마이너리티나 식민지 민족 쪽에서도 참여하는 이들이 나타납니다. 피차별 부락민

---

16) 安達巌, 「東亜協同組合運動当面の諸問題」, 『農政研究』, 1938. 5. 有馬学, 「日中戦争期の'国民運動'─日本革新農村協議会」, 『年報·近代日本研究 5. 昭和期の社会運動』, 山川出版社, 1983 참조.

17) 玉真之介, 「'満洲移民'から'満蒙開拓'へ─日中戦争開始後の日満農政一体化について」, 『弘前大学経済研究』 19号, 1996 참조.

의 해방을 지향하는 전국 수평사(水平社)는 1938년 11월의 대회에서 '동아협동체 건설로 부락 문제 일거 해소'를 슬로건으로 내세웁니다. 또한 다음 절에서 살펴보겠지만, 동시대의 조선 지식인들 사이에서도 '동아협동체'론을 둘러싼 독자적인 논의가 비판적으로 전개됩니다.

중일전쟁기의 '동아협동체'론은 이후 아시아·태평양전쟁기에 주제화된 '근대초극'론·'세계사의 철학'의 원형이 되는 논의를 내포하고 있습니다. 이것은 일반적으로 서양/동양을 대비시키는 이항구도 아래에서 서양 근대의 몰락과 일본·동양의 대두를 논하는 논의로 비춰지기 쉽습니다. 그러나 이는 '동아협동체'론이 주창되었던 중일전쟁기의 문맥에서 뚜렷하게 드러나듯이 아시아/일본, 식민지/제국의 관련 속에서 살펴보아야 할 담론입니다.

이러한 의미에서 구미와의 전쟁으로 전개된 아시아·태평양전쟁기의 '대동아공영권'론과, 중국의 저항과 마주하는 가운데 제시된 중일전쟁기의 '동아협동체'론은 질적으로 다른 담론임을 분명히 해야 할 필요가 있습니다.[18]

'동아협동체'론에 있어서의 새로운 식민지주의

'동아협동체'론은 아시아/일본이라는 연관을 통해 사회변혁과 발전을 어떻게 제시하고 있을까. 미키 기요시는 총력전이라는 상황 속에서 지향해야 할 '혁신'의 방향성에 대해 다음과 같은 이중성을 들고 있습니다.[19]

---

18) '동아연맹'론과 '동아협동체'론을 둘러싼 연구 동향에 관해서는 본문 뒤 '참고문헌 안내' 참조.
19) 三木清, 「全体と個人」, 『文藝春秋』, 1939년 6월호; 『三木清全集』 第14卷, 岩波書店, 1967 수록.

오늘날 '혁신'이라는 것은 이중의 의미를 지녀야 한다. 그것은 한편으로는 현재 상상하는 것보다 여전히 많이 잔존하고 있는 봉건적인 것을 청산하여 근대적으로 변모해야 하며 동시에 다른 한편 근대주의를 초월한 새로운 원리로 비약적으로 발전해야 한다.

이 글에서 말하는 이중의 '혁신'이란, 총력전이라는 상황 속에서 '근대성'을 추진·강화함과 동시에 그 모순을 내파하여 초월하려는 것입니다. 이는 1930년대 일본 자본주의 논쟁에서 강좌파(講座派) 맑스주의가 지녔던 사회 인식과 관련되어 있습니다. 일본 자본주의는 전근대성·반봉건성과 근대적 자본제가 접합된 형태로 파악되었습니다. 이러한 조건하에서의 '혁신'이란 전근대성을 극복하는 근대화와 근대의 모순을 뛰어넘는 사회변혁(현대화)이라는 이중의 과제로 간주되었습니다.

그리고 이러한 이중의 과제는 아시아와의 관계 속에서 파악되고 있었습니다. 미키 기요시가 중심이 되어 정리한 쇼와연구회의 보고서인 『신일본의 사상 원리』(1939년 1월)[20]에는 다음과 같이 씌어져 있습니다.

동아의 통일은 봉건적인 것을 존속시키거나 봉건적으로 돌아가는 것으로는 달성되지 못한다. 오히려 지나의 근대화는 동아의 통일에 있어서 전제되어야 할 것이며, 일본은 지나의 근대화를 조성해야 한다. 지나는 근대화를 완수함과 동시에 근대 자본주의의 폐해에서 벗어나 새로운 문화로 발돋움할 필요가 있다.

---

20) 『新日本の思想原理』; 『昭和社会経済史料集成』第7卷, 大東文化大学東洋研究所, 1984 수록.

······ 물론 일본이 구미 제국을 대신하여 스스로 제국주의적 침략을 행하는 일은 없어야 할 것이다. 오히려 일본 스스로도 이번 사변을 계기로 자본주의 경제의 영리주의를 넘어선 새로운 제도로 나아갈 것이 요구된다. ······ 자본주의 문제를 해결하지 않고는 진정한 동아의 통일이 실현되지 않을 것이다.

이 글에서는 일본의 침략과 중국의 저항이 대치·교착되어, 사회 변동이 서로 연쇄하는 가운데 아시아 사회의 전근대성·반봉건성이 극복되고 이로 인해 근대성이 촉진되며 나아가 근대 자본주의를 뛰어넘는 사회변혁을 통해 사회주의적 동아시아를 창출해야 한다고 전망되고 있습니다.

이처럼 전시기에는 중국 사회와의 접촉·교섭을 통해 일본 내부의 사회변혁이 촉발되고 다양한 방면에서 자본주의·제국주의를 극복하는 계기로서 그 가능성이 논의되었습니다. 가자하야 야소지는 '지나 농업사회와 일본 농업사회의 상호 관련의 발생'에 주목하면서, "지나 농업사회를 발전시키고자 하는 임무 수행이 불가피하게 일본 농업의 전개 및 재편성의 계기로 전환될 전망"에 대해 논하고 있습니다.[21]

이렇게 해서 침략전쟁이라는 폭력적인 형태를 취한 일본 사회와 중국 사회의 접촉·교섭이 중국 사회의 변동을 불러일으킬 뿐만 아니라, 일본 사회 내부의 변동이라는 반작용을 초래할 것이라는 점에 대해, 뒤에 도바타 세이이치는 '역식민'(逆植民, countercolonisation)이라는 말로 정식화한 바 있습니다. 도바타는 '역식민' 현상에 대해, "모국이 식민지를 개발한 결과가 오히려 모국의 경제에 변혁적인 반작용을 미치는" 것, "모국에서 식민지에 끼치는 영향이 역류하여 식민지에서 모국으로 경제가 혁신

되는 작용"으로 정의하고 있습니다.[22]

이것은 아시아/일본, 식민지/제국의 관련 속에서 일본 제국주의를 수정·변혁하고 각 민족이 자립·발전해 나아가는 광역적 질서를 형성하려는 논의입니다. 이는 식민지의 자립·발전과 제국의 발전을 양립시키려는 것으로서, 신식민지주의적인 '제국의 사회과학'에 불과합니다.

도바타 세이이치는 야나이하라 다다오가 중일 개전을 비판하는 발언을 함으로써 사직한 뒤 도쿄제국대학 경제학부의 '식민정책' 강좌를 담당한 농업경제학자로서, 전시하 일련의 '식민정책' 연구의 일환인 논문 「역식민」을 썼습니다.[23] 또한 도바타는 당시 '일만농정연구회'(日滿農政研究會)의 일원이 되어 아리마 요리야스 장관이 추진한 광역적 농업혁신정책에 관여하고 있었습니다.

미키 기요시, 가자하야 야소지, 도바타 세이이치 등 쇼와연구회에 참가한 지식인들은 저마다 서로 관련된 논의를 펼치며 '동아협동체'론을 둘러싼 담론 공간을 형성하고 있었습니다. 이것은 식민지/제국의 총력전이라는 정황 속에서 전시 사회변혁을 통해 제시된 '제국의 사회과학'이며, 고노에 내각의 '동아' 혁신정책과 연결된 신식민지주의적 담론입니다.

이러한 점은 가타 데쓰지의 일련의 논의 속에서 뚜렷이 나타납니다. 가타는 『동아협동체론』, 『현대의 식민정책』, 『식민정책』[24] 등의 저작에서

---

21) 風早八十二, 「長期建設と東亜農業社会」, 『大陸』, 1939년 2월호.

22) 東畑精一, 「逆植民」, 『上田貞次郎博士記念論文集』第4卷, 社会主義工業社, 1943.

23) 玉真之介, 「戦時農政の転換と日満農政研究会」, 『村落社会研究』 4卷 2号, 1998 참조.

24) 加田哲二, 『東亜協同体論』, 日本青年外交協会, 1939. 『現代の植民政策』, 慶応書房, 1939. 『植民政策』, ダイヤモンド社, 1940.

제국주의에 의한 영토 지배의 확장과는 다른 형태의 새로운 식민정책·민족정책으로서의 '동아협동체'론을 제시하고 있습니다. 이것은 제국주의적 지배·착취 관계를 폐기하고, 식민지·점령지의 개발·발전을 가져오는 호혜적·쌍무적인 관계를 실현할 수 있는 비전으로서 '동아협동체'론을 정당화하는 것입니다. 이는 일본에 저항하는 중국의 독립을 인정하면서 동시에 일본의 세력권을 유지·확대하려는 '식민지 없는 제국주의'와 다름없는 담론입니다.

이러한 논의는 중국의 저항과 대치하는 가운데 제시된 것입니다. 그러나 이는 식민지인 조선·타이완에서 새로운 개발·발전론으로 연동·파급됩니다. '동아협동체'론의 도화선이 된 로야마 마사미치의 논설 「동아협동체의 이론」[25]에서는 "일본 대륙 경영의 최고의 목적은 민족 협화를 내포하는 지역적 개발 계획에 있다"고 지적하고, "하나의 민족 혹은 한 국가 내의 다른 민족 혹은 다른 국가를 정복하는 영토적 제국주의가 아닌, 민족의 공존 협력을 가능케 하는 지역적 운명 공동체"의 형성을 호소하면서 다음과 같이 적고 있습니다.

> 일본 대륙 발전의 내재적 원리는 이번 사변의 발발을 계기로 타이완, 조선, 만주국 등 종래의 일본인이 무반성적으로 식민지화[植民地視]한 지역에 급격하게 일어난 정신적 변화를 통해 증명되었다. …… 이번 사변을 계기로 이들 지역에 거주하는 대부분의 민중은 일본인이 된 것에 진심으로 명예와 긍지를 느끼게 되었다.

---

25) 蠟山政道, 「東亞協同体の理論」, 『改造』, 1939년 11월호; 『東亞と世界』, 改造社, 1941 수록.

여기에는 중일전쟁기에 강화된 황민화정책인 '내선일체'론·'내대일여'(內臺一如)론이 상정되어 있습니다. 그리고 제국주의 정책을 수정·변혁하고 식민지의 개발·발전을 가져올 '동아협동체'론을 바탕으로 조선·타이완 통치를 식민지 지배로서가 아닌 '비-식민정책'으로 재정의하고 있습니다. 이러한 논리는 자립·발전을 원하는 조선인·타이완인을 대일협력으로 유도하는 이념으로 제시됩니다.

미키 기요시 또한 그의 논설 「내선일체의 강화」[26]에서 "만주사변 이후, 그 중에서도 특히 이번 사변 이후로 조선인 사이에서 제국 신민으로서의 자각이 높아졌다"고 말하면서, 조선인에 대한 '차별대우'를 비판하고 "반도인의 인적 지위의 향상"으로서의 '내선일체' 정책을 논하고 있습니다. 그리고 "일만지(日滿支)일체나 동아협동체도 내선일체의 실현이 먼저 해결되어야 할 전제임은 명백하다"라고 적고 있습니다.

또한 미키는 「동아협동체론의 재검토」[27]에서 "조선, 타이완 민족을 포용하는 우리나라로서는 배타적이지 않은 민족 협동 방식이 필요하다"라고 쓰고 있습니다. 미키 기요시는 로야마 마사미치와 가타 데쓰지와의 관계 속에서 이들이 펼치는 담론의 장 안에서 신식민지주의적 담론을 공유하고 있었습니다.

다만 가타, 로야마, 미키 등 일본 '내지' 지식인들의 논의의 중점은 어디까지나 중국과의 관계를 염두에 두고 있었습니다. 그러나 식민지 조선으로 이주하여 거주하고 있었던 재조일본인에게는 전시 변혁을 통해 조

---

26) 三木淸, 「內鮮一體の強化」, 『読売新聞』, 1938년 11월 8일자; 『三木淸全集』 第16卷, 岩波書店, 1968 수록.

27) 三木淸, 「東亜協同体論の再検討」, 国策研究会, 『新国策』 1940년 5월 15일호.

선인과의 관계를 어떻게 재구축할 것인가가 중대한 문제였습니다. 경성제국대학 교수로 경성(서울)에 부임해 있던 모리타니 가쓰미(森谷克己)는 '동아협동체'론과 '내선일체'론을 서로 밀접하게 연결시켜 논의를 펼치고 있습니다.

모리타니는 본래 맑스주의의 입장에서 '아시아적 생산양식'을 논하던 사회경제사학자였습니다. 그러나 전시기에 '전향'하여 『동양적 생활권』[28] 등의 저작을 내놓았습니다. 이 책에서는 '동아'의 맹주인 일본이 전시 변혁을 통해 '아시아적 정체'를 타파하고 구미 제국주의로부터 해방과 개발·발전을 아시아에 가져다줄 것임을 왕성하게 논하고 있습니다.[29]

모리타니는 이러한 논의의 일환으로 「동아협동체의 이념과 내선일체」,[30] 「사회정책의 새로운 방향과 조선」[31] 등 일련의 논설을 써서, '동아협동체'론과 '내선일체'론을 결부시켜 논하고 있습니다. 이 논의들은 전시하의 사회주의적 계획경제에 의해 동아시아의 광역경제를 재편성하고, 식민지/제국주의 사이의 분쟁을 극복해야 한다고 호소하고 있습니다. 또한 조선의 개발·발전을 가져다줄 '내선일체'가 실현됨에 따라 조선은 이제 식민지가 아니라고 말하고 있습니다.

중일전쟁기의 조선에서는 미나미 지로(南次郞) 총독이 내건 '내선일체'로 인해 황민화정책과 전시동원이 강화되었습니다. 이는 조선의 민족

---

28) 森谷克己, 『東洋的生活圈』, 育生社弘道閣, 1942.
29) 子安宣邦, 「東洋的社会の認識」, 『「アジア」はどう語られてきたか―近代日本のオリエンタリズム』, 藤原書店, 2003 참조.
30) 森谷克己, 「東亜協同体の理念と内鮮一体」, 『緑旗』 1939년 8월호.
31) 森谷克己, 「社会政策の新しい方向と朝鮮」, 『朝鮮社会事業』 1940년 11월호.

성을 부정하고 일본 국민으로의 동화를 강화함과 동시에 전쟁 수행·전시 경제를 지탱하는 '병참기지'로서, 그리고 병사, 노동력 등을 보충하는 '인적 자원'의 공급지로서 제국 일본의 전시동원체제에 편입시켜 조선 사회를 재편성하려는 정책이었습니다. 그리고 이러한 폭력적인 정책이 다양한 논자들에 의해 조선에 사회·경제의 발전을 가져올 '좋은 기회'로 정당화되어 갔습니다.

경성제국대학 교수였던 경제학자 스즈키 다케오(鈴木武雄)는 『대륙병참기지론 해설』[32] 등을 씀으로써 이 분야의 이데올로그가 되고, 조선 경제의 발전을 열렬히 주장하였습니다. "내선일체, 아시아 해방의 주체이며, 결코 해방을 필요로 하는 객체가 아닌 반도와 반도 동포의 아시아에 있어서 높은 지위"[33]로서 조선을 논하고 있는 스즈키의 논의는 조선 통치를 '비–식민정책'으로서 재정의한 전형이라고 할 수 있습니다.

모리타니 가쓰미의 '동아협동체'론·'내선일체'론은 이렇듯 전시하 조선의 논조(論調)를 계획경제에 의한 전시 변혁을 주장하는 사회주의적 입장에서 보완적으로 정당화하는 논의였습니다. 이처럼 '동아협동체'론은 전시 변혁을 통해 아시아의 사회·경제를 재편성하고 식민지 조선에 발전을 가져다줄 논의로 변주되었습니다. 이는 식민지/제국주의 간의 분쟁 극복을 표방함과 동시에 '맹주 일본'에 의한 '동아'의 민족해방·사회해방을 통어(統御)하고자 하는 논의이자, 제국주의 비판을 통해 산출된 새로운 식민지주의 담론이라고 할 수 있습니다.

---

32) 鈴木武雄, 『大陸兵站基地論解説』, 綠旗聯盟, 1939.
33) 鈴木武雄, 『朝鮮の經濟』, 日本評論社, 1942.

이상과 같이 '동아협동체'론은 제국주의의 자기비판을 표방하면서 동시에 신식민지주의적 세력 확장을 정당화하는 논의였습니다. 이는 총력전이라는 소용돌이 속에서 전시 사회변혁에의 참여[參畫]를 통해 비판을 시도하는 것이자, 동아시아의 개발·발전을 논하는 '제국의 사회과학'을 비판적으로 보완하는 담론으로 기능했습니다.

오자키 호쓰미의 '동아협동체'론

당시의 중국에서는 항일전쟁이 이어졌고 적국(敵國)인 일본의 언론 동향을 주시하면서 각종의 '동아신질서'론에 비판을 가하고 있었습니다. 그리고 일본의 비판적 지식인들 사이에서 유력했던 '동아협동체'론에도 주목하며 이에 단호한 비판을 가하고 있었습니다.

충칭의 항일정권을 대표하는 장제스는 고노에 성명을 반박하는 연설(1938년 12월 26일)을 합니다. 그 연설 중에는 "적국이 과거 수개월간에 걸쳐 거국적으로 선전하고 있는 슬로건"으로서 '동아협동체'론에 주목한 후, "무엇이 '동아협동체'론이란 말인가, 이는 '중일합병'인 것이며 곧 중국의 일본에 대한 전반적인 귀속이자 '일본 대륙 제국'의 완성이기도 하다"라며 엄중한 비판을 가하고 있습니다.[34]

그리고 충칭정부에서 이탈하여 대일협력으로 방향을 전환한 왕징웨이는 일본 언론인 앞으로 기고한 「일본에 보낸다―중국과 동아」[35]에서 침략주의를 배제하려는 '동아협동체'론에 주목하면서 다음과 같이 적고 있습니다.

---

34) 東亜研究所 編訳, 『抗日政権の東亜新秩序批判』, 東亜研究所, 1941 수록.

중국인이 보기에는 일본 또한 하나의 침략주의자이다. 특히 중국에 대한 침략은 가장 오만하고 또 그 정도가 가장 심한 것으로서, 이는 '폭력으로 폭력을 제거한다'(以暴易暴)는 것이 아니라, 실로 폭력 중의 폭력이다. 중국인이 이러한 견해를 가지고 있기 때문에 '동아협동체'나 '동아신질서의 건설'을 곧 중국 멸망의 대명사로 보는 것이며, 또 중국인의 의구심과 저주는 이러한 견해를 바탕으로 하고 있다.

이와 같이 대일협력으로 방향을 돌린 왕징웨이마저도 중국 쪽의 단호한 대일비판을 내세우면서 일본 언론인에게 자성을 촉구하고 있었습니다.

또한 마오쩌둥(毛澤東)은 중일전쟁기에 「지구전론」(持久戰論), 「항일유격전론」(抗日遊擊戰論)을 발표함으로써 게릴라전에 의한 지구전을 통해 일본 제국주의를 소멸시키고, 반전(反轉)공격으로 전환할 것을 호소하고 있었습니다. 마오쩌둥의 「지구전론」, 「항일유격전론」은 『개조』(改造) 1938년 10·11월호에 부분적으로 번역·게재되었으므로 동시대의 일본 독자들도 볼 수 있었습니다. 특히 『개조』 11월호에는 '동아협동체'론의 도화선이 된 로야마 마사미치의 「동아협동체의 이론」과 마오쩌둥의 「항일유격전론」이 동시에 게재되어 당시의 독자들은 이 글들을 비교해 볼 수 있었습니다.

이처럼 일본 제국주의의 수정·변혁을 통해 중·일 분쟁을 극복하고자 했던 '동아협동체'론은 이에 엄중히 맞서고 있던 중국 쪽의 언론에 의해

---

35) 汪精衛, 「日本に寄す―中国と東亜」, 『中央公論』 1939년 10월호.

비판됩니다. 그 중 오자키 호쓰미는 항일전쟁, 즉 여전히 계속되는 일본에 대한 중국의 저항에 가장 민감하게 대응하면서 언론 활동을 펼쳤습니다.

이 비판적 입장은 그의 대표작이 된 논설 「'동아협동체'의 이념과 그 성립의 객관적 기초」[36]에 뚜렷이 드러나 있습니다. 이 글에서 오자키는 '동아협동체'론을 어느 정도 유보한 상태에서 지지하며, 중국 쪽의 비판적 시좌를 도입하여 '동아협동체'의 내재적 비판을 꾀하고 있습니다.

오자키는 제국주의로부터의 해방을 원하는 중국의 민족운동이 다름 아닌 항일전쟁이라는 형태로 구체화되었던 것을 정면에서 수용하고 있습니다. "지나에서의 민족 문제 동향은 현재 일본과 배치되는 방향에 있다", 그리고 "우리는 무력을 사용해 지나를 적과 아군이라는 두 지역으로 나눌 수 있다. 그러나 이때 비록 두 지역으로 나뉘었다 할지라도 이 두 지역에는 민족 문제라는 공통의 문제는 남아 있을 것이다". 이처럼 오자키는 항일정권 쪽과 점령지 쪽으로 분단될지라도 중국에서는 반제·민족운동이 거세질 것이며, 일본은 좋든 싫든 여기에 대응할 수밖에 없음을 강조하고 있습니다.

그렇기 때문에 "'동아협동체'론의 발생에 가장 큰 원인을 제공한 것은 바로 지나의 민족 문제를 재인식한 데에 있다"라고 말합니다. 그리고 "민족혁명의 장기 전쟁"을 호소하는 장제스의 말을 인용하면서 다음과 같이 역설하고 있습니다.

민족 문제와 비교해 보면 '동아협동체'론이란 얼마나 참담하고도 작은 것인가 하는 것을 스스로 분명히 인식해야만 한다. 그렇지 않으면 '운명 협동체'라는 긴밀함조차 결국 신비주의적 결정론으로 끝날 것이다.[37]

이 글에서 오자키가 '운명협동체'라는 말로 비판하고 있는 대상은 지역주의적 개발·발전을 주장하는 로야마 마사미치의 '동아협동체'론입니다. 오자키는 항일중국을 포섭하고자 하는 로야마의 '동아협동체'론을 중국 쪽의 비판에 비추어 드러내고 저항하는 타자들을 향해 열어 놓고 있습니다.

또한 저항하는 중국에 호응하여 일본이 전시 사회변혁에 의한 자본주의 세력과의 투쟁을 추진함과 동시에 제국주의를 자기비판하고 극복해 나갈 필요성을 제시하면서, 이것이 실행되지 않는다면 "'동아협동체'론은 현대의 하나의 신화, 꿈으로 끝날 것이다"라고 경고하고 있습니다.

이처럼 오자키 호쓰미는 '동아협동체'론에서 어느 정도의 가능성을 찾아내고 유보와 지지를 하는 한편, 중국의 저항에 마주하여 내부 비판을 꾀하기도 합니다. 오자키가 이 논설에서 '동아협동체'를 굳이 괄호로 묶는 자세에는 긍정/부정을 이중으로 수행하고 이러한 딜레마의 소용돌이 속에 스스로를 끼워넣으면서 '동아협동체'론의 가능성을 비판적으로 한계지어 가는 섬세한 비평적 입장이 드러나 있습니다.

또한 오자키는 항일전쟁이 지속되는 과정 속에서 중국의 사회변혁이 진행된 것에 주목합니다. 중일전쟁기에는 일본과 중국이라는 국가 간의 전쟁이 수행됨과 동시에 국내에서는 계급전쟁·'사회전'(社會戰)이 이어지고 있었습니다. 중국에서는 항일전쟁을 통한 토지개혁 등을 둘러싸고 국민당·공산당의 분쟁이 이어지고 사회변혁이 진행되고 있었습니다. 오

---

36) 尾崎秀実,「'東亜協同体'の理念とその成立の客観的基礎」,『中央公論』, 1939년 1월호;『尾崎秀実時評集』, 平凡社·東洋文庫, 2004 수록.
37) 같은 글; 같은 책에 수록.

자키는 중일전쟁이 시작된 3개월 뒤의 시점에서 이미 "이른바 지나의 '적화'(赤化)는 거의 틀림없는 추세일 것이다"라고 단정하고 있습니다.[38] 또한 항일전쟁은 "지나 사회 자신의, 내가 보는 의미에서 광의의 지나혁명은 불가피한 하나의 단계이다"라고 말하면서 스스로를 "지나혁명의 종군기자"로 자임하고 있습니다.[39]

오자키는 맹주 일본에 의한 중국 개발이 중국 사회를 발전시키는 것이 아니라 바로 항일전쟁이 중국 사회를 발전시키는 것이라고 논합니다. 그리고 '정체'된 중국 사회가 아닌 스스로 움직이기 시작한 중국 사회에 주목하면서 이러한 충격을 받아들이고 있었습니다. 그리고 『현대지나론』[40]의 말미에는 "동아신질서"를 "중국 병탄의 다른 이름"이라고 비판하는 장제스의 말을 인용하면서 다음과 같은 질문을 던집니다. "신질서론자들은 구체적인 실천으로써 이에 대해 답하지 않으면 안 된다."

나아가 「동아공영권의 기저에 놓인 주요 문제」[41]에서는 중국의 "항전력"(抗戰力)의 원천은 "항전 지나의 농업혁명"에 있으며, "농민 동원을 근간으로 하는 지나 항일투쟁의 장기화는 필연적으로 지나 사회혁명을 발전시키고 중국공산당의 세력 확대를 낳을 것이며 또한 지나 민족의 독립운동을 촉진시킨다"라고 역설하고 있습니다. 더욱이 "희생과 고통으로 가득 찬 항일투쟁의 과정에서 많은 변화를 겪고 있는 지나 사회의 현재와, 이러한 동향의 정확한 파악 없이는 양국의 장래성 있는 연대가 태어날 리

---

38) 尾崎秀実, 「支那は果たして赤化するか」, 『実業之日本』 1937년 10월 15일호; 『尾崎秀実時評集』.
39) 尾崎秀実, 『支那社会経済論』, 生活社, 1940.
40) 尾崎秀実, 『現代支那論』, 岩波新書, 1939.
41) 尾崎秀実, 「東亜共栄圏の基底に横たはる重要問題」, 『改造』 1941년 3월호; 『尾崎秀実時評集』.

없다"라고 단언합니다. 이는 일본 스스로가 사회변혁을 추진함으로써 사회주의화되는 중국과 손잡고 나아갈 것을 호소한 것으로서, 일·중의 상호 관련을 통해 동아시아적 규모의 사회혁명을 전망한 논의입니다.

이렇게 하여 오자키 호쓰미는 항일전쟁을 통해 사회혁명을 추진하는 중국과 마주하면서 일본의 사회혁명과 사회주의적 동아시아 형성을 지향하였습니다. 오자키는 조르게(Richard Sorge)를 통해 소련·코민테른의 첩보활동에 참가하고, 나카니시 고(中西功) 등을 통해 중국공산당과도 밀접한 관계를 맺고 있었으며, 검거 후 옥중에서 이루어진 신문조서(1942년 2월 14일)[42]에서는 일본·중국·소련의 제휴에 따른 '동아신질서 사회'라는 비전을 제시했습니다. 이는 '동아협동체'론에 따른 일본 제국주의의 비판을 한층 철저화한 구상이며, 트랜스내셔널적 사회 연대로 국가를 지양(揚棄)하고 폐절(廢絶)해 간다는 의미로서의 동아신질서 '사회'를 제시한 것입니다.

이러한 오자키의 논의는 전시 변혁에 참여[參畵]하면서 이와 함께 체제의 내부에서 일본 제국주의를 비판하고 저항하는 중국과 결합해 나아가고자 한 시도입니다. 이는 총력전 상황 속에서 전시동원이라는 소용돌이 속에 발을 들여놓는 위험한 도정이었습니다. 오자키는 전시체제를 보완하는 신식민지주의적 담론으로 기능했던 '동아협동체'론을 저항하는 중국의 시좌를 도입함으로써 내부 비판을 가능케 하고, 타자와의 접촉 교섭의 장으로 열어 두면서 체제 변혁적인 계기를 재생하고자 시도했습니다. 여기에서는 총력전 정황이라는 위기에 내포되어 있는 사회변혁의 계

---

42) 『尾崎秀実時評集』에 수록.

기를 동아시아의 관련 속에서 읽어 내고 이를 통해 비판적 가능성을 갱신해 가려는 시좌를 엿볼 수 있습니다.

조선 지식인의 '동아협동체'론

중일전쟁기의 동시대 조선에서는 제국주의 비판과 함께 아시아의 개발·발전을 제시한 '동아협동체'론을 비판적으로 수용·변주하면서 독자적인 담론이 펼쳐집니다.

　일본 논단에서 '동아협동체'론이 거론된 것은 1938년 가을의 일입니다. 조선 논단에서도 이러한 움직임은 거의 같은 시기에 주목되고 있었습니다. 『삼천리』 1939년 1월호에서는 소특집 '동아협동체론과 조선'을 편성하여 인정식(印貞植)·김명식(金明植)·차재정(車載貞)의 글을 싣고 있습니다. 경제사상가인 인정식·김명식은 식민지/제국주의의 분쟁을 극복할 계기로 '동아협동체'론을 내세우면서 전시 사회변혁을 통한 조선 사회의 자립과 발전을 논하고 있습니다.

　나아가 철학자인 서인식(徐寅植), 박치우(朴致祐)는 미키 기요시의 '동아협동체'론, 교토학파(京都学派)의 '세계사의 철학'·'근대의 초극'론을 비판적으로 수용·변주하면서 『조선일보』와 『인문평론』 등의 논단에서 독자적인 논의를 펼쳤습니다.

　이것은 일본의 논의를 수용한 '친일' 담론이라기보다는 황민화정책과 '내선일체'론의 바람이 강하게 불어온 전시동원기의 조선에서 '동아협동체'론을 나름대로 해석하고 유용하면서 저항/협력이라는 좁은 틈새에서 비판적인 언론을 모색한, 갈등으로 가득찬 시도입니다.

　조선에서 '동아협동체'론과 관련된 중요한 텍스트는 냉전시대 동안

묻힌 채 읽힐 수 없었습니다. 사회주의자의 입장에서 일본에 대한 저항/협력이라는 틈새에서 미묘하게 논의를 펼쳤던 그들의 담론은 '반공'국가가 된 한국에서도, 남조선 노동당계를 숙청했었던 조선민주주의인민공화국에서도 봉인돼 버렸습니다. 그리고 동시대의 아시아와 관련된 시좌를 잃어버린 일본에서도 이러한 담론들은 망각된 채 방치되어 왔습니다. 남/북, 조선/일본 사이에서 폭주한 분단의 상황은 이러한 담론들의 독해를 가로막는 원인이었습니다.

이에 탈냉전의 과정 속에 있는 최근, '식민지/근대의 초극'(植民地/近代の超克)연구회라는 모임에서 저를 포함한 몇 명의 연구자들과 토의를 통해 공동작업으로 독해가 진행되었습니다. 이로 인해 식민지 조선/제국 일본을 횡단하면서 관련을 맺어 갔던 담론 공간이 그 모습을 드러내게 되었습니다. 이하의 인용은 '식민지/근대의 초극'연구회의 편역에 따른 자료 소개[43]를 사용하겠습니다. 그리고 이들 텍스트를 비판적으로 읽어 낸 것으로는 홍종욱 씨, 최진석 씨, 조관자 씨, 도베 히데아키(戸邉秀明) 씨의 연구 등이 있으며, 또한 깊이 있게 논의되어 있습니다(본문 뒤의 참고문헌 안내 참조). 여기서는 '식민지/근대의 초극'연구회의 공동 토의를 통해 열린 해석의 지평을 계승하여 조선 지식인들의 '동아협동체'론을 통한 사상 투쟁을 읽어 내고자 합니다.

조선 지식인의 '동아협동체'론에서는, 동화와 동원을 강화해 가는 '내선일체'론에 대해 어떻게 비판적으로 맞설 수 있는가가 절박한 과제였습

---

43) 東京外国語大学 海外事情研究所, 崔眞碩·趙慶喜 訳 『Quadrante』6·7호, 2004~5.

니다. 저항하는 중국을 마주하는 가운데, 제국주의를 극복하고 일본·중국이 공존·제휴할 수 있는 비전(vision)으로서의 '동아협동체'론이 출현한 것입니다. 그러나 조선 지식인에게는 '내선일체'론으로 인한 마찰·알력의 기운이 고조되던 식민지 조선/제국 일본과의 관계를 어떻게 재구축할 것인가가 절실한 과제였습니다.

인정식과 김명식은 민족성을 말살하는 동화정책에 저항하며 조선인과 조선 사회가 자립성을 유지하고, 전시 변혁을 통해 조선 사회를 발전시키며 식민지 정황을 극복해 나가는 이념으로서의 '동아협동체'론에 주목합니다. 여기에는 제국주의의 극복을 표방하는 '동아협동체'론을 통해 민족 자립과 사회해방이 굴절된 형태로 추구되어 있습니다.

그리고 총력전 와중에서 '혁신'은 조선 사회 발전의 질곡이 되었던 전근대성·반봉건성과 '정체'를 타파하고 '근대성'을 촉진하여 개발·발전을 가져다줄 것으로 기대되었습니다. 1920년대의 '문화정치'기와 우가키(宇垣) 총독 시대의 '농공병진' 정책을 거치면서 전시하에서는 조선 사회의 개발·발전이 왕성하게 논의되었습니다. 이때 인정식과 김명식은 동아시아와의 연관 속에서 전시 변혁을 꾀하는 사회주의의 시좌로부터 개발·발전론에 개입해 갑니다.

그러나 이것은 동화·황민화를 강화하는 '내선일체' 정책하에서 전시 동원에 참여하는 것으로서, 민족성을 부정하는 압력에 직면할 것이 강요되었습니다. 이러한 가운데 '동아협동체'론은 조선 민족의 자립성을 유지한 채 일본인과의 평등화를 주장하는 논리로 주목되었던 것입니다.

전시하의 '내선일체'론을 둘러싸고 철저한 동화를 요구하는 식민지 권력과, 애써 동화를 수용하면서도 한편으로는 평등한 권리를 요구하는 조선인 사이에는 '동상이몽'이라고 할 만한 엇갈림이 발생합니다. 동화를 수용함으로써 차별을 비판하고, 일본 국민으로서의 평등한 권리를 요구하는 조선인의 대응 속에는, 굴절된 형태로서 '차별로부터의 탈출'이라는 논리가 숨겨져 있습니다.[44]

인정식이 '동아협동체'론의 참여[參畵]를 통해 "내지 민족과 조선 민족의 완전한 경제적, 정치적, 문화적인 평등화"[45]를 꾀한 담론에는 이러한 '차별로부터의 탈출'이라는 요구가 담겨져 있습니다.

다만 '내선일체'론을 둘러싼 당시의 논단에서는 조선의 민족성을 부정하면서 철저한 동화를 주장한 현영섭(玄永燮)의 '철저일체론'과 조선 민족의 자립성을 유지한 채 조선인/일본인이 협동해 나가는 '협화적 내선일체론'이 서로 맞서고 있었습니다.[46] 이 중 각 민족의 자주·협동을 지향하는 '동아협동체'론은 '철저일체론'을 비판하면서 '협화적 내선일체론'의 근거적 논리를 제공하는 기능을 했습니다. "조선의 산업적·문화적 특수성"의 유지를 지향한 김명식의 주장[47]에는 굴절된 모습으로 조선자치론이 담겨 있습니다.

이와 같이 인정식과 김명식은 동아시아의 각 민족이 자주·협동하는 '다문화'적인 광역권으로서의 '동아협동체'론을 수단으로 조선인·조선 사회의 자립성을 보유하면서 조선 사회를 발전시키고 식민지 상황을 극

---

44) 宮田節子,「'內鮮一体'の構造」,『朝鮮民衆と'皇民化'政策』, 未來社, 1985.

45) 印貞植,「東亞再編成과 朝鮮民衆」,『三千里』, 1939년 1월호. 일본어 번역본은『Quadrante』6호.

46) 李昇燁,「朝鮮人內鮮一体論者の転向と同化の論理」,『二十世紀研究』2号, 2001.

47) 金明植,「'氏制度'의 創設과 '鮮滿一如'」,『三千里』, 1940년 3월호. 일본어 번역본은 『Quadrante』7호.

복해 나갈 것을 도모했습니다.

그러나 '동아협동체'론과 '내선일체'론을 연결시키면서 "우리들은 이 조류를 타고 전 민족이 총동원해야만 한다"[48]라고 호소한 인정식의 사상은, 총력전 상황 속에서 제국 일본이 폭력적으로 촉진한 '식민지 근대' 속에 이미 스스로를 들여놓고 그 안에서 주체 형성을 완수하고자 한 위태로운 시도였습니다.

이는 조선인이 전시 변혁에 적극적으로 참여함으로써 조선 사회 발전의 주도권(initiative)을 식민지 권력으로부터 다시 탈취하려는 시도였습니다. 제국 일본의 지도에 따라 움직이는 것이 아니라, 조선인 스스로가 움직임으로써 발언권을 강화하고 식민지 권력에 맞서고자 한 것이라고 할 수 있습니다.

이러한 입장은 모리타니 가쓰미와 같은 재조일본인들의 '동아협동체'론을 지탱한 논리임과 동시에, '맹주 일본'이 주도권을 잡고자 한 신식민지주의적인 모리타니의 논의에 위화감을 드러낸 것이기도 합니다. 그들 사이에는 서로 '동아협동체'론을 말하고 제국주의의 극복을 지향하면서도 '동상이몽'이라 할 만한 어긋남이 발생하고 있습니다(모리타니의 회상에 의하면, 인정식은 경성제국대학의 모리타니 연구실에 자주 들러 논의를 주고받았다고 합니다).[49]

인정식의 논의는 모리타니 가쓰미와 같은 혁신파 일본 지식인에 대해 저항/협력이 뒤섞인 미묘한 관계에 서 있습니다. 모리타니의 '동아협

---

48) 印貞植, 「東亞再編成과 朝鮮民衆」.
49) 旗田巍 編, 『日本と朝鮮』, 勁草書房, 1969 참조.

동체'론은 아시아/일본, 식민지/제국이라는 상호 관련 속에서 서로의 발전을 양립시키고자 한 신식민지주의적 담론입니다. 이와 관련한 인정식의 논의에서는 전시 변혁을 통해 식민지/제국주의의 분쟁관계의 극복을 꾀하고자 했지만, 그 시도 자체는 제국 일본이 밀고 나가는 동원과 규율권력을 수행적으로 강화하여 신식민지주의를 보완할지도 모르는 딜레마가 담겨 있습니다.

식민지/제국의 총력전 상황 속에서 일어나는 이러한 딜레마에 대해 전체주의·파시즘 비판에 중점을 둔 형태로 개입해 나간 것이 서인식·박치우의 담론 전략입니다. 이들은 '피와 땅'에 기반을 두고 타민족의 자립성을 부정하는 전체주의·파시즘을 비판하는 이념으로서 '동아협동체'론을 나름대로 해석하며 변주하였습니다. 다민족의 자립과 협동을 주창하는 '동아협동체'론은 동화정책·황민화정책을 강화하는 일본 파시즘·전체주의를 비판하는 하나의 수단으로 유용되었습니다.

박치우는 타민족을 부정·동화하면서 동시에 동심원 상태로 확장해 가는 일본의 전체주의를 향해 "피를 달리하는 타민족", "원주(圓周)를 달리하는 타자"라는 말로 조선의 타자성을 드러냅니다. 또한 "여기 참여하는 성원 각자가 각기 대등(對等)한 지위에서 하나가 되는 자율적인 합일"로서의 '협동'을 호소하고 있습니다.[50]

또한 인정식은 '동아협동체'론과 더불어 교토학파인 니시다 기타로(西田幾多郎)·고야마 이와오(高山岩男)의 '세계사의 철학'도 비판적으로

---

50) 朴致祐, 「東亞協同體論의 一省察」, 『人文評論』, 1940년 7월호, 일본어 번역본은 『Quadrante』 6호.

수용하였습니다. 그는 "도처(到處)가 중심이 되는 무한대의 원(圓)"으로서 '다중심' 세계, 즉 '세계성의 세계'라는 이념을 통해서 자본주의·제국주의가 빚어낸 '중심과 주변', '지배와 귀속', '동양과 서양', '본국과 식민지', '계급과 계급'의 대립구조를 철저하게 비판합니다.[51]

이와 같이 서인식, 박치우의 논의는 단순히 '동아협동체'론이나 '세계사의 철학'을 수용하여 전체주의·파시즘을 비판하는 것에 머문 것이 아닙니다. 일본 지식인에 의한 '동아협동체'론 내지 '세계사의 철학'에는 '중심과 주변'을 낳는 제국주의를 비판하면서 이와 동시에 다민족 공생을 실현할 사명을 짊어진 '맹주 일본'이라는 새로운 '중심'을 정당화하는 신식민지주의적인 계기가 담겨 있었습니다. '중심과 주변'을 낳는 구조를 철저히 비판하고 조선/일본이 서로 중심이 되는 '다중심'의 세계라는 지평을 열고자 한 서인식, 박치우의 논의는 이러한 '동아협동체'론·'세계사의 철학' 또한 엄중히 비판하고 질문을 던진 것이었습니다.

서인식, 박치우는 근대 시민사회의 모순을 극복하고자 한 '근대의 초극' 논리를 수용합니다. 서인식은 "시민사회의 최종단계에까지 이른 인간노동은 지금 다시 매개적 전체 노동 즉, 사회화된 노동에 회귀할 역사적 전기(轉機)에 도달하였다"[52]고 언급합니다. 이는 '근대의 초극'론을 근대=자본주의를 극복하는 사회주의 사상과 교차하면서 수용한 것입니다. 그러나 여기에 '근대의 초극'이라는 시도가 일본이라는 '중심'을 정당화해 버리는 계기가 신중하게 우회되어 있습니다.

---

51) 徐寅植,「文化에 있어서의 全體와 個人」,『人文評論』, 1939년 10월호. 일본어 번역본은 같은 책.
52) 같은 책.

서인식, 박치우는 '중심과 주변'이라는 대립구조를 극복하고자 함과 동시에 새로운 '중심'을 형성하는 사상의 존재방식, 즉 '근대'의 극복을 지향하면서도 자기/타자로의 폭력의 연쇄에 휩싸여 '근대'의 폭력을 되풀이해 버리는 것과 같은 위태로움에 민감하게 맞섰습니다. 이는 식민지 조선이라는 '주변'을 동원하면서 새로운 발전을 이루고자 한 제국 일본의 '동원의 사상'에 대한 비판 행위입니다. 이것은 동시에 전시 변혁을 통해 식민지 상황의 극복을 꾀한 인정식에게도 엿보이듯이, 식민지의 '동원의 사상'에 내포된 자기/타자에 대한 폭력의 연쇄에 휩싸여 버리는 위태로움에 비판적으로 맞서는 행위였던 것입니다.

이상에서 살펴보았듯이, 중일전쟁기에는 '동아협동체'론을 둘러싸고 식민지 조선/제국 일본이 횡단하며 서로 관련된 담론 공간이 성립되고 있었습니다. 여기에는 중국의 항일전쟁과 마주하는 가운데 중국/조선/일본의 틈새에서 아시아 연대의 존재방식에 가차 없이 질문을 던지는 비판적 계기가 존재합니다.

그러나 이러한 담론 공간은 좌절을 강요당하면서 단기간에 폐색(閉塞)되어 갑니다. 미키 기요시, 오자키 호쓰미 등 좌파 지식인들도 참여한 신체제 운동(1940년)이 국체＝천황제에 어긋나는 '적'(赤)의 운동으로 비판되는 가운데 혁신파의 세력은 쇠퇴되어 갑니다. 그리고 기획원 사건(企画院事件),[53] 오자키·조르게 사건,[54] 만철(滿鐵)조사부 사건[55] 등으로 인해 좌파 지식인의 검거가 이어지고 비판적인 언론은 봉쇄되었습니다. 한편 식민지 조선에서도 황민화와 동원의 폭력이 강화되는 가운데, 비판적인 언론을 유지해 온 조선어 잡지가 통폐합되고 '익찬'(翼贊)적인 일본어 잡지로 변모해 갑니다. 이렇듯 비판적 언론의 장을 상실해 버린 김명식·서인식·박치우는 절필합니다(인정식은 그후에도 여전히 논설을 씁니다).

이처럼 중일전쟁기에는 '동아협동체'론을 둘러싸고 가능했던 비판적 계기는 상실되고, 구미 열강의 구축과 '대동아공영권' 건설을 내건 아시아·태평양전쟁으로 이행되어 갑니다. 이때는 아시아 내부의 상극 자체가 이미 문제가 되지 않았으며, 서양/동양이라는 대비구도 속에서 '제국 일본'을 대두한 아시아의 '맹주'로서 자기충족적으로 묘사하는 담론이 반복·재생산됩니다.

---

53) 기획원(企畵院)은 1937년 제1차 고노에 후미마로(近衛文麿) 내각이 설치한 내각 직속 종합 국책 입안 기관이다. 1940년 기획원은 강력한 전시 통제경제의 확립을 목표로 '경제 신체제 확립 요강'을 발표한다. 그러나 사기업의 관료제 강화에 재계가 반발하여 기획원 원안에서 '자본과 경영의 분리' 조항을 삭제시킨다. 한편 원안 작성에 관여한 와다 히로오(和田博雄), 가쓰마타 세이이치(勝間田清一) 등 기획원 조사관, 직원 17명이 1941년 3월 치안유지법 위반 용의로 검거되었다. 와다 등 혁신관료의 국가사회주의적 경향이 일본 공산당의 목적 달성과 뜻을 같이한다는 혐의 때문이었다. 그러나 이 사건은 날조된 것으로 1945년 9월에 대부분 무죄로 판명되었다. 기획원 사건은 1939년 이후의 판임관(判任官)그룹 사건 및 1940년 이후의 고등관(高等官)그룹 사건의 복합체라 할 수 있다.—옮긴이

54) 리하르트 조르게·오자키 호쓰미·미야기 요도쿠(宮城与德) 등은 코민테른·소련의 스파이로서, 일본의 정치·경제·사회·군사·외교의 동향을 조사·통보하는 첩보활동을 하였다. 태평양전쟁 개전 전야인 1941년 10월에 일제히 검거되어 조르게와 오자키는 치안유지법·국방보안법위반 등의 혐의로 사형판결을 받고, 1944년 11월 7일에 사형당했다. 그 밖에 미야기 요도쿠, 미즈노 시게루(水野成) 등은 옥사했다. 오자키·조르게 사건은 그 전후로 이어지는 기획원 사건, '중국공산당첩보단' 사건, 요코하마 사건, 만철조사부 사건, '합작사' 사건 등 '혁신좌파'의 사상·운동에 대한 탄압의 일환이었다. 또한 전후의 냉전기에는 '레드 퍼지'(Red Purge; 적색분자 추방운동), '적색 공포증'(Red Scare)의 일환으로서 이용되어, 오자키·조르게와 친교가 깊었던 아그네스 스메들리(Agnes Smedley)에 대한 추궁·압박 등이 행해졌다.—옮긴이

55) 만철조사부는 남만주철도(南滿洲鐵道)의 부속 조사기관이며, 1906년 남만주 철도가 발족한 이듬해에 설치되었다. 만철조사부 사건은 1942년에서 1943년에 걸쳐 관동군 헌병대에 의해 만철조사부원 44명이 검거된 사건으로, 기획원 사건, 오자키·조르게 사건과 나란히 전전(戰前) 3대 탄압사건의 하나이다.—옮긴이

종장_세계전쟁 이후의 동아시아―냉전/탈냉전

이 책에서는 지금까지 아시아/일본이라는 관련 속에서 '근대'를 둘러싸고 야기된 모순과 갈등에 대해 살펴보았습니다. 여기서는 마지막으로 '전후'의 아시아/일본은 어떤 관계를 맺어 왔는가에 대해 간략하게 검토해보고자 합니다.

동아시아의 국제질서는 아시아·태평양전쟁이 종결되고 냉전으로 이행하면서 많은 변용을 겪습니다. 식민지 제국 일본은 해체되고 일본 '내지'에서는 점령 개혁으로 인해 비군사화·민주화가 진행됩니다. 그러나 일본 제국주의로부터 '해방'된 조선·타이완·오키나와는 탈식민지화·자립을 지향하면서도 엄중한 냉전구조로 인해 분단과 억압에 노출되었습니다. 중국의 국공내전과 혁명, 그리고 한국전쟁이라는 충격의 와중에 동아시아 각 지역에서는 내전의 상황이 이어지고 제주 4·3사건과 타이완 2·28사건과 같은 민중학살·백색테러도 일어납니다. 그리고 '전쟁터'가 되었던 오키나와에서는 미군 점령하에서 군사 식민지화가 진행됩니다.

이와 같은 동아시아 국제질서의 변용 속에서 일본의 식민지주의라는 부의 '유산'은 청산되지 않은 채 오히려 이를 재편·온전하면서 미국이 헤게모니를 확대해 나갑니다. 특히 점령하의 조선 남부에서는 '친일파' 군인·경찰·관료 등을 등용하면서 통치기구를 재구축하고 공산주의 세력을 억눌렀습니다. 그리고 '친미·반공'국가로서 대한민국이 수립되고 미국의 세력권으로 편입됩니다.

또한 전시하 구미 제국주의로부터 아시아의 해방을 주창했던 일본 정부는 항복 후에 일변하여 '친미' 국가로 변신하고 미국의 주니어 파트너로서 생존을 도모합니다. 그리고 한국전쟁 당시에는 대미협력을 통해 점령 상태에서 독립 회복을 꾀합니다. 이러한 과정 속에서 샌프란시스코 강화조약과 미일안보조약에 의해 일본 또한 미국의 세력권으로 편입되었습니다.

샌프란시스코 강화조약이 발효된 1952년 4월 28일은 재일조선인이 일방적으로 일본 국적을 박탈당하고 무권리의 '점령' 상황에 놓이며, 오키나와에서의 미군 점령이 계속될 것을 미국과 일본이 '합의'하여 결정한 날입니다.

또한 타이완에서도 국민당 정권이 미국의 지원을 받으며 군사독재체제를 지휘하고 백색테러의 바람이 강하게 불었습니다. 이렇게 하여 미국은 한국·타이완·일본 등의 '친미' 국가들을 지원하면서 동아시아에서의 헤게모니를 확대하고 공산권과 대치하는 '방공'(防共) 세력권을 구축했습니다. 이는 독립국가의 형성을 지원하면서 한편으로는 세력권을 확장해 가는 형태로서, 이것이야말로 '식민지 없는 제국주의'라 할 수 있는 질서 형성이었습니다.

또 다른 한쪽인 사회주의권의 중화인민공화국·조선민주주의인민공화국에서도 임전체제가 지속되는 가운데 격렬한 내부항쟁과 숙청이 이어집니다. 중국에서는 한국전쟁 참전과 대약진정책을 통해 사회주의로의 동원이 강화되고 반우파투쟁에 의한 박해가 일어났습니다. 그리고 북한에서는 임전체제와 스탈린 비판에 따른 위기 속에서 남조선 노동당계와 연안파·소련파가 숙청되고 개인 숭배와 독재가 강화됩니다.

이와 같이 아시아·태평양전쟁의 종결 이후에도 동아시아의 냉전구조가 부설되는 가운데 각 지역에서는 전쟁·내전·점령이 계속되었습니다. 분단과 억압이 동아시아의 사회를 분열하고 사람들의 삶과 주체를 일그러뜨려 갔습니다.

전후 일본의 '탈아' 노선

이러한 동아시아의 변동 속에서 '일본'은 친미노선으로 기울어져 가고 탈식민지화와 자립을 이루려는 '아시아'와는 적대적인 관계가 됩니다. 아시아·태평양전쟁의 종결과 조선 분단이라는 과정 속에서 이미 이러한 경향이 나타나기 시작했습니다. 1945년 8월 중순부터 9월에 걸쳐 조선에서는 '조선인민공화국' 건국운동이 일어납니다. 그러나 이 운동은 미·일 제휴로 인해 그 기운이 꺾이고 맙니다.

이때 '조선인민공화국' 건국운동의 주도자는 일본 통치하에서 독립운동을 끈질기게 지속한 여운형이었습니다. 중도 좌파인 여운형을 중심으로 우파에서 좌파에 이르는 각 세력이 연합하는 형식으로 조선건국준비위원회가 결성되어 통일국가 수립을 지향한 자주적 건국운동이 시작됩니다. 8월 15일의 '해방' = '광복' 이후 건국준비위원회는 각 지역 관료·경찰 등의 통치기구를 접수하면서 조선인이 주체가 된 통치기구를 창설하고자 합니다. 그리고 9월 6일에는 '조선인민공화국' 건국을 선언합니다.

그러나 이러한 독립운동에 대해 일본의 식민지 권력은 적대적이었습니다. 조선총독부의 관료들은, 패전 초기에는 혼란 수습을 위해 조선인 유력자의 협력이 필요하다고 생각하고 치안유지의 협력을 여운형에게 요청합니다. 그러나 통치기구의 접수가 예상을 넘은 형태로 추진되고 자주적인 건국운동이 시작됨에 따라 총독부는 군과 경찰을 동원하여 통치기구를 탈환하고자 합니다.

또한 '조선인민공화국' 건국 선언 직후인 9월 8일에 미군이 인천에 상륙하여 주둔하고 점령을 개시합니다. 이때 총독부는 접수한 통치권을 다시 미국 점령군에게 넘겨줍니다. 그리고 미국 점령군은 좌파 세력을 억누르는 가운데 10월 10일 '조선인민공화국' 부인 선언을 행합니다. 이렇게 하여 조선반도에서는 분단이 시작됩니다.

당시의 조선총독부의 의향을 나타내는 자료로서 8월 20일에 발표된 엔도 류사쿠(遠藤柳作) 정무총감의 담화가 있습니다.[1] 여기에서 그는 다음과 같이 말하고 있습니다.

조선의 사태는 금후 일본과 공동선언(포츠담선언)한 상대국 사이에서 교섭한 쌍방의 합의에 따라 비로소 통치권의 수여가 이루어지며, 그 위에 국가 시설 등에 대해서도 정당한 권한을 가진 자와 쌍방의 의지가 합치된 범위 내에서 정연하게 공식적인 접수가 이루어집니다. 이전까지는 조선에 대한 제국의 통치권은 엄연히 존재하며, 이 기간 동안 총독부는 통치의 모든 책임을 짊어지고 항상 조선의 강복(康福)을 고려하면서 각 방

---

1) 『朝鮮總督府官報』 5564호, 1945년 8월 22일.

면에서의 치안 확보, 민생 안정 등 행정을 시책하고 있습니다. …… 조선 통치 책임의 지위에 누가 설 것인가는 결정되지 않았습니다. 조선 통치의 책임과 이 통치를 위한 시설 일체는 현재 여전히 총독부의 손 안에 있습니다.

이 글은 8월 15일 이후, 일본의 식민지 지배에서 이미 '해방'된 것으로 간주하고 자주적으로 건국운동을 시작한 조선인의 움직임을 억누르며 통치권을 탈환하고자 하는 가운데 발표된 담화입니다.

이 글에서 여실히 드러나듯이, 일본 정부는 통치권이 여전히 일본 정부 및 조선총독부에 있음을 주장합니다. 나아가 조선 통치권을 넘겨줄 상대는 조선인이 아닌 연합국임을 말하고 있습니다. 즉, 총독부의 생각은 포츠담선언의 수락으로 일본은 항복했고 이에 따라 통치권을 연합국에게 넘겨주는 것이지, 독립을 원하는 조선인에게 넘겨주는 것이 아니라는 것입니다. 그 밑바탕에는 외교상의 교섭 상대는 어디까지나 주권국가·열강이며 국가를 갖지 못한 식민지 민족은 교섭 상대가 될 수 없다는 제국주의 국가의 국제질서관이 가로놓여 있습니다.

이러한 사고를 바탕으로 조선인의 자주적 건국운동을 억압하고 건국준비위원회에 접수되려던 통치기구를 탈환하여 이를 서울에 진주한 미국 점령군에 이양합니다.

이상과 같이 1945년 8월 중순 이후에는 조선인의 자주적 독립 과정이 시작되었음에도 불구하고, 조선총독부는 이를 부인하고 미국 등의 연합국에게 통치권을 이양하며 분단구조 구축에 가담하고 있었음을 잘 알 수 있습니다. 즉 조선 독립운동에 대한 탄압은 8·15 '해방' 이후에도 계속되었습니다.

그리고 남한에서는 조선총독부와 미국 점령군이 제휴하여 좌파 세력을 억누르고, 마침내 '친일파' 군인·경찰·관료 등이 등용됨으로써 '친미·반공' 국가가 구축됩니다(한편 소련군 점령하의 북한에서는 각 지역의 건국준비위원회가 공산주의자를 중심으로 한 인민위원회로 재편되면서 우파 세력을 박해하기 시작합니다).

이처럼 제국주의에 저항하고 탈식민지화와 자립을 바라는 동아시아의 민족운동은 구제국주의 국가인 일본과 신제국주의 국가인 미국이 제휴함으로써 그 기세가 꺾이고 냉전구조와 분단 질서가 형성되어 갑니다.

이러한 동향은 한반도를 넘어 미군 점령하의 '일본' 영토 내에서도 나타납니다. 1948년 오사카·고베에서는 4·24한신(阪神)교육투쟁이 일어났습니다. 점령하의 일본에서는 재일조선인의 자립을 꾀하는 민족운동이 시작되었는데, 일본 정부는 이를 억압하고 문부행정의 틀 속에 편입시켜 통제하려 했습니다. 그러나 당시 고베·오사카에서는 민족 교육을 바라는 움직임이 거세게 일어나 일본 경찰만으로는 그 진압이 어렵게 되자 미국 점령군이 출동하여 강권적으로 데모를 진압하였습니다. 그 중 특히 고베에서는 미군이 '비상사태'를 선언하고 직접 군정을 지휘하며 많은 재일조선인을 검거하여 군사법정에 회부했습니다.

이는 제주 4·3사건의 소용돌이 속에서 미군 점령군이 조선반도·제주도·재일조선인의 저항운동이 연쇄되는 사태를 우려하고 있었기 때문으로 간주되고 있습니다.[2] 제주 4·3사건은 대한민국 건국을 향한 단독

2) 荒敬,「占領下の治安対策と'非常事態'」,『日本占領史研究序説』, 柏書房, 1994.

선거로 남북 분단이 결정된 데 항의한 남조선 노동당에 의한 무장봉기와 '반공' 정권에 의한 무력 토벌로 시작되었습니다. 이 분단은 재일조선인 사이에서도 각인되어, '비상사태' 선언하의 고베에서 일제히 검거된 조선 인에 대해 단독 선거를 둘러싼 사상조사가 벌어졌습니다.[3]

이처럼 제국주의에 저항하는 동아시아의 민족운동은 일본 정부와 미국 점령군(그리고 한국의 '반공' 정권)의 제휴로 제압당하고, 분단과 억압의 질서가 형성되었습니다. 이렇게 해서 일본 정부는 전시하에서는 구미 제국주의로부터 아시아 해방을 주창하고, 전후에는 대미협력을 통해 국제질서 재편에 관여함으로써 제국주의에 맞서는 동아시아의 민족운동과 적대적인 관계를 맺어 갑니다. 그리고 한국전쟁기에는 미군의 전개를 지탱하는 '병참기지'로서 전면적인 협력을 하고 사회주의권인 중국·북한과는 적대적으로 관계하면서 동아시아 분단의 당사자가 됩니다.

이러한 전후 일본의 발자취는 '탈아' 노선의 현대판으로서 비판적으로 비춰집니다. 이 책 1부 1장에서 보았듯이, 다케우치 요시미(竹內好)는 1950년대부터 1960년대 전반에 걸쳐 '아시아주의'를 재검토하고 근현대 일본의 '탈아' 노선에 대해 비판을 가하고 있습니다. 당시의 일본은 한국을 포함한 중국대륙·조선반도의 국가들과 전혀 국교가 없었습니다. 대미 종속을 돈독히 하면서 동아시아의 나라들과 적대적인 관계를 맺어 간 일본의 노선은 바로 '탈아' 노선의 현대판으로 비춰집니다.

사실 후쿠자와 유키치의 1885년 논설 「탈아론」이 중요한 텍스트로 재발견되어 비판의 화살이 겨냥된 것도 바로 이 시기였습니다. 1950년대

---

3) 鄭榮桓, 「戰時下の神戸·1948年」, 『季刊 前夜』 3号, 2005.

초반에 간행된 『후쿠자와 유키치 선집』(전8권, 岩波書店, 1951~2년)에 「탈아론」은 수록되지 않았고 그다지 중시되지도 않았습니다. 그러나 1950년대의 논의를 거쳐 1960년대에는 비판의 대상으로서 '유명'한 논설이 되었습니다.[4] 전시기에 후쿠자와 유키치는 오히려 아시아 맹주론·'흥아론'의 선각자로 자리매김되면서, 『동아선각지사기전』 하권[5] 「열전」(列伝)에도 '후쿠자와 유키치' 항목이 생겼습니다. 그러나 전후인 1950년대에 도야마 시게키(遠山茂樹)나 핫토리 시소(服部之総) 등에 의해 「탈아론」이 재발견됨에 따라 비판의 대상이 됩니다.[6]

당시의 일본은 급속히 미국에 종속되면서 한편으로는 아시아의 사회주의·민족해방운동과 적대관계를 맺어 갔습니다. 이러한 일본의 존재방식을 '탈아' 노선으로 간주하고 비판하는 것은 중요한 일이었습니다. 한국전쟁 전후부터 아시아의 반제국주의 운동과의 연대 문제가 부상되면서 그 가능성이 모색되었습니다. 또한 반둥회의(1955년)[7]와 비동맹제국회의(1961년) 등으로 인해 아시아·아프리카 각 나라의 연대가 주목됩니다. 이렇게 해서 제국주의에 저항하고 탈식민지화를 지향하면서 대두한 '아시아'와의 연대를 모색하는 가운데, 이러한 움직임과는 역행하고 적대하는 형태로서의 '탈아' 노선이 클로즈업되면서 비판의 대상이 되었습니다.

---

4) 橋川文三, 「福沢諭吉の中国文明論」, 『橋川文三著作集』 第7卷, 筑摩書房, 1986.
5) 『東亞先覚志士記伝』 下卷, 黑龍會出版部, 1936.
6) 平山洋, 『福沢諭吉の真実』, 文春新書, 2004 참조.
7) 반둥회의(Bandung Conference). 제1회 아시아-아프리카회의(Asian-African Conferencé, AA회의)라고도 한다.—옮긴이

냉전기 동아시아의 '식민지적 개발'

그러나 전후 일본의 존재방식은 이러한 '탈아' 노선의 일면만으로는 파악할 수 없습니다. [이 시기의 일본에서는] 오히려 아시아의 개발·발전에 관여하면서 아시아/일본의 관계를 돈독히 하고 일본 자본주의가 재진출해 나가는 노선이 착실히 진행되고 있었습니다.

전전과 전중에는 일본 제국주의의 폭력으로 인해 동아시아·동남아시아의 각 지역을 잇는 경제권이 성립되고 있었습니다. 그러나 이것은 일본의 패전으로 일단 해체됩니다. 일본이 타이완·조선·사할린 등의 식민지를 상실하고 광대한 점령지에서 철퇴하자 곧바로 그곳에서는 미국·소련에 의한 세력 분할이 이루어집니다. 그러나 미국의 세력권에 편입된 한국·타이완·일본, 그리고 동남아시아의 여러 나라는 마침내 서로 관계하면서 새로운 경제권을 형성하고, 그 가운데 일본 자본주의가 아시아의 각 지역으로 재진출해 갑니다.

일본은 1960년대 고도성장기에 아시아 '근대화'·발전의 모델로 자리매김되면서 동아시아·동남아시아 각 나라들과 경제협력을 돈독히 합니다. 아시아의 개발·발전은 일본과의 관련 속에서 추진되고 서로 착종되는 관계를 맺게 되는 것입니다.

여기에는 아시아의 발전에 개입하고 이를 주도하고자 했던 '흥아'의 논리가 재생되어 있습니다. 그리고 일찍이 '식민지적 개발'의 '유산'이 그 형태를 탈바꿈하여 재생되고 또 지속되었습니다.

식민지 조선의 화학공업 개발에 깊이 관여한 '조선질소비료주식회사'라는 회사가 있습니다. '일본질소비료주식회사'(노구치 시타가우野口遵 사장)는 1920년대 후반 조선에 진출하여 대규모 댐 건설·전원(電源)

개발을 실시하고, 조선 북부의 흥남에 공장들을 건설하여 거대한 독점 (Konzern)을 형성하였습니다.

이 흥남공장은 조선 경제에서 화학공업 개발의 거점이 되었으며, 1930년대에 개발·발전이 거론될 때에 그 기축이 되었습니다. 강제적 토지매수를 통해 건설된 흥남공장에는 가혹한 민족 차별을 동반한 노무 관리가 실시되었고, 이는 개발·발전과 더불어 혹독한 모순이 집중되는 장이 되었습니다.[8]

또한 패전과 식민지 상실 이후, 신일본질소(新日本窒素)는 구마모토 현(熊本県) 미나마타 시(水俣市)의 공장을 기반으로 개발을 재개하면서, '미나마타병'[9]을 낳았습니다. 미나마타는 신일본질소의 화학공업 개발에 의존하는 기업 도시로 서민층 마을이며, 사람들은 다양한 이해관계로 인해 서로 분단되어 왔습니다. 이곳에서는 고도성장을 지탱하는 발전을 향한 꿈과 함께, 자연 환경이 파괴되고 지역 주민의 삶과 생활이 찢겨져 가고 있었습니다. 이것은 일본 '전후'에 '국내'에서 실시한 '식민지적 개발'의 재생이라고 할 수 있습니다.

또한 조선질소와 손잡고 조선 북부에서 대규모적 댐 건설·전원 건설을 도급한 기업가로 구보타 유타카(久保田豊)가 있습니다. 그는 1920년대 후반부터 1930년대에 걸쳐 부전강(赴戰江)·장진강(長津江)·허천강(虛川江)의 댐 공사를 실시한 후, 이어서 조선·'만주'의 경계에 흐르는 압록강

---

8) 姜在彦 編, 『朝鮮における日窒コンツェルン』, 不二出版, 1985.
9) 미나마타병(水俣病). 질소공장에서 배출된 메틸수은화합물이 생선의 몸속에 축적되어 이를 인간이 섭취했을 때 발생하는 중독성 신경정신계 질환이다. 1956년 구마모토 현 미나마타 항 주변에서 처음 발견되었다.─옮긴이

에 거대한 '수풍댐'을 건설하였습니다. 이것은 당시 '동양 최고'의 거대한 댐으로서 전력 공급을 통해 조선·'만주'의 경제 개발·공업 발전을 지탱하는 상징적인 존재였습니다. 또한 전시기의 구보타 유타카는 하이난 섬(海南島)·석록철산(石碌鐵山) 개발에 착수하여 인도차이나(Indo-China)·수마트라(Sumatra) 등에 수력 개발 기획·입안을 실시하였습니다.

또한 전후에는 '일본공영주식회사'(日本工營株式会社)를 설립하고, 동아시아·동남아시아로 일본 경제의 재진출과 더불어 미얀마의 비루 창(Bilu Chaung) 댐 개발과 베트남 남쪽의 다님(Da Nhim) 댐 개발, 라오스의 남음(Nam Ngum) 댐 개발, 인도네시아의 브란타스(Brantas) 강 유역종합 개발 등에 착수하면서 '국제 개발 컨설턴트'로 활약하였습니다. 이는 1950~60년대에 추진된 배상 교섭과 연동해 아시아 각 나라들의 개발독재정권에 공여된 배상금으로 발주된 사업('배상 특수')이었으며, 또 동아시아·동남아시아 경제권 형성의 일환이 되기도 했습니다. 또한 구보타는 한국전쟁기에 국제연합(UN)군 점령하의 조선 북부에서 전력 개발 복구에 협력하기도 하고, 1960년대에는 한일교섭에 따라 한국에 전력 개발 협력을 실시했습니다.[10]

이러한 구보타의 경력에서 잘 알 수 있듯이, 일본 자본주의는 전전·전중의 지(知)와 실천의 축적을 살리면서 동아시아·동남아시아로 재진출하고 있었습니다. 1960년대에는 일본의 '근대화'를 모델로 동아시아·동남아시아의 개발독재정권과의 경제 협력이 실시되었는데, 개발주의·

---

10) 久保田豊·山口仁秋, 『アジア開発の基盤を築く —海外コンサルタント』, アジア経済研究所, 1967.
　　永塚利一, 『久保田豊』, 電気情報社, 1966.

근대화론이 침투되어 갈 때 이전의 '식민지적 개발'이 탈바꿈하여 재생되고 있었습니다. 그곳에서는 개발·발전의 수익자와의 '협력' 시스템이 구축됨과 동시에, 각 지역 주민의 생활 기반을 해체하고 자연 환경을 파괴하여 '개발 난민'을 낳습니다. 이는 독립된 국가와의 '국제협력'이면서, 또 한편에서는 '식민지적 개발'이라는 사태를 가져오게 되었습니다.[11]

또한 이때에는 전전의 식민지 지배를 개발·근대화의 시점으로 되돌아보는 시대의 조류를 타고 『만주개발 40년사』,[12] 혹은 『아아, 만주─국가 만들기 산업 개발자의 수기』[13] 등이 간행되기도 합니다. 그리고 1960년대 후반의 '메이지 100년', '홋카이도 개척 100년'은 일본 근대사의 개발·근대화의 성공을 회고하는 시기로 일단락되어 많은 논쟁을 불러일으켰습니다. 한일 교섭의 와중에 일본의 식민지 통치가 개발·발전을 가져왔다는 '구보타 간이치로(久保田貫一朗)의 발언'(1953년) 등이 되풀이되었는데, 지금도 여전히 일정한 힘을 지니고 있지만, 이것은 단지 우발적인 '망언'이 아니라 그 뿌리는 깊고 넓은 사회적 기반을 갖고 있는 것이라 할 수 있습니다. 그리고 한·일 간의 표면적 대립관계와는 무관하게 '친일파'의 계보를 잇는 한국의 군사정권과 일본 자본주의는 서로 의존하면서 협력 관계를 구축해 갔습니다.

한편 전후 동아시아·동남아시아의 경제권 형성과 더불어 일본의 아시아 연구·'아시아 인식'도 재편되어 갑니다. 동남아시아와의 경제협력 강화에 몰두해 있었던 기시 노부스케(岸信介) 정권하의 '지역 연구'의 거

---

11) 鷲見一夫, 『ODA─援助の現実』, 岩波書店, 1989 등 참조.
12) 『満州開発四十年史』 全3巻, 州開発四十年史刊行会, 1964~5.
13) 『あゝ満洲─国つくり産業開発者の手記』, 満洲回顧集刊行会, 1965.

점으로서 아시아경제연구소가 설립(1959년)됩니다. 여기에 관여한 이는 바로 전시기 점령하의 동남아시아 사회 조사 등에 종사한 사회과학자들이었습니다 ─ 도하타 세이이치(東畑精一), 이타가키 요이치(板垣与一), 야마모토 노보루(山本登), 가와노 시게토(川野重任). 또한 1950년대에서 1960년대에 걸쳐 미일안보조약을 기축으로 동아시아·동남아시아 간의 상호 의존이라는 경제 협력이 구축되고, '아시아'의 개발·발전이 논의됩니다. 이는 '대동아공영권'의 개발·발전을 내세우면서 맹주인 일본이 주도하여 탈식민지화를 그려 낸 '식민지 없는 제국주의'의 논리가 세계전쟁 이후 독립국가들 사이에서 탈바꿈하여 구체화된 것이었습니다.

이처럼 세계전쟁 이후 냉전기에는 동아시아·동남아시아가 상호 의존하며 경제 협력을 구축하면서 이와 함께 개발·발전의 꿈이 논의됩니다. 이는 제국주의에 저항하고 탈식민지화·자립을 지향하는 세력들에게 개발·발전을 위한 '협력'을 유도하면서 분단과 억압을 초래하고 사람들의 삶과 주체를 일그러뜨려 갔습니다. 이러한 '전후' 냉전기에 재생된 식민지주의적 역학에 대해 어떤 저항과 이의신청이 시도되었는가? '전후' 냉전기에 다양한 주체들이 시도한 고충에 가득 찬 사상의 영위는 아시아/일본이라는 동시대의 관련 속에서 되새겨 보아야 할 것입니다.

'탈냉전'기의 '동아시아'

이러한 시좌는 현재 그리고 미래에 아시아/일본에 찾아올 위기를 생각하기 위한 하나의 시금석이 될 것입니다. 최근 '탈냉전'으로 향하는 동아시아에서는 냉전기의 분단구조를 극복하고 근현대의 제국주의·식민지주의가 낳은 모순을 되짚어 보는 계기가 나타나고 있습니다. 그러나 냉전구조라는 구도하에서 지금도 여전히 해방되지 못한 채 마찰과 상극이 고조되는 위기도 닥쳐오고 있습니다.

여기에는 배타적 내셔널리즘의 상극을 갱신함과 동시에 이러한 위기를 극복할 양으로 '동아시아 공동체'의 형성이 빈번히 제시되고 있습니다. 이는 명백히 국가·자본주의의 글로벌리즘에 의한 질서 형성임에도 불구하고 국민국가의 대립을 넘어 분단을 극복할 수 있을 것이라는 꿈이 한·중·일 각각에서 기투(投企)되고 있습니다. 일본에서도 이전의 보수/혁신의 대립구조가 무너지는 가운데 보수 세력과 비판적 시민 양쪽에서 '동아시아 공동체' 구축의 꿈이 제시되면서 기묘한 '동상이몽' 현상이 나타납니다. 이러한 상황 속에서 '동아시아'라는 광역적 질서 형성을 향해 주체의 내일을 걸고 꿈을 좇아야 하는 것일까요? 과연 이것은 근현대 일본의 '탈아' 노선을 극복할 수 있는 해결책이 될 수 있을까요?

그러나 동아시아의 현실은 근현대의 제국주의·식민지주의, 그리고 냉전기의 분단이 낳은 다양한 마찰과 균열이 거듭 각인되어 온 장입니다. 이처럼 모순과 갈등으로 가득 찬 탈영역적인 교통의 장을 향해 주체를 스스로 해방시키는 일. 이것은 마찰과 균열을 은폐하는 것이 아니라, 그 모순·갈등에 보다 깊게 파고들면서 분단과 왜곡에 끈질기게 직면하는 일일 것입니다.

일찍이 중일전쟁이라는 위기 속에서 오자키 호쓰미는 다음과 같이 말한 바 있습니다.

현 세기의 과제는 아시아의 각성에 있다. 일지사변은 아시아의 자각을 한층 더 돈독히 했다. 그러나 아시아의 현실은 결코 엄밀한 일체이지도 않으며, 오히려 온갖 불균형과 모순덩어리라고 해도 좋을 것이다.

일지사변이라는 심각한 경험의 교훈은, 아시아는 하나[14]가 아니라는 현실을 우리들에게 가르쳐 주었다. 이전의 막연했던 아시아 일체라는 사상이 공허한 것이었음을 가르쳐 줌과 동시에 한편으로는 새로운 각도에서 아시아를 하나로 하고자 하는 간절한 소망을 낳았다.[15]

오자키의 글 속에는 세찬 항쟁이 불거진 그 한복판에서 '공허'한 아시아 연대론에 거리를 두면서, 다른 한편으로는 동아시아에 걸친 모순과 갈등을 마주하는 섬세한 시선이 담겨 있습니다. 이는 모순으로 인한 괴로움으로 몸부림치는 '아시아'를 살아가면서 끊임없이 '저항'과 '연대'를 사고하는 자립적 사고입니다.

여기에서 엿보인 사회혁명과 자립·연대를 지향한 불/가능한 꿈. 여기에는 지금도 여전히 풀리지 않는 수수께끼가 가로놓인 채, 현재를 살아가는 '우리들'에게 던져져 있는 것입니다.

---

14) 여기에서 말하고 있는 "아시아는 하나"(アジアは一つ)라는 말은 오카쿠라 덴신(岡倉天心, 岡倉覺三, 1862~1913)의 저서 『동양의 이상』(東洋の理想)의 첫머리에 나오는 유명한 말 "Asia is One"을 가리킨다. 이 책은 애초 러일전쟁 목전인 1903년에 영어로 씌어졌으나(Kakuzo Okakura, *The Ideals of the East*, 1903), 중일전쟁기에 아사노 노보루(淺野晃)가 일본어로 번역하여 1938년에 출판되었다. 이후에도 여러 출판사에서 다양한 번역서가 나왔고 전쟁 중에 베스트셀러가 되기도 했다. 또한 "아시아는 하나"라는 문구는 '동아신질서', '대동아공영권'을 정당화하는 아시아주의의 선전 문구로서 전쟁 중에 유행어가 되었다. 여기에서 오자키는 일본의 침략을 아시아 해방전쟁으로서 정당화하려는 자기충족적인 아시아주의 사상을 비판하며 구태여 '아시아는 하나가 아니라는 현실'을 강조하고 있다.—옮긴이
15) 尾崎秀実,「アジアに寄する言葉」,『アジア問題講座』第10卷, 創元社, 1939.

참고문헌 안내

우선 이 책의 논의 전개에 따른 전체적인 틀에 관련된 참고문헌부터 들고
자 합니다.

아시아/일본이 서로 얽혀 있는 근대 경험, 여기에 내포된 침략/연대
의 이중성이라는 문제에 대해서는 역시 다케우치 요시미의 『일본과 아시
아』[1]가 중요합니다. 다케우치의 주요 평론은 최근에 발간된 『다케우치 요
시미 셀렉션』[2]에 수록되어 있습니다. 또한 다케우치 요시미의 저작은 최
근 중국어·한국어·영어로도 번역되어 새로운 시좌로 다시금 읽혀지고 있
습니다. 쑨거의 『다케우치 요시미라는 물음』[3]은 복잡하게 얽히면서 갈등
을 내포한 '역사'에 진입해 나아가는 다케우치적 사고의 숨결이 선명히
재생되고 있습니다.

'탈냉전'의 과정 속에 있는 현재에는 '제국사'(Imperial history) 연구,

---

1) 竹内好, 『日本とアジア』, ちくま学芸文庫, 1993; 백지운·서광덕 옮김, 『일본과 아시아』, 소명, 2004.
2) 丸川哲史·鈴木将久 編, 『竹内セレクション』 全2卷, 日本経済評論社, 2006.
3) 孫歌, 『竹内好という問い』, 岩波書店, 2005; 윤여일 옮김, 『다케우치 요시미라는 물음』, 그린비, 2007.

포스트콜로니얼리즘 등 각 방면에서 아시아/일본, 식민지/제국이 착종하는 역사·문화사를 재검토하는 동향이 나타나고 있습니다. 이러한 결과는 『이와나미 강좌: 근대 일본과 식민지』,[4] 『이와나미 강좌: 근대 일본문화사』,[5] 『이와나미 강좌: '제국' 일본의 학지』[6] 등에 정리되어 있습니다.

적대와 상호 의존으로 인해 복잡한 위기를 끌어안고 있는 현재의 동아시아에서 서로 얽혀 있는 역사를 마주한다는 의의를 짚어 보기 위해서는, 다카하시 데쓰야가 엮은 『'역사인식' 논쟁』,[7] 쑨거·백영서·천광싱의 『포스트'동아시아'』[8]가 유익합니다.

근대 일본의 아시아 인식에 내포된 '문명'·'발전'과 '야만'·'정체'를 대비시키는 오리엔탈리즘 문제, '아시아'·'동양'이라는 타자화를 통해 '일본'이 구성되는 문제에 관해서는, 스테판 다나카의 『일본의 오리엔트』,[9] 강상중의 『오리엔탈리즘을 넘어서』,[10] 사카이 나오키의 『사산되는 일본어·일본인』,[11] 『번역과 주체』,[12] 고야스 노부쿠니의 『동아 대동아 동아시

---

4) 『岩波講座: 近代日本と植民地』 全8卷, 岩波書店, 1992~3.

5) 『岩波講座: 近代日本の文化史』 全10卷, 岩波書店, 2001~3.

6) 『岩波講座: '帝国'日本の学知』 全8卷, 岩波書店, 2005~6.

7) 高橋哲哉 編, 『歴史認識'論争』, 作品社, 2002; 임성모 옮김, 『역사인식 논쟁』, 동북아역사재단, 2009.

8) 孫歌·白永瑞·陳光興, 『ポスト'東アジア'』, 作品社, 2006.

9) Stefan Tanaka, *Japan's Orient: Rendering Pasts into History*, University of California Press, 1993; 박영재·함동주 옮김, 『일본 동양학의 구조』, 문학과지성사, 2004.

10) 姜尚中, 『オリエンタリズムの彼方へ―近代文化批判』, 岩波現代文庫, 2004; 이경덕·임성모 옮김, 『오리엔탈리즘을 넘어서』, 이산, 1997.

11) 酒井直樹, 『死産される日本語·日本人―'日本'の歴史-地政的配置』, 新曜社, 1996; 이득재 옮김, 『사산되는 일본어·일본인』, 문화과학사, 2003.

12) 酒井直樹, 『日本思想という問題―翻訳と主体』, 岩波書店, 1997; 후지이 다케시 옮김, 『번역과 주체』, 이산, 2005.

아』[13) 등이 있습니다.

이러한 논의들의 바탕이 된 고전으로는 근대 유럽의 인문 사회과학에 내포된 '아시아', '오리엔트' 인식의 지(知)=권력을 추출·비판한 에드워드 사이드의『오리엔탈리즘』[14)이 중요합니다. 다만 '아시아'와 '유럽'을 대비시키며 이항도식이 전경화(前景化)된『오리엔탈리즘』그 이상으로 '아시아'와 '유럽'의 착종된 역사에 진입하는『문화와 제국주의』[15)는 이 책의 시좌를 이해하는 데 있어 의의가 있습니다. 또한 이러한 오리엔탈리즘 문제를 애덤 스미스, 헤겔, 맑스 등의 '아시아' 인식과 일본에서의 수용 문제를 포함하여 정리·검토한 저작으로는 우에무라 구니히코의『아시아는 '아시아적'인가』[16)가 있습니다.

'식민지 제국 일본'의 식민정책·국민통합의 모순, 국민·민족·인종이라는 구조의 재편성에 관해서는 하루야마 메이테쓰와 와카바야시 마사히로가 엮은『일본 식민지주의의 정치적 전개—그 통치체제와 타이완의 민족운동 1895~1934년』[17) 고마고메 다케시의『식민지 제국 일본의 문화통합』[18) 오구마 에이지의『'일본인'의 경계—오키나와·아이누·

13) 子安宣邦,『'アジア'はどう語られてきたか—近代日本のオリエンタリズム』, 藤原書店, 2003; 이승연 옮김,『동아 대동아 동아시아—근대 일본의 오리엔탈리즘』, 역사비평사, 2005.

14) E. W. Said, *Orientalism*, 2 vols., Pantheon Books, 1978; 박홍규 옮김,『오리엔탈리즘』, 교보문고, 2000.

15) E. W. Said, *Culture and Imperialism*, 2 vols., Knopf, 1993; 박홍규 옮김,『문화와 제국주의』, 문예출판사, 2005.

16) 植村邦彦,『アジアは'アジア的'か』, ナカニシャ出版, 2006.

17) 春山明哲·若林正丈 編,『日本植民地主義の政治的展開—その統治体制と台湾の民族運動 1895~1934年』, アジア政経学会, 1980.

18) 駒込武,『植民地帝国日本の文化統合』, 岩波書店, 1996; 권경희·오성철·이명실 옮김,『식민지 제국 일본의 문화통합』, 역사비평사, 2008.

타이완·조선 식민지 지배부터 복귀운동까지』[19] 등이 있습니다. 그 중 특히 아이누인·오키나와인이 '일본인이 될' 것을 강요당할 때 발생한 갈등에 관해서는 도미야마 이치로의『근대 일본 사회와 '오키나와인'―'일본인'이 된다는 것』,[20]『전장의 기억』,[21] 테사 모리스-스즈키(Tessa Morris-Suzuki)의『변경에서 바라보다―아이누가 경험한 근대』[22]가 깊고 예리한 고찰을 펼치고 있습니다. 근대 오키나와의 동화와 이화의 틈새에서 갈등을 구현한 사상가 이하 후유(伊波普猷)에 관해서는 히야네 데루오의『근대 일본과 이하 후유』,[23] 가노 마사나오의『오키나와의 늪―이하 후유와 그의 시대』,[24] 도미야마 이치로의『폭력의 예감』[25]이 있습니다.

근대 일본의 아시아 인식, 중국·조선·타이완 인식에 관해서는 후루야 데쓰오가 엮은『근대 일본의 아시아 인식』,[26] 노무라 고이치의『근대 일본의 중국 인식―아시아로의 항적』,[27] 아사다 교지의『일본 지식인의 식민지 인식』,[28]『일본 식민지 연구사론』,[29] 강동진의『일본 언론계와 조

19) 小熊英二,『'日本人'の境界―沖繩·アイヌ·台湾·朝鮮植民地支配から復帰運動まで』, 新曜社, 1998.

20) 冨山一郎,『近代日本社会と'沖繩人'―'日本人'になるということ』, 日本経済評論社, 2006.

21) 冨山一郎,『戦場の記憶』(増補), 日本経済評論社, 2006; 임성모 옮김,『전장의 기억』, 이산, 2002.

22) テッサ モーリス=鈴木,『辺境から眺める―アイヌが経験する近代』, 大川正彦 訳, みすず書房, 2000; 임성모 옮김,『변경에서 바라본 근대』, 산처럼, 2006.

23) 比屋根照夫,『近代日本と伊波普猷』, 三一書房, 1982.

24) 鹿野政直,『沖繩の淵―伊波普猷とその時代』, 岩波書店, 1997.

25) 冨山一郎,『暴力の予感―伊波普猷における危機の問題』, 岩波書店, 2002; 김우자·손지연·송석원 옮김,『폭력의 예감』, 그린비, 2009.

26) 古屋哲夫 編,『近代日本のアジア認識』(新版), 緑蔭書房, 1996.

27) 野村浩一,『近代日本の中国認識―アジアへの航跡』, 研文出版, 1981.

28) 浅田喬二,『日本知識人の植民地認識』, 校倉書房, 1985.

29) 浅田喬二,『日本植民地研究史論』, 未来社, 1990.

선 1910~1945』,[30] 『가지무라 히데키 저작집』 제1권인 『조선과 일본인』,[31] 하타다 다카시의 『일본인의 조선관』,[32] 『조선과 일본인』,[33] 나카쓰카 아키라의 『근대 일본의 조선 인식』,[34] 다카사키 소지의 『일본 망언의 계보』,[35] 윤건차의 『민족 환상의 차질─일본인의 자기상』,[36] 『일본 국민론─근대 일본의 아이덴티티』,[37] 쇼다 겐이치로가 엮은 『근대 일본의 동남아시아관』,[38] 고이 나오히로의 『근대 일본과 동양사학』,[39] 이시자카 고이치의 『근대 일본의 사회주의와 조선』,[40] 스즈키 유코의 『페미니즘과 조선』[41] 등 많은 저작이 있습니다.

　근대 일본의 사상가들이 중국·조선·타이완을 논한 텍스트를 간명하게 정리한 훌륭한 앤솔러지로서는 이토 데루오가 편찬한 『아시아와 근대 일본─반(反)침략의 사상과 운동』[42]이 있습니다.

　중국 쪽에서 본 일본 인식에 대해서는 다마시마 노부요시가 엮은 『중

30) 姜東鎭, 『日本言論界と朝鮮 1910~1945』, 法政大学出版局, 1984.
31) 梶村秀樹, 『朝鮮と日本人』(梶村秀樹著作集 第1巻), 明石書店, 1992.
32) 旗田巍, 『日本人の朝鮮観』, 勁草書房, 1969.
33) 旗田巍, 『朝鮮と日本人』, 勁草書房, 1983.
34) 中塚明, 『近代日本の朝鮮認識』, 研文出版, 1993; 성해준 옮김, 『근대 일본의 조선 인식』, 청어람미디어, 2003.
35) 高崎宗司, 『'妄言'の原形─日本人の朝鮮観』(増補3版), 木犀社, 2002; 최혜주 옮김, 『일본 망언의 계보』, 한울, 2010.
36) 尹建次, 『民族幻想の蹉跌─日本人の自己像』, 岩波書店, 1994.
37) 尹建次, 『日本国民論─近代日本のアイデンティティ』, 筑摩書房, 1997; 위의 책과 함께 일부 글을 발췌 번역, 하종문·이애숙 옮김, 『일본─그 국가·민족·국민』, 일월서각, 1997.
38) 正田健一郎 編, 『近代日本の東南アジア観』, アジア経済研究所, 1978.
39) 五井直弘, 『近代日本と東洋史学』, 青木書店, 1976.
40) 石坂浩一, 『近代日本の社会主義と朝鮮』, 社会評論社, 1993.
41) 鈴木裕子, 『フェミニズムと朝鮮』, 明石書店, 1983.
42) 伊東昭雄 編, 『アジアと近代日本─反侵略の思想と運動』, 社会評論社, 1990.

국의 일본관』,[43] 야마구치 이치로의 『근대 중국 대일관 연구』,[44] 고지마 신지 등이 엮은 『중국인의 일본인관 100년사』[45] 등이 있습니다. 마루카와 데쓰시의 『일중 100년사─두 개의 근대를 다시 묻는다』[46]는 복잡하게 얽혀 있는 중국과 일본의 관계 속에서 중국과 마주한다는 것에 대한 의미를 재검토하고 있습니다. 또한 '아시아 간의 무역'론을 다루면서 일본·중국이 대치·교착하는 근대사를 전망한 가고타니 나오토의 『아시아 국제통상질서와 근대 일본』[47]은 복잡하게 얽혀 있는 아시아/일본의 사상 문화사를 살펴보는 데 시사하는 바가 많습니다.

최근에는 조선/일본의 상호 인식에 입각하여 사상의 관련과 변용을 고찰한 연구가 활발히 이루어지면서, 미야지마 히로시와 김용덕이 편찬한 『근대 교류사와 상호인식』(전3권),[48] 와타나베 오사무와 박충석이 편찬한 『한국·일본·'서양'─그 교착과 사상 변용』,[49] 『'문명'·'개화'·'평화'─일본과 한국』[50] 등이 간행되었습니다.

또한 서로 복잡하게 얽혀 있는 조선/일본이라는 관계 속에서 '식민지 근대'(colonial modernity)에서 발생한 모순·갈등을 고찰한 시좌도

43) 玉嶋信義 編, 『中国の日本観』, 弘文党新社, 1967.
44) 山口一朗, 『近代中国対日観の研究』, アジア経済研究所, 1970.
45) 小島晋治 外編, 『中国人の日本人観 100年史』, 自由国民社, 1974.
46) 丸川哲史, 『日中100年史─二つの近代を問い直す』, 光文社新書, 2006.
47) 籠谷直人, 『アジア国際通商秩序と近代日本』, 名古屋大学出版会, 2000.
48) 宮嶋博史·金容徳 編, 『近代交流史と相互認識 I~III』, 慶應義塾大学出版会, 2001~6; 김용덕·미야지마 히로시, 『근대교류사와 상호인식 I~III』, 아연출판사, 2001~8.
49) 渡辺治·朴忠錫 編, 『韓国·日本·西洋─その交錯と思想変容』, 慶應義塾大学出版会, 2005; 박충석·와타나베 오사무, 『한국·일본·'서양'─그 교착과 사상 변용』, 아연출판사, 2008.
50) 渡辺治·朴忠錫 編, 『'文明'·'開化'·'平和'─日本と韓国』, 慶應義塾大学出版会, 2006; 박충석·와타나베 오사무, 『'문명' '개화' '평화'』, 아연출판사, 2008.

나타나고 있습니다. 이 연구들은 제국주의 수탈론과 '식민지 근대화'론의 대립구조를 넘어 근대화, 국민 주체 형성에 내포된 모순·갈등을 문제화한 시도입니다. 김진균·정근식이 엮은 『근대 주체와 식민지 규율권력』,[51] 신기욱과 마이클 로빈슨이 엮은 『한국의 식민지 근대성』,[52] 미야지마 히로시·이성시·윤해동·임지현 등이 편찬한 『국사의 신화를 넘어서』,[53] 마쓰모토 다케노리의 『조선 농촌의 '식민지 근대' 경험』,[54] 나미키 마사히토의 「조선의 '식민지 근대성'·'식민지 공공성'·대일 협력」,[55] 조경희의 「'식민지성'과 '근대성'의 공범과 갈등」,[56] 이타가키 류타의 「'식민지 근대'를 둘러싸고」,[57] 다카오카 히로유키와 미쓰이 다카시의 「동아시아 식민지의 '근대'를 묻는 의의」[58] 등이 있습니다.

　　한편 앞서 언급한 '식민지 근대'를 둘러싼 연구 동향에 대한 비판으로는 조경달의 「폭력과 공론—식민지 조선에 있어서의 민중의 폭력」,[59] 「15년전쟁하의 조선 민중—식민지 근대론 비판 시론」[60] 등이 있습니다.

---

51) 김진균·정근식 엮음, 『근대 주체와 식민지 규율권력』, 문화과학사, 1997.

52) Shin Gi-Wook and Michael Robinson(eds.), *Colonial Modernity in Korea*, Harvard University Press, 1999; 도면회 옮김, 『한국의 식민지 근대성』, 삼인, 2006.

53) 宮嶋博史·李成市·尹海東·林志弦 編, 『植民地近代の視座—朝鮮と日本』, 岩波書店, 2004; 임지현 외, 『국사의 신화를 넘어서』, 휴머니스트, 2004.

54) 松本武祝, 『朝鮮農村の「植民地近代」経験』, 社会評論社, 2005.

55) 並木真人, 「朝鮮における'植民地近代性'·'植民地公共性'·対日協力」, フェリス女学院大学, 『国際交流研究』 5号, 2003.

56) 趙慶喜, 「'植民地性'と'近代性'の共犯と葛藤」, 高橋哲哉 編, 『歴史認識'論争』, 作品社, 2002; 임성모 옮김, 『역사인식 논쟁』, 동북아역사재단, 2009.

57) 板垣竜太, 「'植民地近代'をめぐって」, 『歴史評論』 654号, 2004.

58) 高岡裕之·三ツ井崇, 「東アジア植民地の'近代'を問うことの意義」, 『歴史学研究』 802号, 2005.

59) 趙景達, 「暴力と公論—植民地朝鮮における民衆の暴力」, 須田努 外編, 『暴力の地平を超えて』, 青木書店, 2004.

60) 趙景達, 「15年戦争下の朝鮮民衆—植民地近代論批判試論」, 『朝鮮奨学会学術論文集』 25号, 2005.

또한 근대 일본과 동아시아의 '사상 연쇄'를 중후하게 그려 낸 저작으로는 야마무로 신이치의 『사상 과제로서의 아시아—기축·연쇄·기투』[61]가 있습니다. 이 책은 근대 일본으로부터 축적되어 온 국민국가 형성의 학지가 조선·중국에서도 수용됨으로써 동아시아 규모의 '사상 연쇄'가 성립되었음을 방대한 자료에 근거하여 밝히고 있습니다. 다만 이 책에서는 근대국가 형성의 '규범국'으로서의 '일본'이라는 '기축'이 부동의 전제로 위치지어져 있으며, 아시아 상호 간에 일어난 마찰과 알력 그리고 3·1독립운동, 5·4운동 이후의 제국주의 비판에 대한 충격이 전달되고 있지 않습니다. 이러한 서술은 '아시아주의'가 안고 있는 난점을 되풀이하는 것이기도 합니다. 이 저작이 제기한 문제는 착종된 '사상 연쇄'에 내포된 '근대'의 모순·갈등에 관한 보다 깊은 고찰이 필요합니다.

근대 일본의 '아시아주의'에 관해서는 방대한 문헌이 있습니다. 그 중 최근의 저작으로는, 마쓰모토 겐이치의 『근대 아시아 정신사의 시도』[62], 히라이시 나오아키의 『근대 일본의 '아시아주의'』[63], 「근대 일본의 국제질서관과 '아시아주의'」[64], 일본정치학회에서 편찬한 『연보 정치학: 일본 외교의 아시아주의』[65], 하사마 나오키의 「초기 아시아주의에 대한 사적 고찰」 1~8호[66], 마쓰우라 마사타카의 「범아시아주의에 있어서의 '타이완

61) 山室信一, 『思想課題としてのアジア―基軸·連鎖·投企』, 岩波書店, 2001.

62) 松本健一, 『近代アジア精神史の試み』, 中央公論社, 1994.

63) 平石直昭, 「近代日本の'アジア主義'」, 『アジアから考える』 第5卷, 東京大学出版会, 1994.

64) 平石直昭, 「近代日本の国際秩序観と'アジア主義'」, 『20世紀システム』 第1卷, 東京大学出版会, 1998.

65) 日本政治学会 編, 『年報政治学: 日本外交におけるアジア主義』, 岩波書店, 1999.

66) 挾間直樹, 「初期アジア主義についての史的考察」 1~8, 『東亜』 410~417号, 2001~2.

요인'」,[67] 「'섬나라', 그리고 '육지의 제국'에서 '바다의 제국'으로」[68] 등이 있습니다.

다음은 이 책의 흐름에 따라 관련된 주요 자료·연구문헌을 들고자 합니다. 이것은 모두 논쟁적인 테마로서, 여기에서는 침략/연대를 둘러싼 논쟁의 정황을 마주하는 자세가 요구됩니다.

먼저 이 책의 '책머리에'에서 언급했던 쑨원의 '대아시아주의' 강연에 대해 관련 자료를 모아 엮은 천더런·야스이 산키치의 『쑨원·강연 '대아시아주의' 자료집—1924년 11월 일본과 중국의 기로』[69]가 있습니다. 쑨원이 고베에서 강연을 행한 의미를 생각함에 있어서는 천더런·야스이 산키치의 『쑨원과 고베—신해혁명으로부터 90년』(증보판),[70] 일본쑨원연구회에서 엮은 『쑨원과 아시아』,[71] 일본쑨원연구회와 고베화교화인연구회에서 엮은 『쑨원과 화교』[72] 등이 참고가 될 수 있습니다.

'대아시아주의' 강연은 다양한 시좌로부터 해석되어 왔습니다. 그중 일본 제국주의 비판과 일본 측의 수용 양상에 중점을 둔 것으로, 야스이 산키치의 「강연 '대아세아 문제'에 대하여—쑨원과 고베(1924년)」,[73] 그리고 중·일·소의 제휴를 호소한 것으로는, 다카쓰나 히로후미의 「쑨

67) 松浦正孝,「汎アジア主義における'台湾要因'」,『北大法学論集』55卷3号, 2004.

68) 松浦正孝,「'島国', そして'陸の帝国'から'海の帝国'へ」,『国際政治』139号, 2004.

69) 陳德仁·安井三吉 編,『孫文·講演'大アジア主義'資料集—1924年11月日本と中国の岐路』, 法律文化社, 1989.

70) 陳德仁·安井三吉,『孫文と神戸—辛亥革命から90年』(補訂版), 神戸新聞総合出版センター, 2002.

71) 日本孫文研究会 編,『孫文とアジア』, 1990年8月 国際学術討論会報告集, 波古書院, 1993.

72) 日本孫文研究会·神戸華僑華人研究会 編,『孫文と華僑』, 孫文誕生130周年記念国際学術討論会論文集, 波古書院, 1999.

73) 安井三吉,「講演'大亜細亜問題'について—孫文と神戸(1924年)」, 神戸大学,『近代』61号, 1985.

원 '일중소 제휴론'의 기원과 형성」[74]이 있습니다. 신해혁명 이후의 혁명운동, 그리고 군벌항쟁을 둘러싼 정치외교사 가운데 자리매김할 수 있는 것으로는, 후지이 쇼조의 『쑨원 연구―민족주의 이론의 발전을 중심으로』[75] 등이 있습니다.

또한 쑨원의 '대아시아주의' 강연은 중일전쟁기의 왕징웨이 정권에 의해 중일제휴론이라는 문맥으로 재해석되면서 일본 제국주의 비판이 후경(後景)으로 밀려나고 '동아신질서'론의 정당화로 유용되어 왔습니다. 이 문제에 관해서는 도시타니 오부요시의 「'동아신질서'와 '대아시아주의'의 교착」[76] 등이 있습니다. 쑨원의 '대아시아주의' 강연은 아시아/일본이 대치·교착하는 관계 속에서 아시아 연대의 존재방식을 고찰함에 있어 여전히 많은 문제점을 내포하고 있는 텍스트입니다.

이 책 제1부에서는 동아시아의 '근대' 경험·문명화론과의 상호 관련, 그리고 거기에 내포된 모순과 갈등에 대해 살펴보았습니다.

계몽사상·자유민권론 등에는 강렬한 문명주의·대국주의가 엿보이고 아시아로의 침략적 관여를 낳았다는 것, 그리고 이것이 '흥아론'과 '탈아론' 양쪽 모두에 공통된 문제로 존재했다는 점에 대해서는, 야마다 쇼지의 「자유민권기의 흥아론과 탈아론―아시아주의 형성을 둘러싸고」,[77]

---

74) 高綱博文, 「孫文 '日中ソ提携論' の起源と形成」, 『日本大学通信教育部研究紀要』, 6·7号, 1994.

75) 藤井昇三, 『孫文の研究―とくに民族主義理論の発展を中心として』, 勁草書房, 1966.

76) 利谷信義, 「'東亜新秩序' と '大アジア主義' の交錯」, 『仁井田陞博士追悼論文集』 第3卷, 勁草書房, 1970.

77) 山田昭次, 「自由民権期における興亜論と脱亜論―アジア主義の形成をめぐって」, 『朝鮮史研究会論文集』 6集, 1969.

「정한론·자유민권론·문명개화론—강화도 사건과 자유민권운동」,[78] 「갑신정변기의 일본의 사상 상황—'대동합방론' 및 오사카 사건 연구 서설」,[79] 요시노 마코토의 「'대동합방론'의 조선관」,[80] 「오사카 사건에 있어서의 조선」,[81] 「메이지 전반기의 조선관」,[82] 「후쿠자와 유키치의 조선론」[83] 등에서 밝히고 있습니다.

박규수 등의 실학파로부터 출발하여 김옥균·박영효 등의 급진 개화파, 그리고 청일전쟁 이후의 '독립협회' 운동, 보호국 시기의 애국계몽운동 등으로 이어지는 근대 조선의 내발적 개화사상의 계보에 대해서는, 강재언의 『근대 조선의 변혁사상』,[84] 『조선의 개화사상』,[85] 『한국의 근대사상』,[86] 『조선근대사』[87] 등 일련의 저작이 있습니다.

한편 조경달은 근대 조선의 개화사상에는 근대 일본과 그 밑바탕이 닮아 있는 문명주의·대국주의의 계기가 내포되어 있으며, 이것이 일본 제국주의를 향한 저항을 약하게 만든 계기가 되었음을 비판적으로 재검토하고 있습니다. 나아가 유교사상과 개화사상의 틈새에서 고투한 김윤

78) 山田昭次,「征韓論·自由民權論·文明開化論—江華島事件と自由民權運動」,『朝鮮史研究会論文集』7集, 1970.

79) 山田昭次,「甲申政変期の日本の思想状況—'大東合邦論'および大阪事件研究序説」, 林英夫·山田昭次 編,『幕藩制から近代へ』, 柏書房, 1979,

80) 吉野誠,「'大東合邦論'の朝鮮観」, 東海大学,『文明研究』4号, 1986.

81) 吉野誠,「大阪事件における朝鮮」,『東海大学紀要 文学部』48集, 1988.

82) 吉野誠,「明治前半期の朝鮮観」, 東海大学,『文明研究』7号, 1989.

83) 吉野誠,「福沢諭吉の朝鮮論」,『朝鮮史研究会論文集』26集, 1989.

84) 姜在彦,『近代朝鮮の変革思想』, 日本評論社, 1973.

85) 姜在彦,『朝鮮の開化思想』, 岩波書店, 1980.

86) 姜在彦,『近代朝鮮の思想』, 未来社, 1984; 강재언,『한국의 근대사상』, 한길사, 1985.

87) 姜在彦,『朝鮮近代史』, 平凡社ライブラリー, 1986.

식, 어윤중 등 온건 개화파의 '소국주의' 계보를 높이 평가하고, 제국주의를 향한 끊임없는 비판의 계기를 이끌어 내고 있습니다. 「조선에서의 대국주의와 소국주의의 상극—초기 개화파의 사상」,[88] 「조선 근대의 내셔널리즘과 동아시아—초기개화파의 '만국공법'관을 중심으로」,[89] 「조선에서의 일본 제국주의 비판의 논리 형성—애국계몽운동기의 문명관의 상극」,[90] 「조선 근대의 내셔널리즘과 문명」,[91] 「김옥균에서 신채호로—조선에 있어서 국가주의의 형성과 전회」[92] 등 일련의 논고가 있습니다.

가쓰 가이슈(勝海舟)의 동아시아 제휴론과 '정한론' 문제에 관해서는 마쓰우라 레이의 『메이지의 가이슈와 아시아』[93]가 있습니다. 모리 유타카의 「바쿠후 말기 (오지마·가쓰·야마다 등의) 합작 '정한론'의 형성」[94]은 야마다 호코쿠(山田方谷)의 '정한론'과 가쓰 가이슈의 '동양동맹론'이 오지마 유노스케(大島友之允), 가쓰라 고고로(桂小五郎=水戸孝允) 등에 의해 짜여져 '동상이몽'의 합작으로서 '정한론'이 성립되는 과정을 검토하고 있습니다. 다키가와 슈고의 「정한론과 가쓰 가이슈」[95]는 그 의도가 복잡하

88) 趙景達, 「朝鮮における大国主義と小国主義の相克—初期開化派の思想」, 『朝鮮史研究会論文集』 22集, 1985.

89) 趙景達, 「朝鮮近代のナショナリズムと東アジア—初期開化派の'万国工法'観を中心に」, 『中国 社会と文化』 4号, 1989.

90) 趙景達, 「朝鮮における日本帝国主義批判の論理の形成—愛国啓蒙運動期における文明観の相克」, 『史潮』 新25号, 1989.

91) 趙景達, 「朝鮮近代のナショナリズムと文明」, 『思想』 808号, 1991.

92) 趙景達, 「金玉均から申采浩へ—朝鮮における国家主義の形成と転回」, 『講座世界史』 第7巻, 東京大学出版会, 1996.

93) 松浦玲, 『明治の海舟とアジア』, 岩波書店, 1987.

94) 毛利豊, 「幕末期(大島·勝·山田ら)合作'征韓論'の形成」, 『駒沢史学』 27号, 1980.

95) 瀧川修吾, 「征韓論と勝海舟」, 日本大学, 『法学研究年報』 33号, 2004.

게 얽혀져 교착하는 바쿠후 말기의 정세 속에서 '정한'파와 교류하고 있던 가쓰 가이슈의 정치적 의도를 분석하고 있습니다.

사이고 다카모리(西郷隆盛)의 '정한론' 문제에 관해서는 모리 도시히코가 『메이지 6년 정변 연구』,[96] 『메이지 6년 정변』[97]에서 사이고 다카모리는 '정한론자'가 아니었음을 주장해 파문을 불러일으켰습니다. 요시노 마코토의 『메이지유신과 정한론―요시다 쇼인에서 사이고 다카모리까지』[98]는 바쿠후 말기 유신 시기에 다양한 논자들에 의해 형성된 '정한론'의 계보를 더듬으며, 그 귀결로서 사이고 다카모리를 자리매김하고 있습니다.

갑신정변을 주도한 급진 개화파 김옥균에 대해서는 기본자료를 포함한 전기로서, 고균기념회에서 편찬한 『김옥균전』 상권,[99] 금병동의 『김옥균과 일본―도일의 발자취』(증보신판)[100]가 있습니다. 조선민주주의인민공화국 사회과학원 역사연구소 편찬의 『김옥균 연구』[101]에서는 김옥균을 내발적 개화사상의 일단계로서 높이 평가하고 있습니다. 이는 갑신정변을 외부 세력과 연결된 지배층 내부의 정권 쟁탈전에 지나지 않은 것으로 간주하며, 조선 사회의 내발적 요인을 경시하는 야마베 겐타로의 「조선 개혁 운동과 김옥균―갑신정변과 관련하여」[102] 등의 경향을 비판한 것입니다.

---

96) 毛利敏彦, 『明治六年政変の研究』, 有斐閣, 1978.
97) 毛利敏彦, 『明治六年政変』, 中公新書, 1979.
98) 吉野誠, 『明治維新と征韓論―吉田松陰から西郷隆盛へ』, 明石書店, 2002.
99) 古筠記念会 編, 『金玉均伝』 上卷(1944), 龍溪書舍, 1986.
100) 琴秉洞, 『金玉均と日本―その滞日の軌跡』(増補新版), 緑蔭書房, 2001.
101) 朝鮮民主主義人民共和國 社會科學院 歷史研究所 編, 『金玉均の研究』, 日本朝鮮研究所, 1968.
102) 山辺健太郎, 「朝鮮改革運動と金玉均―甲申事変に関連して」, 『歷史学研究』 247号, 1960.

자유당·오사카 사건에 대한 기본 자료로는 『자유당사』 전3권,[103] 마쓰오 쇼이치·마쓰오 데이코의 『오사카 사건 관계사료집』 전2권[104] 등이 있으며, 가장 잘 정리된 논문집으로는 오사카사건연구회 편저, 『오사카 사건 연구』[105]가 있습니다. 오사카 사건을 일관되게 아시아 연대론으로 평가해 온 논자로는 히라노 요시타로가 있는데, 이 논의는 중일전쟁기의 '동아혁신'론과도 맞닿아 있습니다. 그가 중일전쟁기에 간행한 『바조 오이 겐타로전』,[106] 전후에 출판한 『오이 겐타로』[107]가 있습니다. 오사카 사건에서 드러나는 아시아를 향한 침략적 계기를 비판한 것으로는, 나카쓰카 아키라의 「오이 겐타로의 역사적 평가—아시아 연대의 측면에 대한 히라노 요시타로 씨의 견해를 비판한다」[108] 등이 있습니다.

후쿠자와 유키치의 아시아론·조선론에 대해서는, 야스카와 주노스케의 『후쿠자와 유키치의 아시아 인식—일본 근대사의 상(像)을 재조명한다』[109]가 아시아를 경시하고 침략해 간 사상가로서 혹독한 비판을 가하고 있습니다. 한편 기네부치 노부오의 『후쿠자와 유키치와 조선—『시사신보』 사설을 중심으로』[110]는 균형잡힌 국권 민권의 리버럴리즘이 그 근본 기조를 이루고, 조선의 독립과 개혁의 지원을 꾀한 사상가로 해석하고

---

103) 『自由党史』 全3卷, 岩波文庫, 1957~1958.

104) 松尾章一·松尾貞子, 『大阪事件関係史料集』 全2卷, 日本経済評論社, 1985.

105) 大阪事件研究会 編著, 『大阪事件の研究』, 柏書房, 1982.

106) 平野義太郎, 『馬城大井憲太郎伝』(1938), 風媒社, 1968.

107) 平野義太郎, 『大井憲太郎』, 吉川弘分館, 1965.

108) 中塚明, 「大井憲太郎の歴史的評価—とくにアジア連帯の側面について平野義太郎氏の見解を批判する」, 『歴史評論』 188, 1966.

109) 安川寿之輔, 『福沢諭吉のアジア認識—日本近代史像をとらえ返す』, 高文研, 2000.

110) 杵淵信雄, 『福沢諭吉と朝鮮—『時事新報』社説を中心に』, 彩流社, 1997.

있습니다. 또한 반노 준지의『메이지 사상의 실상』,[111]「'동양맹주론'과 '탈아입구론'—메이지 중기 아시아 진출론의 두 형태」[112]는 갑신정변의 좌절로 인해 후쿠자와의 논의가 '동양맹주론'에서 '탈아론'으로 전환된 점을 정치외교사의 시좌에서 검증하고 있습니다. 이것은 '조선개조론'의 좌절·패배의 선언으로 '탈아론'을 해석한 선구적인 문제 제기였습니다. 이 글에서는 '탈아론' 이후보다 오히려 갑신정변 이전의 '조선개조론'을 주창했던 시기가 훨씬 더 침략적이었다고 지적합니다.

오타 조후(太田朝敷)의 문명화론에 대해서는, 히야네 데루오의『근대 오키나와의 정신사』,[113] 이시다 마사하루의『오키나와의 언론인 오타 조후—애향주의와 내셔널리즘』[114] 등이 있습니다.

'독립협회' 운동과 애국계몽운동에 있어서의 삼국제휴론·'동양평화론'에 대해서는 유영열의「대한제국 말기 애국계몽 언론의 일본 인식」,[115] 정문상의「근대 한국인의 동아시아 인식—19세기 말~20세기 초의 삼국제휴론을 중심으로」,[116] 쓰키아시 다쓰히코의「『독립신문』에서의 '자주독립'과 '동양'—근대 조선의 아시아와 탈아」[117] 등이 있습니다.

안중근의 '동양평화'론에 대해서는 기본자료를 포함하여 이치카와

111) 坂野潤治,『明治·思想の実像』, 創文社, 1977.
112) 坂野潤治,「'東洋盟主論'と'脱亜入欧論'―明治中期アジア進出論の二類型」, 佐藤誠三郎 外編,『近代日本の対外態度』, 東京大学出版会, 1974.
113) 比屋根照夫,『近代沖縄の精神史』, 社会評論社, 1996.
114) 石田正治,『沖縄の言論人 大田朝敷―その愛郷主義とナショナリズム』, 彩流社, 2001.
115) 柳永烈,「大韓帝国末期愛国啓蒙言論の日本認識」, 宮嶋博史·金容德 編,『近代交流史と相互認識 I』, 慶應義塾大学出版会, 2001; 김용덕·미야지마 히로시,『근대교류사와 상호인식 I』, 아연출판부, 2001.
116) 鄭文祥,「近代韓国人の東アジア認識―19世紀末~20世紀初の三国提携論を中心として」, 横山宏章·久保亨·川島真編,『周辺から見た20世紀中国―日·韓·台·港·中の対話』, 中国書店, 2002.

마사아키의 『안중근과 일한관계사』,[118] 『안중근과 조선 독립운동의 원류』[119]가 있습니다.

다음으로는 이 책 제2부 1장에서 언급한 전간기(戰間期)의 제국개조론에 대한 문헌을 들고자 합니다.

요시노 사쿠조에 대해서는, 한편에서는 제국주의를 비판하고 식민지의 자립 해방을 지향한 논의로 보는 견해로서 마쓰오 다카요시의 『민본주의와 제국주의』,[120] 미타니 다이치로의 『다이쇼 데모크라시론―요시노 사쿠조의 시대』(신판)[121] 등이 있습니다. 다른 한편에서는 제국주의의 극복이 철저하지 못했으며 기본적으로는 제국주의의 틀 속에 머물렀다고 파악하는, 나카즈카 아키라의 「조선의 민족해방운동과 다이쇼 데모크라시」,[122] 미야모토 마타히사의 「제국주의로서의 민본주의―요시노 사쿠조의 대중국정책」[123] 등이 있습니다. 이러한 대립구조에 관해 히라노 유키카즈는 「제국개조의 정치사상―세계전쟁기의 요시노 사쿠조」,[124] 「요시노 사쿠조의 아시아―제1차 세계전쟁에서 국민혁명의 종결까지」[125]에

117) 月脚達彦, 「『独立新聞』における'自主独立'と'東洋'―近代朝鮮におけるアジアと脱亜」, 渡辺治·朴忠錫 編, 『韓国·日本·'西洋'―その交錯と思想変容』, 慶應義塾大学出版会, 2005; 박충석·와타나베 오사무, 『한국·일본·'서양'―그 교착과 사상 변용』, 아연출판사, 2008.

118) 市川正明, 『安重根と日韓関係史』, 原書房, 1979.

119) 市川正明, 『安重根と朝鮮独立運動の源流』, 原書房, 2005.

120) 松尾尊兌, 『民本主義と帝国主義』, みすず書房, 1998.

121) 三谷太一郎, 『大正デモクラシー論―吉野作造の時代』(新版), 東京大学出版会, 1995.

122) 中塚明, 「朝鮮の民族解放運動と大正デモクラシー」, 『歴史学研究』335号, 1969.

123) 宮本又久, 「帝国主義としての民本主義―吉野作造の対中国政策」, 『日本史研究』91号, 1967.

124) 平野敬和, 「帝国改造の政治思想―世界戦争期の吉野作造」, 大阪大学, 『待兼山論叢』34. 日本学篇, 2000.

서 '민본주의' 운동과 '민족자결' 요구를 관련시켜 제국 질서의 개조를 시도한 사상으로써 해석의 지평을 열고 있습니다.

또한 야나이하라 다다오(矢內原忠雄)에 대해서도, 한편에서는 제국주의 비판과 '민족자결' 승인에 중점을 두어 해석하는 우부카타 나오키치의 「야나이하라 다다오와 조선」[126] 등이 있고, 또 다른 한편에서는 제국주의의 틀 속에 머물렀다고 보는 아사다 교지의 『일본 식민지 연구사론』,[127] 「전전 일본의 식민정책 연구의 2대 조류에 대해—야나이하라 다다오와 호소카와 가로쿠」[128]가 있습니다. 강상중의 「일본의 식민정책과 오리엔탈리즘」[129]은 야나이하라 다다오의 논의에 내포된 오리엔탈리즘을 비판하고 있습니다.

이 책에서 다룬 식민지/제국의 '문화'와 '사회' 문제에 대해서는, 졸고 「야나이하라 다다오의 '식민·사회정책'론—식민지 제국 일본의 '사회' 통치 문제」,[130] 「전간기 지식인의 제국개조론」[131]이 있습니다.

1920년대에서 30년대에 걸쳐 '소일본주의'를 주창했던 이시바시 단잔(石橋湛山)과 노동농민당·일본공산당 등의 사회주의자들에 의해 급진

125) 平野敬和, 「吉野作造のアジア—第一次世界戦争から国民革命の終結まで」, 『吉野作造記念館研究紀要』 1号, 2004.

126) 幼方直吉, 「矢内原忠雄と朝鮮」, 『思想』 495号, 1965.

127) 浅田喬二, 『日本植民地研究史論』, 未来社, 1990.

128) 浅田喬二, 「戦前日本における植民政策研究の二大潮流について—矢内原忠雄と細川嘉六」, 『歴史評論』 513号, 1993.

129) 姜尚中, 「日本の植民政策とオリエンタリズム」, 『オリエンタリズムの彼方へ—近代文化批判』, 岩波現代文庫, 2004; 이경덕·임성모 옮김, 『오리엔탈리즘을 넘어서』, 이산, 1997.

130) 米谷匡史, 「矢内原忠雄の'植民·社会政策'論—植民地帝国日本における'社会'統治の問題」, 『思想』 945号, 2003.

131) 米谷匡史, 「戦間期知識人の帝国改造論」, 『日本史講座』 第9巻, 東京大学出版会, 2005.

적인 식민지 해방론이 제시되었습니다. 「대일본주의의 환상」[132] 등 이시바시 단잔의 대표적인 논설은 마스다 히로시가 펴낸 『소일본주의: 이시바시 단잔 외교논집』[133]에 정리되어 있습니다. 다케우치 요시미는 이시바시 단잔에 대해 '자유주의자이자 아시아주의자'로서, 형식을 깨뜨린 존재로 평가하고 있습니다. 사회주의자의 식민지해방론에 대해서는 『일본 반제 동맹 자료』,[134] 코민테른 「27년 테제」, 「32년 테제」 등이 있습니다.

다만 제국주의를 비판하고 식민지 해방을 주창했던 일본의 사회주의자들의 시좌에서도 조선·타이완 등 아시아를 향한 지도자 의식·'제국의식'이 그 밑바탕에 깔려 있었으며, 이러한 식민지/제국의 사회주의자들의 연대의 양상이 문제시되었습니다. 이 문제에 대해서는, 이시자카 고이치의 『근대 일본의 사회주의와 조선』,[135] 이와무라 도시오의 『재일조선인과 일본 노동자계급』,[136] 정승운의 『나카노 시게하루와 조선』[137] 등이 있습니다. 1920년대의 아시아 연대의 난항에 대해서는 미즈노 나오키의 「1920년대 일본·조선·중국의 아시아 인식의 한 단면—아시아 민족회의를 둘러싼 삼국의 논조」,[138] 그리고 조경희의 「식민지 조선에서의 아시아 연대론의 행방—1920년대를 중심으로」[139] 등이 있습니다. 이 문제는 1930년

---

132) 石橋湛山, 「大日本主義の幻想」, 1921.

133) 増田弘 編, 『小日本主義 石橋湛山外交論集』, 草思社, 1984.

134) 『日本反帝同盟資料』(司法省刑事局思想部, 1934), 東洋文化社, 1980.

135) 石坂浩一, 『近代日本の社会主義と朝鮮』, 社会評論社, 1993.

136) 岩村登志夫, 『在日朝鮮人と日本労働者階級』, 校倉書房, 1972.

137) 鄭勝云, 『中野重治と朝鮮』, 新幹社, 2002; 『나카노 시게하루의 비 내리는 시나가와역』, 제이엔씨, 2006.

138) 水野直樹, 「1920年代日本·朝鮮·中国におけるアジア認識の一断面—アジア民族会議をめぐる三国の論調」, 古屋哲夫 編, 『近代日本のアジア認識』(新版), 緑蔭書房, 1996.

대의 전시광역권론, '동아협동체'론의 전제를 생각함에 있어서도 중요합니다.

다음으로는 제2부 2장에서 논한 전시광역권론, 그 중 특히 중일전쟁기의 '동아협동체'론을 둘러싼 문헌을 들고자 합니다.

전시기의 '흥아외교'·'지역주의'를 정치외교사의 시좌에서 검토한 것으로는, 오카 요시타케의 『국민적 독립과 국가 이성』,[140] 미타니 다이치로의 「국제 환경의 변동과 일본의 지식인」[141] 등이 있습니다. 사카이 데쓰야의 「일본 외교사의 '옛 것'과 '새 것'—오카 요시타케의 「국민적 독립과 국가 이성」을 다시 묻는다」,[142] 「국제관계론과 '망각된 사회주의'—다이쇼기 일본의 사회 개념 석출 상황과 그 유산」[143]은 전간기·전시기의 제국 질서 속에서 '사회' 영역에 주목하고 '지역주의'를 재검토하고 있습니다.

이 책에서는 피터 두스(Peter Duus)의 「식민지 없는 제국주의—'대동아공영권'의 구상」[144]이라는 논의에 주목했습니다. 또한 이 문제는 사회 경제사상사의 시좌에서 다시 검토해 볼 필요가 있습니다. 모리타 료지

139) 趙慶喜, 「植民地朝鮮におけるアジア連帯論の行方―1920年代を中心に」, 孫歌·白永瑞·陳光興, 『ポスト'東アジア'』, 作品社, 2006.

140) 岡義武, 『国民的独立と国家理性』(近代日本思想史講座, 第8巻), 筑摩書房, 1961.

141) 三谷太一郎, 「国際環境の変動と日本の知識人」, 『大正デモクラシー論―吉野作造の時代とその後』, 中央公論社, 1974.

142) 酒井哲哉, 「日本外交史の'古さ'と'新しさ'―岡義武『国民的独立と国家理性』再訪」, 東京大学 『国際関係論研究』13号, 1999.

143) 酒井哲哉, 「国際関係論と'忘れられた社会主義'―大正期日本における社会概念の析出状況とその遺産」, 『思想』945号, 2003.

144) ピーター ドウス, 藤原帰一 訳, 「植民地なき帝国主義―'大東亜共栄圏'の構想」, 『思想』814号, 1992.

의 「도하타 세이치의 '식민지정책'의 전개」,[145] 「전시기 '식민지 사회과학'의 난관—히라노 요시타로를 중심으로」[146]는 '대동아공영권'의 개발·발전을 논하는 도하타 세이치와 히라노 요시타로의 아시아 사회론을 '식민지 사회과학'으로 파악하고 있습니다. 또한 가라시마 마사토의 『전시기 일본의 동남아시아 연구—해군성 조사과와 육군 군정하의 남방 조사를 중심으로』,[147] 「총력전하의 식민정책학」[148]은 전시하 '동아'의 개발·발전을 논하고 점령하의 동남아시아의 사회 조사에도 관여한 경제학자(도하타 세이치東畑精一, 이타가키 요이치板垣与一, 야마모토 노보루山本登, 가와노 시게토川野重任 등)에 주목하여 전시/전후의 지(知)의 계보를 그려 내고 있습니다.

전시 변혁의 담론을 재검토함에 있어서는 야마노우치 야스시(山之內靖)·나카노 도시오(中野敏男) 등에 의해 제기된 '총력전' 연구가 큰 시사를 주었습니다. 야마노우치 야스시, 빅터 코슈만, 나리타 류이치가 편찬한 『총력전과 현대화』,[149] 야마노우치 야스시의 『시스템 사회의 현대적 위상』,[150] 나카노 도시오의 『오쓰카 히사오와 마루야마 마사오』[151] 등

145) 盛田良治, 「東畑精一における'植民地政策'の展開」, 大阪大学, 『日本学報』17号, 1998.

146) 盛田良治, 「戰時期'植民地社会科学'の隘路—平野義太郎を中心に」, 『ライブラリ相関社会科学』第7号, 新世社, 2001.

147) 辛島理人, 『戰時期日本の東南アジア研究—海軍省調査課と陸軍軍政下の南方調査を中心として』, 一橋大学大学院経済学研究科 修士論文, 2000.

148) 辛島理人, 「総力戦下の植民政策学」, 科研費報告書, 『グローバルプロジェクトの比較研究』, 一橋大学, 2003.

149) 山之內靖·ヴィクター コシュマン·成田龍一 編, 『総力戦と現代化』, 柏書房, 1995.

150) 山之內靖, 『システム社会の現代的位相』, 岩波書店, 1996.

151) 中野敏男, 『大塚久雄と丸山眞男—動員, 主体, 戦争責任』, 青土社, 2001; 서민교·정애영, 『오쓰카 히사오와 마루야마 마사오—일본의 총력전 체제와 전후 민주주의 사상』, 삼인, 2005.

이 있습니다. 특히 '만주'를 둘러싼 제국의 전시 동원에 대해서는 루이스 영(Louise Young)의 『총동원 제국―만주와 전시 제국주의의 문화』[152)가 있으며, 경제사상사 방면에는 고바야시 히데오의 『제국 일본과 총력전 체제―전전·전후의 연속과 아시아』[153)가 있습니다.

식민지 조선, 식민지 타이완의 '총력전'에 대해서는, 마쓰모토 다케노리의 『식민지 권력과 조선 농민』,[154) 『조선 농촌의 '식민지 근대' 경험』,[155) 곤도 마사미의 『총력전과 타이완』[156) 등이 있습니다.

만주사변과 '오족협화'론, 중일전쟁기의 '동아협동체'론, 아시아·태평양전쟁기의 '대동아공영권'론에 관한 참고문헌으로서는, 야마무로 신이치의 『키메라―만주국의 초상』(증보판),[157) 쓰카세 스스무의 『만주국―'민족협화'의 실상』,[158) 하시카와 분조의 「동아신질서의 신화」,[159) 요시미 요시아키의 『풀뿌리 파시즘―일본 민중의 전쟁 체험』,[160) 에이자와 고지의 『'대동아공영권'의 사상』,[161) 하타노 스미오의 『태평양전쟁과 아시아 외교』[162) 등이 있습니다.

---

152) Louise Young, *Japan's Total Empire : Manchuria and the Culture of Wartime Imperialism*, University of California Press, 1998; ルイーズ ヤング, 『総動員帝国―満洲と戦時帝国主義の文化』, 加藤陽子 外訳, 岩波書店, 2001.

153) 小林英夫, 『帝国日本と総力戦体制―戦前·戦後の連続とアジア』, 有志舎, 2004.

154) 松本武祝, 『植民地権力と朝鮮農民』, 社会評論社, 1998.

155) 松本武祝, 『朝鮮農村の'植民地近代'経験』, 社会評論社, 2005.

156) 近藤正己, 『総力戦と台湾』, 刀水書房, 1996.

157) 山室信一, 『キメラ―満洲国の肖像』(増補版), 中公新書, 2004.

158) 塚瀬進, 『満洲国―'民族協和'の実像』, 吉川弘文館, 1998.

159) 橋川文三, 「東亜新秩序の神話」, 橋川 外編, 『近代日本政治思想史 II』, 有斐閣, 1970.

160) 吉見義明, 『草の根のファシズム―日本民衆の戦争体験』, 東京大学出版会, 1987.

161) 栄沢幸二, 『'大東亜共栄圏'の思想』, 講談社現代新書, 1995.

162) 波多野澄雄, 『太平洋戦争とアジア外交』, 東京大学出版会, 1996.

중일전쟁기 중국에서의 '동아연맹'운동에 대해서는, 야마키 요시코의 「중국에서의 동아연맹운동」,[163] 시바타 데쓰오의 「왕징웨이 난징 정부하의 동아연맹운동과 신국민운동」[164] 등이 있습니다. 강영석·조녕주·김용제 등 '동아연맹'론에 관여한 조선인의 사상과 행동에 관해서는, 마쓰다 도시히코의 「동아연맹론에 있어서 조선 문제 인식」과 「조녕주와 교토에서의 동아연맹운동」,[165] 「식민지 말기 조선에서의 어느 전향자의 운동―강영석과 일본 국체학·동아연맹운동」,[166] 오무라 마스오의 『사랑하는 대륙아―시인 김용제 연구』[167] 등이 있습니다.

이하의 일련의 졸고에서는 저항하는 중국과 마주하는 관계 속에서 '동아협동체' 담론을 재검토하였습니다. 「전시기 일본의 사회 사상―현대화와 전시 변혁」,[168] 「미키 기요시의 '세계사의 철학'―일중전쟁과 '세계'」,[169] 「맑스주의의 세계성과 콜로니얼리즘」,[170] 「일중전쟁기의 천황제―'동아신질서'론·신체제운동과 천황제」[171] 등.

오자키 호쓰미(尾崎秀実)의 전시하 주요 평론은, 졸편 『오자키 호쓰미

163) 八巻佳子, 「中国における東亜連盟運動」, 『伝統と現代』, 1975. 3.
164) 柴田哲雄, 「汪精衛南京政府下の東亜連盟運動と新国民運動」, 『政治経済史学』 371~372号, 1997.
165) 松田利彦, 「東亜連盟論における朝鮮問題認識」, 『世界人権問題研究センター研究紀要』 1号, 1996. 「曺寧柱と京都における東亜連盟運動」, 『世界人権問題研究センター研究紀要』 3号, 1998.
166) 松田利彦, 「植民地末期朝鮮におけるある転向者の運動―姜永錫と日本国体学・東亜連盟運動」, 京都大学, 『人文学報』 79号, 1997.
167) 大村益夫, 『愛する大陸よ―詩人金龍済研究』, 大和書房, 1992.
168) 米谷匡史, 「戦時期日本の社会思想―現代化と戦時変革」, 『思想』 882号, 1997.
169) 米谷匡史, 「三木清の'世界史の哲学'―日中戦争と'世界'」, 『批評空間』 II期 19号, 1998.
170) 米谷匡史, 「マルクス主義の世界性とコロニアリズム」, 『情況』, 2000년 3월호.
171) 米谷匡史, 「日中戦争期の天皇制―'東亜新秩序'論・新体制運動と天皇制」, 『岩波講座: 近代日本の文化史』 第7巻, 2002.

시평집—일중전쟁기의 동아시아』[172]에서 볼 수 있습니다. 로야마 마사미치(蠟山政道), 신메이 마사미치(新明正道), 후나야마 신이치(船山信一) 등의 '동아협동체'론에 대해서는, 사카이 데쓰야의 「'동아협동체론'에서 '근대화'론으로—로야마 마사미치의 지역·개발·내셔널리즘론의 위상」,[173] 미치바 지카노부의 「근대 사회의 위기와 재인식—신메이 마사미치의 '동아협동체'론」,[174] 오사와 사토시의 「'동아협동체'론을 둘러싼 사상 연관—미키 기요시와 후나야마 신이치의 "전이하는 '희망'"」[175] 등이 있습니다.

조선에서의 '동아협동체'론과 관련한 주요 텍스트에 관해서는, '식민지/근대의 초극'연구회가 토의를 통해 해독을 진행시켰으며 자료소개를 해왔습니다. '식민지/근대의 초극'연구회에서 펴낸 「일중전쟁기: 조선지식인의 동아협동체론」,[176] 「일중전쟁기: 조선 지식인의 내선일체론」[177]이 있습니다.

앞에서 제시한 텍스트의 비판적 독해로는, 홍종욱의 「중일전쟁기 조선 사회주의자의 전향과 그 논리」,[178] 「1930년대의 식민지 조선 지식인

---

172) 米谷匡史 編, 『尾崎秀実時評集—日中戦争期の東アジア』, 平凡社·東洋文庫, 2004.

173) 酒井哲哉, 「'東亜協同体論'から'近代化論'へ—蠟山政道における地域·開発·ナショナリズム論の位相」, 日本政治学会 編, 『年報政治学 日本外交におけるアジア主義』, 岩波書店, 1999.

174) 道場親信, 「近代社会の危機と再認識—新明正道の'東亜協同体'論」, 早稲田大学, 『社会学年誌』 45号, 2004.

175) 大澤聡, 「'東亜協同体'論をめぐる思想連関—三木清と船山信一の"転移する'希望'"」, 『情況』 2005. 8·9.

176) '植民地/近代の超克'研究会 編, 「日中戦争期·朝鮮知識人の東亜協同体論」, 戸邉秀明 解題, 崔真碩 訳, 東京外国語大学·海外事情研究所, 『Quadrante』 6号, 2004.

177) '植民地/近代の超克'研究会 編, 「日中戦争期·朝鮮知識人の内鮮一体論」, 崔真碩 解題, 趙慶喜 訳, 東京外国語大学·海外事情研究所, 『Quadrante』 7号, 2005.

의 사상적 모색―김명식의 현실인식과 '전향'을 중심으로」,[179)] 최진석의 「박치우에게 있어서 폭력의 예감―'동아협동체론의 일 성찰'을 중심으로」,[180)] 「동아협동체로부터 조선인민공화국으로―박치우의 사상」,[181)] 조관자의 「식민지 제국 일본과 '동아협동체'―자기방위적인 사상 연쇄 속에서 '세계사'를 묻는다」,[182)] 「서인식의 역사철학―세계사의 불가능성과 '나의 운명'」,[183)] 도베 히데아키의 「전향론의 전시와 전후」,[184)] 졸고 「식민지/제국의 '세계사의 철학'」[185)] 등이 있습니다.

세계전쟁 이후의 동아시아 냉전과 사상 문화 정황에 대해서는 『이와나미 강좌: 근대 일본과 식민지』(전8권),[186)] 『전후 일본·점령과 전후 개혁』(전5권),[187)] 서승 엮음, 『동아시아의 냉전과 국가테러리즘―미일 중심의 지역 질서의 폐절을 향하여』,[188)] 이와사키 미노루·오카와 마사히코·이효덕·나카노 도시오가 펴낸 『계속되는 식민지주의―젠더/민족/인종/

178) 홍종욱, 「중일전쟁기(1937~1941) 조선 사회주의자의 전향과 그 논리」, 『韓國史論』 44집, 서울대학교, 2000.

179) 洪宗郁, 「1930年代における植民地朝鮮知識人の思想的模索―金明植の現実認識と'転向'を中心に」, 『朝鮮史研究会論文集』 42集, 2004.

180) 崔眞碩, 「朴致祐における暴力の予感―'東亜協同体論の一省察'を中心に」, 『現代思想』, 2003. 3.

181) 崔眞碩, 「東亜協同体から朝鮮人民共和国へ―朴致祐の思想」, 孫歌·白永瑞·陳光興, 『ポスト'東アジア'』, 作品社, 2006.

182) 趙寛子, 「植民地帝国日本と'東亜協同体'―自己防衛的な思想連鎖の中で'世界史'を問う」, 『朝鮮史研究会論文集』 41集, 2003.

183) 趙寛子, 「徐寅植の歴史哲学―世界史の不可能性と'私の運命'」, 『思想』 957号, 2004.

184) 戸邊秀明, 「転向論の戦時と戦後」, 『岩波講座: アジア·太平洋戦争』 第3巻, 岩波書店, 2006.

185) 米谷匡史, 「植民地/帝国の'世界史の哲学'」, 『日本思想史学』 37号, 2005.

186) 『岩波講座: 近代日本と植民地』, 岩波書店, 1993.

187) 『戦後日本·占領と戦時改革』, 岩波書店, 1995.

188) 徐勝 編, 『東アジアの冷戦と国家テロリズム―米日中心の地域秩序の廃絶をめざして』, 御茶ノ水書房, 2004.

계급』,[189] 마루카와 데쓰시의 『타이완 포스트콜로니얼의 신체』,[190] 『냉전
문화론—망각된 모호한 전쟁의 현재성』,[191] 『제국의 망령—일본문학의
정신지도』,[192] 미치바 지카노부의 『점령과 평화—'전후'라는 경험』,[193] 브
루스 커밍스의 『한국전쟁의 기원』(전2권),[194] 오누마 히사오의 『조선 분
단의 역사 1945~1950년』,[195] 리경민의 『조선 현대사의 기로—왜 조선
반도는 분단되었을까』(증보판),[196] 존 다우어의 『패배를 껴안고』,[197] 시
모토마이 노부오의 『아시아냉전사』,[198] 이종원의 『동아시아 냉전과 한
미일 관계』,[199] 야마사키 시즈오의 『사실로 밝히는 조선전쟁 협력의 전
모』,[200] 니시무라 히데키의 『오사카에서 투쟁한 조선전쟁—스이타·히라
카타 사건의 청춘 군상』,[201] 와키타 겐이치의 『조선전쟁과 스이타·히라

189) 岩崎稔·大川正彦·李孝徳·中野敏男 編, 『継続する植民地主義—ジェンダー/民族/人種/階級』, 青弓社, 2005.

190) 丸川哲史, 『台湾ポストコロニアルの身体』, 青土社, 2000.

191) 丸川哲史, 『冷戦文化論—忘れられた曖昧な戦争の現在性』, 双風舎, 2005.

192) 丸川哲史, 『帝国の亡霊—日本文学の精神地図』, 青土社, 2004.

193) 道場親信, 『占領と平和—'戦後'という経験』, 青土社, 2005.

194) Bruce Cumings, *The Origins of the Korean War*, 2 vols., Princeton University Press, 1981/1990; ブルース カミングス, 鄭敬謨·林哲·加地永都子 訳 『朝鮮戦争の起源』(全2卷), シアレヒム社, 1989/1991; Bruce Cumings, *The Origins of the Korean War*, 2 vols., 역사비평사, 2003; 김자동 옮김, 『한국전쟁의 기원』, 일월서각, 1986.

195) 大沼久夫, 『朝鮮分断の歴史 1945~1950年』, 新幹社, 1993.

196) 李景珉, 『朝鮮現代史の岐路—なぜ朝鮮半島は分断されたのか』(増補版), 平凡社, 2003.

197) John Dower, *Embracing Defeat: Japan in the Wake of World War II*, W. W. Norton & Company, 1999; ジョン ダワー, 『敗北を抱きしめて』(上·下, 増補版), 三浦陽一·高杉忠明·田代泰子 訳, 岩波書店, 2004; 최은석 옮김, 『패배를 껴안고—제2차 세계대전 후의 일본과 일본인』, 민음사, 2009.

198) 下斗米伸夫, 『アジア冷戦史』, 中公新書, 2004.

199) 李鐘元, 『東アジア冷戦と韓米日関係』, 東京大学出版会, 1996.

200) 山崎静雄, 『史実で語る朝鮮戦争協力の全容』, 本の泉社, 1998.

201) 西村秀樹, 『大阪で闘った朝鮮戦争—吹田·枚方事件の青春群像』, 岩波書店, 2004.

카타 사건—전후사의 공백을 메우다』,[202] 다카사키 소지의『검증 한일회담』,[203]『검증 일한교섭』,[204] 스기하라 도오루의『중국인 강제 연행』,[205] 일본 전쟁책임 자료센터에서 편찬한『내셔널리즘과 '위안부' 문제』,[206] 서경식의『반난민의 위치로부터—전쟁책임 논쟁과 재일조선인』,[207] 다카하시 데쓰야의『일본의 전후책임을 묻는다』,[208] 모리 요시오의『타이완/일본—연쇄하는 콜로니얼리즘』[209] 등이 있습니다.

'전후' 시기 동아시아·동남아시아에서의 '식민지적 개발'의 재생에 대해서는 고바야시 히데오의『전후 일본 자본주의와 '동아시아 경제권'』,[210]『전후 아시아와 일본 기업』,[211]『만주와 자민당』,[212] 스미 가즈오의『ODA—원조의 현실』,[213]『주민 울리는 '원조'—고토 판장(Koto Panjang) 댐에 의한 인권 침해와 환경 파괴』[214] 등이 있습니다.

'식민지적 개발'이 낳은 미나마타병과 성실히 대면했던 작업으로는, 후나바시 요이치의「미나마타병 사건과 식민지 지배」,[215] 이시무레 미치

202) 脇田憲一,『朝鮮戦争と吹田·枚方事件—戦後史の空白を埋める』, 明石書店, 2004.

203) 高崎宗司,『検証 日韓会談』, 岩波新書, 1996; 김영진 옮김,『검증 한일회담』, 청수서원, 1998.

204) 高崎宗司,『検証 日韓交渉』, 平凡社新書, 2004.

205) 杉原達,『中国人強制連行』, 岩波新書, 2002.

206) 日本の戦争責任資料センター 編,『ナショナリズムと'慰安婦'問題』, 青木書店, 1998.

207) 徐京植,『半難民の位置から—戦争責任論争と在日朝鮮人』, 影書房, 2002.

208) 高橋哲哉,『戦後責任論』, 講談社学術文庫, 2005; 이규수 옮김,『일본의 전후책임을 묻는다』, 역사비평사, 2000.

209) 森宣雄,『台湾/日本—連鎖するコロニアリズム』, インパクト出版会, 2001.

210) 小林英夫,『戦後日本資本主義と'東アジア経済圏'』, 御茶ノ水書房, 1983.

211) 小林英夫,『戦後アジアと日本企業』, 岩波新書, 2001.

212) 小林英夫,『満州と自民党』, 新潮新書, 2005.

213) 鷲見一夫,『ODA—援助の現実』, 岩波新書, 1989.

214) 鷲見一夫,『住民泣かせの'援助'—コトパンジャン·ダムによる人権侵害と環境破壊』, 明窓出版, 2004.

코의『유민의 마을』,[216) 오카모토 다쓰아키·마쓰자키 쓰기오가 엮은『식민지는 천국이었다』(『청취록 미나마타 민중사』의 제5권),[217) 구리하라 아키라의『'존재의 출현'의 정치─미나마타병이라는 사상』[218) 등이 있습니다.

또한 '전후' 동아시아에서 재생이 계속되고 있는 식민지주의에 대한 저항사상으로서 '재일자립론', '반복귀론'(反復歸論)이 재해석되고 있습니다. 여기에는 김시종의『'재일'이라는 틈새에서』,[219) 김석범·김시종의『왜 계속 써 왔는가 왜 침묵해 왔는가─제주 4·3사건의 기억과 문학』,[220) 아라카와 아키라의『반국가의 흉구─오키나와·자립에의 시점』,[221)『오키나와·통합과 반역』,[222)「반복귀론과 동화 비판─식민지하의 정신혁명으로서」[223)를 들 수 있습니다.

'탈냉전'기의 주일미군 재편 '합의'에 저항하면서 아라카와 아키라·가와미쓰 신이치(川滿信一)·오카모토 게이토쿠(岡本惠德), 그리고 오키나와 청년동맹의 '반복귀론'과, 오키나와 자립론을 갱신·지속해 나간 연구로서는, 나카자토 이사오의『오키나와, 이미지의 가장자리』,[224) 야카비 오

215) 船橋洋一,「水俣病事件と植民地支配」,『潮』1971년 9월호.

216) 石牟礼道子,『流民の都』, 大和書房, 1973.

217) 岡本達朗·松崎次夫 編,『植民地は天国だった』(聞書 水俣民衆史, 第5卷), 草風館, 1990.

218) 栗原彬,『'存在の現れ'の政治─水俣病という思想』, 以文社, 2005.

219) 金時種,『'在日'のはざまで』, 平凡社ライブラリー, 2001.

220) 金石範·金時種,『なぜ書きつづけてきたか なぜ沈黙してきたか─済州島4·3事件の記憶と文学』, 平凡社, 2001; 문경수 엮음, 이경원·오정원 옮김,『왜 계속 써 왔는가 왜 침묵해 왔는가』, 제주대학교출판부, 2007.

221) 新川明,『反国家の兇区─沖縄·自立への視点』(新版), 社会評論社, 1996.

222) 新川明,『沖縄·統合と反逆』, 筑摩書房, 2000.

223) 新川明,「反復帰論と同化批判─植民地下の精神革命として」,『季刊 前夜』9号, 2006.

224) 仲里効,『オキナワ, イメージの縁』, 未来社, 2007.

사무의 「'류큐민족'을 향한 시점—이하 후유와 시마부쿠로 젠바쓰의 차이」,[225) 신조 이쿠오의 『오키나와 문학이라는 시도』,[226) 가베 사토시의 「타자와의 관계를 새로 짜기 위한 언어—아라카와 아키라와 김시종을 둘러싸고」[227)가 있습니다.

아시아/일본이 서로 얽힌 채 모순·갈등을 안고 있는 상황 속에서 '저항'과 '연대'를 시도한 '전후'의 사상가들(다니가와 간谷川雁, 우에노 히데노부上野英信, 모리사키 가즈에森崎和江, 이시무레 미치코石牟礼道子, 아라카와 아키라新川明, 김시종金時種 등)의 재해석을 시도한 길잡이로서는, 이와사키 미노루·우에노 치즈코·나리타 류이치 등이 편찬한 『전후 사상의 명저 50』,[228) 나리타 류이치의 「'타자'를 향한 상상력—대일본제국의 유산 상속인으로서」[229)를 들며 끝마치겠습니다.

---

225) 屋嘉比収, 「'琉球民族'への視点—伊波普猷と島袋全発との差異」, 『浦添市立図書館紀要』第8号, 1997.

226) 新城郁夫, 『沖縄文学という企て』, インパクト出版会, 2003.

227) 我部聖, 「他者とのつながりを紡ぎなおす言葉—新川明と金時種をめぐって」, DeMusik Inter 編 『音の力 沖縄アジア臨界編』, インパクト出版会, 2006.

228) 岩崎稔·上野千鶴子·成田龍一 編 『戦後思想の名著50』, 平凡社, 2006.

229) 成田龍一, 「'他者'への想像力—大日本帝国の遺産相続人として」, 地域研究コンソーシアム, 『地域研究』7巻2号, 2006.

일본어판 후기

이 책은 '근대 일본사상과 동아시아'라는 테마로 대학교에서 매년 강의해 온 내용을 바탕으로 새로 쓴 것입니다. 이 강의의 텍스트로 사용한 훌륭한 자료집인 이토 데루오(伊東昭雄)가 편찬한 『아시아와 근대 일본—반침략의 사상과 운동』(アジアと近代日本—反侵略の思想と運動, 社會評論社, 1990) 에서는 이 책을 구상하는 데 많은 시사를 받았습니다. 이 자리를 빌려 감사를 드리고 싶습니다. 강의나 세미나에서 함께 토의를 나눈 대학생, 대학원생들의 질문·의견·비판에 촉발되어 사고의 영역이 깊어진 점도 많습니다. 근무처인 도쿄외국어대학, 이전 근무처인 아오야마학원 여자단기대학, 그리고 관련 테마로 비상근 강의를 한 도쿄대학 교양학부, 도호쿠대학 경제학부, 릿쿄대학 법학부, 와세다대학 법학부의 수강생 여러분, 그리고 직장 동료분들께 감사드립니다.

이 책은 높임말로 끝맺는 문체로 되어 있습니다. 이는 편집부의 사카모토 마사노리(坂本政謙) 씨의 제안에 따른 것입니다. 이 책은 편집자 여러 분들 앞에서 요약된 원고를 바탕으로 보고한 것을 편집자 분들이 문장으로 옮긴 뒤 가필과 수정을 가하는 형식으로 이루어졌습니다. 이러한 방법을 택한 이유는 좀처럼 진행되지 않는 저의 졸필을 고치기 위한 묘안이 었습니다. 그러나 오히려 이런 방식이 강의를 바탕으로 한 이 책을 보다 넓은 독자층을 향해 내놓기에 적합하지 않았나 생각합니다. 가능한 한 열린 문체로 명석하게 써내려 간다는 것은 저 자신도 잘 알지 못하고 있던 점을 깨닫게 하고 더욱더 깊이 파고들어 생각할 수 있는 좋은 기회가 되었습니다. 책의 발간이 출판 예정일보다 한참 늦어졌습니다만, 아무렇지도 않다는 듯 건네준 사카모토 씨의 격려와 능숙한 페이스 조절 덕분에 가까스로 간행에 이르게 되었습니다. 이 자리를 빌려 감사드립니다.

이 책을 집필할 때, 다양한 연구회에서 지속적으로 진행해 온 토의 덕분에 저의 사고는 유연해졌고 많은 촉발을 받았습니다. 그 중 특히 '제국과 사상'연구회(2000년부터)의 우노다 쇼야(宇野田尙哉) 씨, 히라노 유키카즈(平野敬和) 씨, 가라시마 마사토(辛島理人) 씨, 오이카와 에이지로(及川英二郎) 씨, 모리타 료지(盛田良治) 씨, 미치바 지카노부(道場親信) 씨, 이시이 도모아키(石井知章) 씨, 오사와 사토시(大澤聡) 씨, 다케우치요시미연구회(2001년부터)의 마루카와 데쓰시(丸川哲史) 씨, 스즈키 마사히토(鈴木将久) 씨, 가와무라 쇼코(河村昌子) 씨, 이케가미 요시히코(池上善彦) 씨, 쑨거(孫歌) 씨, 허자오톈(賀照田) 씨, '식민지/근대의 초극'연구회(2002년부터)의 최진석 씨, 홍종욱 씨, 도베 히데아키(戸邉秀明) 씨, 조관자 씨, 조경희 씨, 김재현 씨, 차승기 씨, 기모토 다케시(樹本健) 씨, 에어런 무어(Aaron Moore) 씨, 미하라 요시아키(三原芳秋) 씨, 와타나베 에리(渡邊英理) 씨에게 각별한 감사의 마음을 전합니다.

그리고 도쿄외국어대학과 코넬대학을 거점으로 진행된 국제공동연구인 총력전 연구·동아시아 프로젝트에 참가함으로써 저의 사고와 신체는 뜻밖의 방향으로 흘러갔습니다. 야마노우치 야스시(山之內靖) 씨, 나카노 도시오(中野敏男) 씨, 이와사키 미노루(岩崎稔) 씨, 오카와 마사히코(大川正彦) 씨, 센다 유키(千田友紀) 씨, 이효덕(李孝德) 씨, 나리타 류이치(成田龍一) 씨, 사카이 나오키(酒井直樹) 씨, 빅터 코슈만(J. Victor Koschmann) 씨, 마이클 신(Michael Shin) 씨, 정근식 씨, 윤경순 씨, 서경식 씨, 송연옥 씨, 김부자 씨, 나미히라 쓰네오(波平恒男) 씨, 야카비 오사무(屋嘉比收) 씨, 신조 이쿠오(新城郁夫) 씨, 가베 사토시(我部聖) 씨, 스나가 요코(須永陽子) 씨, 리령경 씨, 정영환 씨, 그리고 많은 분들께 감사를 드립니다.

또한 이정화 씨, 류준필 씨, 이정훈 씨, 최태원 씨와 함께 동아시아의 각 지역을 왕래하며 토의하는 네트워크를 만들어 왔습니다. 정선태 씨, 이진경 씨, 고병권 씨 등이 활동하고 있는 코뮌 '연구공간 수유+너머'와의 만남을 통해 현재의 동아시아에서 비판적인 지(知)와 실천을 구성한다는 것에 대한 의의를 실감하게 되었습니다.

'사상사 포럼', '국제정치와 정치사상과의 교착을 생각한다'연구회, '사회적인 것을 생각한다'연구회(S硏), '비판과 연대를 위한 동아시아 역사포럼', '동아시아 코뮤니티'연구회, 야스마루 요시오(安丸良夫) 씨를 둘러싼 독서회, 가지무라 히데키(梶村秀樹)연구회, 『진달래』(ヂンダレ)·『유대문학』(琉大文學)을 읽는 모임 등, 다양한 장에서 토의를 나누어 온 것이 큰 자극과 격려가 되었습니다.

이 책은 저의 첫 단행본입니다. 원래는 사회사상·사회철학을 공부하면서, 일본에서의 '근대 비판'이라는 사상은 왜 '전쟁'이나 '천황제'와 연결되는가 하는 문제를 1989년 전후 격변의 시간 속에서 사고한 것이 저의 연구의 출발점이었습니다.

와쓰지 데쓰로나 마루야마 마사오를 비판적으로 해석하면서 '일본', '근대', '천황제'에 관해 사색할 때, 언제나 따뜻하지만 한편으로는 엄하게 지켜보아 주셨던 세 분의 스승은 나가오 류이치(長尾龍一) 선생님, 고노시 다카미쓰(神野志隆光) 선생님, 고 히로마쓰 와타루(廣松渉) 선생님입니다. 또한 오바 다케시(大庭健) 씨, 가와모토 다케시(川本隆史) 씨, 그외에 현대 윤리학연구회의 여러분들에게도 자극과 격려를 받았습니다.

당시의 관심 문제는 '아시아'와의 얽혀진 장에 진입하게 되면서 크게 변주되었습니다만, '근대 비판'과 '타자에의 윤리/정치'를 사고하는 지향은 지금도 여전히 저의 근저에 흐르고 있습니다. 이 책을 집필할 때 와쓰지 데쓰로나 마루야마 마사오와는 전혀 다른 시좌로 '근대 일본사상사'의 틀을 다시 짜고 싶다는 불손한 야심이 있었습니다. 그 실마리라도 잡았는지에 대해서는 독자 여러분들의 냉정한 판단에 맡기겠습니다.

끝으로 개인적으로, 아버지 요네타니 다쿠, 어머니 요네타니 히로코, 형 요네타니 다쓰야에게는 고난의 시기에도 면학의 길로 나아가는 것을 따뜻하게 지켜보아 주신 데에 감사드립니다.

아내 야마다 준코와 (그리고 지금 내 무릎 위에서 뒹굴고 있는 고양이 코코와) 함께 보내는 나날들의 기쁨에 감사의 마음을 바칩니다.

2006년 11월

요네타니 마사후미

한국어판 후기

아시아/일본, 그 사이에서 '근대'를 되짚어 보는 것. 일본의 근대를 비판하는 것뿐만이 아니라 아시아와 일본의 뒤얽힌 관계·상호작용 속에서 근대가 낳은 모순·갈등을 비판해 가는 시좌를 탐구하는 것. 이 책이 초점을 좁힌 과제는 여기에 있다.

나는 원래 일본사상사(특히 1930년대의 철학·사회사상) 연구로부터 출발했으며, 이 책에서 논한 대상의 많은 부분이 근대 일본의 사상·담론이다. 다만 이 책에서는 이른바 '일본사상사'라는 틀을 전제로 하지 않았으며, 이를 내부에서 깨뜨리면서 '동아시아'의 상호 관련 속으로 열어 갈 것을 시도했다.

중국/조선/타이완/오키나와/일본은 그 사이에서 작동하는 근대의 힘으로부터 서로 얽히고 침투해 가는 식민지/제국의 역사를 경험해 왔다. 그 역사와 사상을 단지 '동아시아'라는 광역의 질서를 설정하여 분석해서는 안 된다. '동아시아'라는 공간 표상은 근대 제국주의의 폭력과 깊은 관련을 맺어 왔다. 오히려 그 공허한 주박(呪縛)을 풀어내고 근대가 낳은 마찰·알력이 각인된 장에 깊이 파고드는 것. 간(間)주체적인 교통의 장을 향해 스스로를 해방시키는 것이 소중하다고 생각한다. 동아시아의 역사와 주체는 여백을 채우고 전체를 논하는 그런 태도가 아니라, 서로가 여백·행간이 되어 엇갈림과 침묵을 끌어안을 수 있는 장(場) 가운데에서야말로 상흔과 마주하면서 새로운 삶을 살아갈 수 있을 것이다.

이 책이 태어난 무대는 바로 동아시아의 역사와 주체가 고투하는 긴 장으로 가득 찬 강의의 장(場)이었다. 또한 이 책을 구상하고 집필한 과정은 동아시아의 각 지역을 연결하는 이동과 경계를 넘어선 토의와 함께 이루어졌다. 이 책의 기술에는 그 사이에서 일어난 갈등이 이미 각인되어 있으며 다양한 주체에 의한 독해에로 이미 열려 있다. 따라서 한국어판을 위한 새로운 후기는 내용의 특성상 특별한 의미를 가지지 않는다.

생각해 보면, 이 책이 간행된 2006년 봄에 지리산에 올랐다. 그리고 인민군 빨치산의 근거지를 걸으며 반기지(反基地) 문화 투쟁의 현장인 평택으로 향했다. 또한 가을에는 베이징의 바바오산(八寶山) 혁명열사묘지를 방문하고, 오키나와 이에지마(伊江島)에서는 전쟁·점령에 저항하는 투쟁의 기억의 장소를 걸었다. 생각해 보건대 이 책에 출현하는 많은 사람들이 동아시아 근대의 폭력에 농락당하고 비명에 쓰러져 죽은 이들이다. 그 과정에서 만들어진 언어 두세 마디. 그 물방울에 젖은 사상사는 어떻게 해서 다시 쓰여지고 다시 읽힐 수 있을까.

끝으로 현재 보기 드문 문화 공작자이며 나의 사상사에 깊은 이해와 비판을 보내 주신 미치바 지카노부 씨의 비평을 한국어판에 재록하게 해 주신 점에 감사를 전하고 싶다. 그리고 이 책이 던지는 물음에 주목하며 주의 깊게 편집에 임해 주신 그린비 출판사에도 감사를 전하고 싶다.

특히 일본어/한국어 사이에서 고민하고 하나하나의 단어와 표현에도 세심한 배려를 기울이며 꼼꼼히 번역해 주신 조은미 씨에게는 각별한 감사의 마음을 전하고 싶다. 한국에서 나의 첫 단행본 간행을 그녀가 착수해 준 것은 기대 이상의 기쁨이다.

이 책은 다양한 만남과 네트워크에 의해 만들어졌다. 앞으로도 새로운 독자와의 만남을 통해 이 이상으로 다양한 의미로 소생될 것이다. 그것은 어떤 메아리가 되어 울려 퍼지면서 동아시아의 사상사를 새롭게 다시 써 나갈 수 있을까.

2010년 6월

요네타니 마사후미

옮긴이 후기

이 책은 일본의 진보적 혁신파의 아시아 변혁 및 연대론을 아시아와의 관계 속에서 독해하려고 시도한 것이다. 19세기 후반의 가쓰 가이슈(勝海舟)·후쿠자와 유키치(福沢諭吉)·오이 겐타로(大井憲太郎), 그리고 전간기(戰間期)의 요시노 사쿠조(吉野作造)·야나이하라 다다오(矢內原忠雄), 마지막으로 전시기의 미키 기요시(三木清)·오자키 호쓰미(尾崎秀実)로 이어지는 계보가 이 독해의 핵심 대상이다. 국경을 초월하여 상호 침투하는 '근대'의 힘에 직면하여 아시아 상호 간의 마찰·항쟁이 어떻게 자각되었으며, 또한 그 극복 과정이 어떠한 과제를 남겼던 것일까? 저자에 따르면 이 물음에야말로 동아시아의 '근대'를 둘러싼 모순·갈등을 생각할 때 중요한 중요한 힌트가 담겨 있다고 한다.

한편 저자는 아시아/일본의 근대 경험이 서양과의 마찰을 낳았을 뿐만 아니라 아시아 내부에서 첨예한 모순과 갈등을 야기했음을 밝히고 있다. 즉 국경을 초월하여 상호 침투하는 '근대'의 힘, '근대'가 품은 폭력이라는 시점에서 아시아와 일본의 뒤얽힌 관계·상호작용을 근대가 낳은 모순과 갈등을 통해 되묻고 있다. 나아가 중국, 조선 그리고 타이완, 오키나와 지식인들의 상호 교섭과 저항에 착목하여, 아시아 연대론이 내포하고 있는 연대/침략의 양가성을 밝히고, 그 이면에 펼쳐지고 있는 사상적 의미에 대해서도 독해를 시도한다. 그 의미는 이 책의 제목이기도 한 '아시아/일본' 사이에 그어진 '/'에 잘 나타나 있다.

아시아와 일본 사이에 '/'라는 장치를 둔 이유는 아시아와 일본이 서로의 바깥에서 실체화되어 있는 것이 아니라는 것을 나타내기 위해서이다. 즉 아시아와 일본은 차이를 낳으면서도 서로 깊이 얽혀 들어갔던 관계였으며, 이러한 문제의 지평을 '/'를 통해 간결하게 드러내고 있다. 또한 '아시아/일본'을 다양한 마찰과 균열이 반복되어 각인된 장(場)이라고 평가하면서, 그 전개 양상이 전후 일본 사회의 존재방식에도 폭넓게 영향을 미치고 있다고 말한다. 따라서 우리는 이 책을 통해 역사가 얼마나 다양한 결들의 집합체인가를 깨닫게 될 것이고, 역사를 다룬다는 것은 그 장을 통과하는 무수한 잔영과 다양한 스펙트럼을 놓쳐서는 안 된다는 것을 깨우치게 될 것이다. 이처럼 이 책은 적대 혹은 상호 의존으로 서로 얽혀, 현재에도 복잡한 위기를 안고 있는 동아시아, 이 공간의 서로 얽히고설킨 '역사'를 마주하는 것이 지닌 의의를 생각할 때, 하나의 지침서가 될 것이며, 아울러 우리들이 이 역사를 마주하기 위해서 어떠한 노력을 해야만 하는가를 사유하게 할 것이다.

저자 요네타니 마사후미(米谷匡史)의 연구 분야는 일본사상사, 특히 1930년대 일본의 사회사상이다. 이것을 바탕으로 아시아/일본, 식민지/제국이 뒤얽혀 있는 역사·문화사를 재검토하는 한편 동아시아의 사상적 연쇄를 규명하여, 이를 비판적으로 극복하기 위한 작업을 적극적으로 추진하고 있다. 동아시아 사상과 관련하여 현재 일본에서 가장 주목할 만한 연구자 중의 한 사람이다. 그는 도쿄에서 '식민지/근대의 초극'연구회를 이끌고 있으며, 이 책 제II부 동아시아 변혁론의 계보에서도 잘 나타나듯이, 전간기의 제국개조론, 전시기의 동아시아 변혁론, '전시 변혁'론을 둘러싼 담론을 주도하면서, 이를 아시아와의 상호 관련 속에서 독해하며 비판적으로 극복하는 작업을 하고 있다. 한편 한국·일본의 역사·문화연구자들의 공동토론인 '비판과 연대를 위한 동아시아 역사포럼'에 참가하고 있다. 이러한 저자의 성과 중 일찍이 화제가 되었던 논문을 소개하자면 다음과 같다. '전시 변혁'론을 내건 「전시기 일본의 사회사상―현대화와 전시 변혁」, 「야나이하라 다다오의 '식민·사회정책'론―식민지제국 일본에 있어서 '사회'통치의 문제」 등이 그것이다. 또한 '동아협동체'론과 관련된 연구 성과물 중 「오자키 호쓰미의 '동아협동체' 비판―일중전쟁기의 '사회' 문제」(262쪽의 '요네타니 마사후미 주요 저작 목록' 참조) 등은 손꼽아 아깝지 않을 중요한 논문들이다. 최근에는 전후 일본에서 코뮨을 실험했던 다니가와 간(谷川雁)에 대한 독해를 시도하고 있다.

이 책의 저자이자 스승이기도 한 요네타니 마사후미 선생님과의 인연은 살면서 몇 안 되는 나의 행운 중 하나이다. 이 책에서도 저자가 일관되게 보여 주고 있는 '물음의 태도'로부터 나는 공부하는 자세뿐만 아니라, 나를 이해하고 세상을 바라보는 법을 배웠고, 달리 생각하는 법도 배우게 됐다.

『아시아/일본』의 탈고를 끝낸 뒤 요네타니 선생님은 오랫동안 병원 신세를 졌다. 그간 선생님이 『아시아/일본』과 치렀던 고투를 느낄 수 있는 장면이었다. 이렇듯 이 책이 출판되기까지의 과정을 고스란히 함께 경험했던 제자이지만, 스승의 학문을 이해하는 것뿐 아니라 그 틈새 틈새에 새겨진 고뇌의 흔적까지 읽어 내고 또한 그 섬세한 시선을 한국어로 능숙히 표현한다는 것은 실로 내 능력에 벅찬 것이었다. 그 기대에 답하지 못함이 송구스럽지만, 지난 시간 『아시아/일본』을 번역하고 고민하면서 적어도 내게 주어진 책임감을 다하고자 노력했음에 자그마한 안도의 심호흡을 해본다.

이 책은 많은 벗들로부터 도움을 받아 엮어졌다. 먼저 부족한 나에게 책을 옮길 수 있는 기회를 주신 요네타니 마사후미 선생님께 감사를 드리고 싶다. 도쿄외대의 이유진 씨, 이혜진 씨, 신지영 씨, 그리고 늘 배려를 아끼지 않으시는 아버님께 감사의 마음을 전하고 싶다. 또한 이 책의 완역을 넉넉한 인내심을 갖고 기다려 주신 그린비출판사의 김현경 주간님, 주승일 편집팀장님에게는 각별한 감사의 마음을 전하고 싶다.

끝으로 늘 그 자리에서 같은 미소로 있어 주는 남편에게 고마운 마음을 전해야겠다.

2010년 7월
옮긴이 조은미

부록

'근대의 폭력', 그 궤적으로서의 사상사의 시도

미치바 지카노부

저자의 '중간 총괄'과 '근대'의 폭력에 관한 시점

이 책은 지금까지 요네타니 씨가 펼쳐온 작업의 '중간 총괄'로 평가할 만한 책이다.

특히 이 책의 핵심적인 부분을 차지하는 제2부는 전간기(戰間期)의 '제국'개조론에서부터 중일전쟁기의 '동아협동체'론까지 그 흐름에 관해서 지난 10년간 저자의 작업이 압축된 형태로 잘 정리되어 있을 뿐만 아니라, 테마의 성격도 명확하게 정리되어 있다. 이로 인해 독자들은 '요네타니 마사후미 입문'으로 이 책을 만날 수 있을 것이다. 물론 이 책은 동시에 일본의 20세기 사상이 다름 아닌 '아시아'의 충격으로 인해 전개되었

* 이 글은 잡지 『정황』(情況, 2007년 3·4월)의 『아시아/일본』 합평특집호에 실린 서평이다. 참고로, 이 글에 대한 서지정보와 특집호 목록을 이 글 맨 뒤에 실었다.

미치바 지카노부(道場親信)는 1967년생으로 일본 사회과학사·사회운동론 연구자이다. 1920년대와 제2차 세계대전 후의 사회과학 사상, 1950년대의 서클문화운동, 1970년대의 시민운동에 대해서 연구하고 있으며, 『시민의 의견』(市民の意見) 편집위원으로 활동하고 있다. 지은 책으로 『저항의 동시대사』(抵抗の同時代史—軍事化とネオリベラリズムに抗して, 人文書院, 2008), 『점령과 평화』(占領と平和—'戦後'という經驗, 青土社, 2005) 등이 있다.

던 점을 밝힌 것으로서, 타이틀이 잘 말해 주고 있듯이 '아시아/일본'의 착
종된 사상 공간에 진입하는 길잡이로서도 그 역할을 다할 것이다. 이 책
에서는 '전시 변혁'론을 내건 '전시기 일본의 사회사상'[1]을 논한 요네타니
씨가 나아가 '아시아'와의 상호 관련을 의식하며 사상의 독해를 펼쳐 간
흔적도 아로새겨져 있다. 오자키 호쓰미(尾崎秀実)와 미키 기요시(三木清)
에 주목하여 분석한 '동아협동체'론이 오자키 쪽에 무게를 두는 형태로
이동하고, 또한 실제로 중국 그리고 조선의 지식인과의 상호 교섭, 응답,
대응, 그리고 저항이라는 관련 속에서 읽어 내는 작업이 이어지고 있다.
또한 이러한 시점에서 거슬러 올라가 전간기의 '제국'개조론으로서 요시
노 사쿠조(吉野作造), 야나이하라 다다오(矢内原忠雄)의 기투에 대한 물음
도 던지고 있다.[2] 이러한 일련의 작업이 지닌 의미는 이 책에 고스란히 그
에센스가 응축되어 있다고 할 수 있다.

　　그리고 이 책 제1부에서는 동아시아에 있어서 근대적 지(知)의 상호
관련이라는 문제가 새롭게 마련되고, 이를 시작으로 하여 적극적으로 '근
대'의 시동과 그 폭력의 문제라는 구조의 모색이 적극적으로 독해되고 있
다. 저자는 "'근대'가 지닌 폭력"(본문 36쪽)이라는 시점으로부터 각 나라
마다의 내셔널리즘 그리고 이를 뛰어넘으려는 사상을 읽어 내고자 하는
자세로 일관되어 있다. 아니 그보다 내셔널리즘과 이를 뛰어넘는 사상만
으로는 오해를 불러일으킬 수도 있겠다. 요네타니 씨가 주목하고 있는 것

1) 米谷匡史, 「戰時期日本の社會思想: 現代化と戰時変革」, 『思想』 第882号, 1997. 12.
2) 米谷匡史, 「矢内原忠雄の'植民·社会政策'論: 植民地帝国における'社会'統治の問題」, 『思想』 第
　945号, 2003. 1. 米谷匡史, 「戰間期知識人の帝国改造論」, 歴史学研究会·日本史研究会 編, 『日本史
　講座 9. 近代の転換』, 東京大学出版会, 2005.

은 내셔널리즘을 뛰어넘어 '연대'를 지향한 사상이 때로는 동시에 침략성을 띠게 된다는 점, 또한 침략임에도 불구하고 그 행위와 사상이 '연대'라는 옷을 입고 있다는 점, 이러한 '이중성'이 근대 일본에 있어서 '일본'과 '아시아'의 상관관계에 대한 논의 속에 항상 그림자처럼 따라다닌다는 점을 우선 그 출발점에 두고 있다. 물론 이는 다케우치 요시미(竹內好)가 '아시아주의'를 논한 저 유명한 논문을 근거로 삼아 전개되고 있다. 다만 요네타니 씨는 이 '이중성'을 갖는 착종관계가 일본의 제국주의적 팽창과 함께 이와 대결하는 형식으로 혹은 이에 저항하는 식민지 그리고 '아시아'의 지식인마저 휩쓸리게 한 그 구조에 눈을 돌려 양자의 상호작용을 근거로 삼아 국경을 뛰어넘은 근대'사상사'를 그려 내며 연대와 침략이 착종하는 "다양한 마찰과 균열이 거듭 각인되어 온 장"(204쪽)으로서 아시아/일본을 독해해 가고자 한다. 예컨대 후쿠자와 유키치(福沢諭吉)의 '탈아론' 이상으로 '흥아론'이야말로 '근대 폭력'의 문제성이 선명하게 드러난다는 논점은 그 중에서도 가장 첨예한 부분 중의 하나이다.

'아시아/일본'의 '사상사'

여기에서 전개되는 것은 '일본사상사'이다. 다만, 여기에는 두 가지의 보류가 있다. 그 하나는 "'통사'적인 서술이 아니라 어디까지나 아시아/일본의 연관을 둘러싼 문제사·계보학적인 서술"로서, "'아시아주의'의 계보가 아닌 19세기 후반의 가쓰 가이슈(勝海舟)·후쿠자와 유키치·오이 겐타로(大井憲太郎), 전간기의 요시노 사쿠조·야나이하라 다다오, 그리고 전시기의 미키 기요시·오자키 호쓰미 등 '진보적'인 개명파·혁신파로 불러야 할 계보의 아시아 변혁론·연대론을 '아시아'와 얽혀 있는 관계 속에서 독해하고자"(21쪽) 하는 것이다. 이를테면 사상사 가운데 어떤 시대와 논자를 다루며 '근대 폭력'과 '이중성'의 문제가 어떤 형태로 반복되며 혹은 개정되는가라는 형태로 기술되는 것을 말한다. 다른 하나는 '일본사상사'이기는 하지만 이를 국적이나 민족성에 의해 구분 짓는 것이 아니라 '아시아'와의 응답관계에서 상호 간의 독해를 시도한다는 점이다. 이 두 가지의 보류가 이 책을 독특한 '사상사'의 책으로 이끌어 냈다.

그러나 동시에 이 책은 역시 '일본사상사'이다. '아시아'의 지식인과 일본의 지식인이 동시에 직면했던 물음을 밝혀내고 그 상호 간의——정치적·군사적·경제적 역학관계를 배경으로 한——관련과 응답관계를 해명하는 작업을 거치는 가운데 종래에는 보기 드물었던 정경을 지닌 사상 풍경이 보이기 시작한다. 이 장면에서 자기상대화의 시점을 손에 넣을 수 있게 된다. 다만 메인의 흐름은 다양한 저항에 직면하면서 동시에 이에 대해 응답하고자 했던 혹은 응답에 실패하기도 했던 일본 지식인의 발자취를 따라가는 것이다. 이를 발판으로 하여 일본 지식인에게 있어서 '아시아' 특히 동아시아와 관련된 궤적을 그려내 가는 것이다. 요네타니 씨는 '일본어판 후기'에서 "이 책을 집필할 때 와쓰지 데쓰로(和辻哲朗)나 마루야마 마사오(丸山眞男)와는 전혀 다른 시좌로 '근대 일본사상사'의 틀을 다시 짜고 싶다는 불손한 야심이 있었습니다"(238쪽)라고 밝히고 있다. 그 '불손한 야심'을 실현시키기 위한 장치는 이 책 구석구석을 가득 채우고 있다.

이를테면 이 책의 제목이기도 한 '아시아/일본'의 '/'는 등가적인 것을 구분 짓는 기호도 아닐뿐더러 필연적인 연결 장치(커플링)를 드러내 주는 것도 아니다. 요네타니 씨 자신에 의하면 "이 책의 제목으로 '아시아'

와 '일본' 사이에 '/'를 달았습니다. 그 까닭은 각각이 서로의 바깥에서 실체화되어 있는 것이 아니라, 차이화하면서도 서로 깊이 얽혀 간 문제의 지평을 가리키기 위함입니다. 바로 여기에 국경을 초월하면서 서로 침투해 가는 '근대'의 힘, 또한 그것이 내포하는 식민지주의의 문제를 비판적으로 되새길 수 있는 계기가 놓여 있다고 생각합니다"(39쪽)라고 했는데, 이는 일본에 있어서의 '아시아'의 문제의 궤적임과 동시에 일본에 있어서의 '일본'의 문제의 궤적을 그려 내는 역할도 다하게 될 것이다. 여기서 "아시아에 있어서의 '일본'의 문제"라는 표현을 굳이 사용하지 않은 이유는 '아시아'라는 실체를 '일본의 문제' 이전에도 이후에도 세울 수 없기 때문이다. 이는 '아시아의 문제'를 통해 '일본'이라는 실체가 떠오르는 것은 등가라 할 수 없기 때문이다. 이를테면 쑨거·백영서·천광싱의 공동 논문 『포스트 '동아시아'』라는 시좌에서는 "역사적으로도 현재적으로도 '동아시아'라는 범주는 각 지역에서 결코 동일한 형태로 의식되지 않는다"[3]라고 지적하고 있다. 또한 쑨거 씨는 '아시아'라는 어휘는 일련의 문제군을 보충하면서도 그 문제군의 틀로서는 결코 유효한 기능을 다하지 못한다, 다시 말해서 '아시아'에 의해 커버된 문제군은 결코 동질화될 수 없기 때문이다, 이를 무리하게 '아시아'에 의해 통일시키고자 한다면, 결국 이는 알맹이 없는 논의가 될 뿐이다[4]라고 지적한다. 이 '아시아'라는 난처한 물음은 어디에서 누구를 향해 발화되는가를 통해 서로 다른 궤적을 그려 낸다. 이러한 이유로 '/'의 뒤에 다른 지역 혹은 주체가 대신함을 가정한다

---

3) 孫歌·白永瑞·陳光興, 『ポスト'東アジア'』, 作品社, 2006, 2쪽.
4) 孫歌, 「アジアとは何を意味しているか(下)」, 下出鉄男 訳, 『思想』第987号, 2006. 7., 126쪽.

면 주제는 변용될 수도 있을 것이며——'일본사상사'와 같이 국가별 '사상사'가 각각 기술되지도 않을 뿐만 아니라, 또한 각 국가별로 기술하는 '일본'사상사로서 요네타니 씨가 논한 것이 아니라는 것은 설명할 필요도 없다——'/'의 앞이 늘 '아시아'로 자리 잡고 있는 것이 적절하지 않다고 말할 수도 있을 것이다. 이러한 문제성의 한가운데에 놓인, 다른 콘텍스트와의 긴장관계 속에 '사상사' 자체가 놓여 있다는 것에 대한 자각을 촉구한 것이 요네타니 씨의 '/'라는 장치이다.

'현재'와 '사상사'의 왕복

앞의 공동 논문 속에서 쑨거·백영서·천광싱은 "일본 사회뿐만 아니라 동아시아의 다른 어떤 사회에서도 배타적으로 '내부의 문제'를 주장하는 것이 불가능한 시대"가 도래했음을 논하고 있다. 이러한 인식은 요네타니 씨의 '사상사'에서도 공유되고 있다. 아니 그보다는 이러한 상호관련(嵌入)의 인식을 아시아에 있어서의 '근대'로 연장시켜 '사상사'의 재해석을 시도하고자 한 것이 요네타니 씨의 프로젝트이다. 이 장면에서는 내셔널리즘 또한 '순수'한 존재가 되지 못하며 상호관련된 담론으로서 그 모습을 드러낸다. 이 책에서는 이러한 담론이 펼쳐지는 가운데 '일본'이 만들어 낸 '아시아/일본'이라는 자장 속에 휩쓸리는 '아시아'의 지식인 그리고 그 자장의 재편성에 지적 역량을 쏟아부은 '아시아/일본' 지식인들의 자취를 되짚어 봄으로써, 일본 사회에서 살아가고 있는 우리들을 규정하는 현재의 '아시아/일본'의 존재방식을 비판적으로 분석하고 그 틀을 새롭게 마련하는 상상력을 탐구하는 것에 그 목표가 놓여 있다.

요네타니 씨는 필자와의 대담 중에 "고도성장기의 사회변용이 일본

뿐만 아니라 동아시아 전체에 퍼져 있는 가운데 '근대'의 형성과 정치사상이 지닌 의미를 어떻게 읽어 내야 할 것인가를 새롭게 논의해야 할 시대에 와 있다"[5]고 지적한다. 또한 그의 다른 논문에서는 "우선 '동아시아'라는 장에서 주체 혹은 역사의 상흔에 대해 자기성찰하는 것이 냉전하의 분단 체제를 극복하는 새로운 연대의 가능성을 탐구하는 데 있어서도 필요"하다는 것을 지적하고 있다.[6] 이 책 또한 이러한 실천적 관심이 일관되어 있다는 것은 명백하다.

이 책의 구성에 대해 살펴보면, '책머리에'에서는 쑨원의 '대아시아주의' 강연을 분석하고 있다. '일본'과 '아시아'의 상호교섭뿐만 아니라 '아시아' 내부에서의 대립과 갈등이라는 문제의 영역을 밝히면서 다케우치 요시미의 '아시아주의'론으로 이어진다. 여기에서는 '연대·해방' 그리고 '침략·지배'의 '이중성격'을 계승한 가운데 "다케우치는 1950년대 후반부터 1960년대 전반에 걸쳐 일련의 논고를 서술하였습니다. 당시는 냉전 구조로 인해 동아시아의 분단이 고정화되어 있었고, 일본은 미국에 종속되어 저항하는 아시아를 적대화하는 입장에 놓여 있던 시기였습니다"(27쪽)라고 지적한 뒤, 다케우치를 매개체로 한 일본 근대의 아시아론과 현재 시점에서의 '냉전'시대 분석이 왕복하는 구조로 되어 있다. 저자와 독자의 발밑까지 대화의 왕복작업이 이어짐으로써 '아시아/일본'의 문제가 '과거'의 것이 아닌 '현재'의 것으로서, 또한 그들 자신에게는 '현재'와 어떻게 대치했는가라는 전례를 다케우치를 통해 검토한다는 입체적인 구

---

5) 米谷匡史·道場親信, 「対談·丸山眞男を読み直す: その論点と可能性」, 『丸山眞男: 没後10年, 民主主義の'神話'を越えて』, 河出書房新社, 2006, 48쪽.
6) 米谷匡史, 「ポスト'東アジア': 新たな連帯の条件」, 『ポスト'東アジア'』, 188쪽.

성을 하고 있다. 독자는 끊임없이 주체적으로 시대 혹은 주체의 위치를 이동시키면서 그 자신을 상대화하고 되묻는 작업에 내던져져 있다. 이러한 "구성"은 '사상사'를 리니어적(linear) 불가역적인 전개로 수용하는 독자들에게는 난해한 것으로 비쳐질 것이다. 그러나 요네타니 씨가 이 책에서 펼치고 있는 "운동"으로서의 '사상사' 읽기를 눈치 챈 독자들에게는 좋은 코치와의 만남이 될 것이다. 또한 둔감한 독자들에게는 마지막에 가서 코치가 우리들에게 놓여진 역사적 문맥에 대한 자신의 문제의식을 명료하게 풀어내 준다.

"최근 '탈냉전'으로 향하는 동아시아에서는 냉전기의 분단구조를 극복하고 근현대의 제국주의·식민지주의가 낳은 모순을 되짚어 보는 계기가 나타나고 있습니다. 그러나 냉전구조라는 구도하에서 지금도 여전히 해방되지 못한 채 마찰과 상극이 고조되는 위기도 닥쳐오고 있습니다. 여기에는 배타적 내셔널리즘의 상극을 갱신함과 동시에 이러한 위기를 극복할 양으로 '동아시아 공동체'의 형성이 빈번히 제시되고 있습니다. 이는 명백히 국가·자본주의의 글로벌리즘에 의한 질서 형성임에도 불구하고 국민국가의 대립을 넘어 분단을 극복할 수 있을 것이라는 꿈이 한·중·일 각각에서 기투(投企)되고 있습니다. 일본에서도 이전의 보수/혁신의 대립구조가 무너지는 가운데 보수 세력과 비판적 시민 양쪽에서 '동아시아 공동체' 구축의 꿈이 제시되면서 기묘한 '동상이몽' 현상이 나타납니다." (203~204쪽)

이러한 상황 속에서 '아시아/일본'의 착종된 담론을 역사적으로 풀어내고 이를 적절한 문맥으로 바로잡는 작업은 동시대적으로 더없이 중요한 의미를 지닐 것이다.

'총력전 체제론'이후의 전개

요네타니 씨의 아시아론 출발점인 '동아협동체'론 연구의 배경에는 공동 연구에 의한 '총력전 체제론'[7]의 전개가 깔려 있을 것이다. 그러나 '총력전 체제론'은 개별 식민지에서의 '주체화' 문제와 제국 핵심부의 '시스템화' 문제 등은 한결같이 동화를 축으로 한 효율적 '동원'과 이를 둘러싼 고투로 간주하는 경향을 지님으로써 요네타니 씨가 중요시하는 '탈식민지화'의 흐름과 이에 압도당하는 형태로 '제국' 스스로가 재편을 강요당했다는 계기(moment)가 드러나기 어려운 "나약함"이 존재했다. 즉, 오로지 국민국가의 '생산력' 모델에 적합한 '시스템 사회'로의 통합만으로는 세계전쟁과 탈식민지화의 투쟁을 역사적인 흐름으로 수용하기 어렵다는 인식이야말로 요네타니 씨의 '동아협동체'론, 특히 오자키 호쓰미로의 주목을 촉구한 것으로 미뤄진다. '시스템 사회'가 신자유주의에 의해 해체·재편되어 가는 가운데 식민지주의와 탈식민지화의 문제는 여전히 새로운 문제를 양산하고 있다. 요네타니 씨의 연구는 이러한 계기에 집중되어 왔다고 할 수 있다.

'전후'의 사회과학은 이러한 전시사회 시스템의 유산 위에 자리 잡고 있음에도 불구하고 '전시'의 '일본(제국)'이 직면하고 있었던 물음을 봉인해 버리고 불가시적인 것으로 치부했다. 1997년 요네타니 씨는 다음과 같이 지적하고 있다.

"전시사회정책론은 단순히 한 국가 내부의 문제만이 아니라 바로 동

---

7) 山之内靖·ヴィクター コシユマン·成田龍一 編, 『総力戦と現代化』, 柏書房, 1995. 山之内靖, 『システム社会の現代的位相』, 岩波書店, 1996 등을 참조.

아협동체의 형성과 분리할 수 없는 과제였다는 사실 그 자체를 놓쳐 버렸다. …… 국내 변혁을 통해 중일 연대와 아시아 해방을 지향한 '전시 변혁' 사상은 일본의 패전과 냉전구조의 성립 과정 속에서 점차 봉인되었다."[8]

필자 또한 '전후 일본'이 봉인해 온 다양한 사회과학적·사회운동적·사상사적 문제에 관해 미력하나마 고찰을 거듭해 왔다. 필자는 '냉전'을 하나의 키워드로 하여 동아시아와의 관련 속에서 '전후'를 되묻고, 전전·전중·전후의 관련을 종전의 '단절/연속'과는 다른 시각으로 '단절'시키고 '연속'시키면서 고찰해 왔으며, 그 결과물이 졸저, 『점령과 평화: '전후'라는 경험』[9]이다. '냉전'이라는 구조에 묻혀 버린 목소리는 그저 동시대의 실정 ── 이를테면 군사독재정권의 그것 ── 을 고하는 것뿐만 아니라 그 이전의 시대, 즉 식민지 시대나 제2차 세계대전의 경험 자체가 봉인되어 왔다. '냉전' 구조가 느슨해지고 체제의 빈틈이 드러나기 시작함에 따라 '냉전'에 대한 이해는 그 이전의 역사를 보다 깊이 인식함에 있어서도 불가결한 통로라는 것을 뚜렷이 알게 되었다. 즉 첫번째로는 '냉전'을 새롭게 인식하는 일이 제2차 세계대전 그리고 이를 거슬러 올라가 식민지 지배의 역사를 재인식하는 것과 맞닿아 있다는 점. 이 경우의 '재인식'은 역사를 자국의 내셔널리즘의 사정에 맞추어 수정하는(역사수정주의) 것이 아니라 보다 깊이 있게 이해한다는 의미를 뜻한다. 두번째로는 전후 일본의 내셔널리즘뿐만이 아니라, 중국·한국·북한의 내셔널리즘 혹은 현재

---

8) 米谷匡史, 「戰時期日本の社會思想: 現代化と戰時変革」, 103쪽.

9) 道場親信, 『占領と平和 ── 「戰後」という經驗』, 青土社, 2005. 덧붙여, 米谷匡史·道場親信, 「特別対談·占領と平和 ── 「戰後」という經驗」, 『社会運動』, 第305·306号, 2005. 8·9에서는 졸저를 소재로 동아시아에 있어서 역사 탐구의 가능성에 대해서 논의하고 있다.

일어나고 있는 타이완의 내셔널리즘 등도 포함해서 내셔널리즘이라는 그 자체가 형성되는 과정이 제2차 세계대전 이후 동아시아의 정치 과정 특히 군사적 동향과 밀접한 관련을 맺고 있으며 그 과정을 분석함으로써 전후 내셔널리즘의 의미를 되묻는 것이 가능할 것이다. 다음으로는 '냉전'기에 있어서 상호 관련이 없다고 간주되는 사회운동의 의미를 '반(反)시스템 운동'이라는 시점에서 파악함으로써 재해석의 가능성을 제기하고 있다. 전쟁책임 그리고 '종군위안부' 문제 혹은 식민지 지배 책임의 추궁 등 많은 과제가 상호 중첩되는 가운데 사회운동의 교류가 동아시아 수준으로 혹은 한층 더 글로벌한 형태로 확대되며 이것이 역사를 향해 다가가는 중요한 요소가 될 것으로 보인다.

'동북아시아'와 '동남아시아'

필자의 이러한 작업은 '전후'라는 시대에 한정되어 있으나, 요네타니 씨의 폭넓은 연구과제의 전개에 가르침을 받아 더욱 깊이 있는 인식의 틀을 마련하고자 한다. 요네타니 씨는 책 말미에서 "전시하에서는 구미 제국주의로부터 아시아 해방을 주창하고, 전후에는 대미협력을 통해 국제질서 재편에 관여함으로써 제국주의에 맞서는 동아시아의 민족운동과 적대적인 관계를 맺어" 감을 지적한다. 또한 이것을 "'탈아' 노선의 현대판"(197쪽)으로 규정한 뒤, 일본이 아시아 민족운동의 적대자가 된 1950년대에 후쿠자와의 '탈아론'이 '재발견'됨으로써 비판의 대상으로 채택되었다는 사실을 지적하고 있다(197~198쪽). 또한 '탈아'뿐만 아니라 또 다른 측면으로서의 '흥아'의 측면이 '개발주의·근대화론'으로서 미국과의 협력관계하에서 전개되었다는 점도 분명히 하고 있다.

"전후 일본의 존재방식은 이러한 '탈아' 노선의 일면만으로는 파악할 수 없습니다. [이 시기의 일본에서는] 오히려 아시아의 개발·발전에 관여하면서 아시아/일본의 관계를 돈독히 하고 일본 자본주의가 재진출해 나가는 노선이 착실히 진행되고 있었습니다."(199쪽) "1960년대에는 일본의 '근대화'를 모델로 동아시아·동남아시아의 개발독재정권과의 경제협력이 실시되었는데, 개발주의·근대화론이 침투되어 갈 때 이전의 '식민지적 개발'이 탈바꿈하여 재생되고 있었습니다. 그곳에서는 개발·발전의 수익자와의 '협력' 시스템이 구축됨과 동시에, 각 지역 주민의 생활 기반을 해체하고 자연 환경을 파괴하여 '개발 난민'을 낳습니다. 이는 독립된 국가와의 '국제협력'이면서, 또 한편에서는 '식민지적 개발'이라는 사태를 가져오게 되었습니다."(201~202쪽)

이 지적은 전시/전후를 가로지르는 문제성을 단적으로 드러내 주는 응축된 표현으로서 중요한 문제를 내포하고 있다. 다만 동북아시아를 무대로 한 그 '관련'이 논의된 '아시아/일본'의 담론 공간을 돌연히 동남아시아로 연장하는 것에는 다소 무리가 있지는 않을까라는 생각도 해본다. 본문에서는 '대동아공영권' 아래에서의 아시아론 그리고 '개발'론에 관해서는 거의 논의가 이루어지지 않고 있으며 "'제국 일본'을 대두한 아시아의 '맹주'로서 자기충족적으로 묘사하는 담론"(190쪽)에 지나지 않는다고 한다면, 전쟁 이후 유효한 '개발' 이론으로 등장하는 것에 대한 의미도 이해하기 어렵다. 지면 형편상의 이유도 있었을 것으로 짐작하나 이 장면에서 또 하나의 전시기로서 동남아시아 방책까지 시야에 넣은 고찰도 필요하지 않았을까 하는 아쉬움도 남겨 본다.

또한 이와 관련해서 전간기부터 전시기에 걸쳐 식민지 '사회'문제가 두각을 나타낸다는 지적에 대해 부상·가시화된 '사회'가 특히 전시기에 어떠한 문제로 계승되었는가라는 점을 좀더 명확히 하지 않은 점은 유감스럽다. 1920년대에 '사회'라는 표현을 가지고 와 논의된 문제계가 1930~40년대에 '협동체' 등의 표현을 사용한 문제계로 이행할 때 이 장면에서 어떤 문제 구제(構制)의 변화가 일어났는가라는 점은 아마도 '식민지'와 '본국'을 잇는 정치사회 편성의 구상력 이행과 깊은 관련을 맺고 있을 것으로 이해된다. 이러한 장면에 '시스템 사회'와 식민지 제국을 잇는 열쇠가 있는 것은 아닐까?

'교통의 장'으로의, 기투로의, 권유

각설하고 요네타니 씨의 자극적인 이 책은 독자를 단순히 수동적인 '독자'의 위치에 안주함을 허락하지 않는다. 이 논의를 접하고 촉발된 후 새롭게 열린 '교통의 장'에 기투하며 나아가 스스로 '교통의 장'을 열고 나아가지 않으면 안 된다——바꿔 말하면 이러한 '교통의 장'으로의 참여의 가능성을 부여하고 있는 것이다.

"동아시아의 현실은 근현대의 제국주의·식민지주의, 그리고 냉전기의 분단이 낳은 다양한 마찰과 균열이 거듭 각인되어 온 장입니다. 이처럼 모순과 갈등으로 가득 찬 탈영역적인 교통의 장을 향해 주체를 스스로 해방시키는 일. 이것은 마찰과 균열을 은폐하는 것이 아니라, 그 모순·갈등에 보다 깊게 파고들면서 분단과 왜곡에 끈질기게 직면하는 일일 것입니다."(204쪽)

이는 '근대의 폭력'으로 인해 분열된 대립의 장에 놓인 우리가, 그럼에도 불구하고 이 폭력에 저항하고 또 다른 가능성을 열어가기 위한 협동의 희망을 잃지 않음으로써 지탱될 수 있을 것이다. 희망의 원리, 그것은 끊임없이 마주하는 가운데에서만 태어날 것이다.

『정황』(情況, 2007年 3·4月)의 『아시아/일본』 합평특집호 글 목록

특집 : '아시아'를 둘러싼 지(知). 요네타니 마사후미의 『아시아/일본』을 읽는다 (特集 : 'アジア'をめぐる知. 米谷匡史『アジア/日本』を読む)

―요네타니 마사후미·오사와 사토시 대담, 「사이에서 생각한다―『아시아/일본』을 둘러싼 대화」(米谷匡史·大澤聡, 「狭間で考える ―『アジア/日本』をめぐる対話」)

―조경달, 「일본/조선에 있어서 아시아주의의 상극」(趙景達, 「日本/朝鮮におけるアジア主義の相克」)

―우에무라 구니히로, 「동아시아의 '근대'를 둘러싸고」(植村邦彦, 「東アジアの'近代'をめぐって」)

―야카비 오사무, 「동아시아 근대사상사 서술을 위한 커다란 한 걸음」(屋嘉比収, 「東アジア近代思想史叙述のための大きな第一歩」)

―히라노 유키카즈, 「아시아의 연대를 말하는 것, 그 가능성에 대하여」(平野敬和, 「アジアの連帯を語ること, その可能性について―米谷匡史『アジア/日本』」)

―미치바 지카노부, 「'근대의 폭력', 그 궤적으로서의 사상사의 시도」(道場親信, 「'近代の暴力'の軌跡としての思想史の試み」)

―오사와 사토시, 「'집단적 지성'의 분석은 어떻게 요청되는가?」(大澤聡, 「'集団的知性'の分析はいかにして要請されるか ―米谷匡史インタビューの余白に」)

요네타니 마사후미 주요 저작 목록

:: 단행본

『아시아/일본』; 米谷匡史, 『アジア/日本』, 岩波書店·思考のフロンティア, 2006.

:: 편저

『와쓰지 데쓰로 인간 존재의 윤리학』; 米谷匡史 編, 『和辻哲郎 人間存在の倫理学』, 燈影舎·京都哲学撰書, 2000.

『오자키 호쓰미 시평집 ― 일중전쟁기의 동아시아』; 米谷匡史 編, 『尾崎秀実時評集 ― 日中戦争期の東アジア』, 平凡社·東洋文庫, 2004.

이와사키 미노루 공편, 『다니가와 셀렉션』(전2권); 米谷匡史·岩崎稔 編, 『谷川雁セレクション』(1卷. 工作者の論理と背理, 2卷. 原点の幻視者), 日本経済評論社, 2009.

이시이 도모아키·고바야시 히데오 공편, 『1930년대의 아시아 사회론 ― '동아협동체'론을 중심으로 한 담론 공간의 제상』; 米谷匡史·石井知章·小林英夫 編, 『一九三〇年代のアジア社会論 ― '東亜協同体'論を中心とする言説空間の諸相』, 社会評論社, 2010.

:: 논문(잡지 게재, 공저 기고)

「상징천황제의 사상사적 고찰」; 米谷匡史, 「象徴天皇制の思想史的考察」, 『情況』, 1990年 12月号.

「와쓰지 데쓰로와 15년전쟁기의 일본―'근대의 초극'의 일국면」; 米谷匡史, 「和辻哲郎と十五年戦争期の日本―'近代の超克'の一局面」, 『情況』, 1992年 9月号.

「미키 철학과 맑스―내재론으로부터의 초출」; 「三木哲学とマルクス―内在論からの超出」, 『現代思想』, 1993年 1月号.

「『일본서기』 「신대」 제1단의 구성―'갈대의 어린 싹'과 같은 '일물'을 둘러싸고」; 「『日本書紀』 「神代」第一段の構成―'葦牙'のごとき'一物'をめぐって」, 神野志隆光 編, 『論集』 『日本書紀』 「神代」, 和泉書院, 1993.

「마루야마 마사오의 일본 비판」; 「丸山真男の日本批判」, 『現代思想』, 1994年 1月号.

「와쓰지 데쓰로와 천황제의 새로운 신화화―『일본 고대문화』의 개고를 둘러싸고」; 「和辻哲郎と天皇制の新たな神話化―『日本古代文化』の改稿をめぐって」, 『国文学』, 1994年 5月号.

「와쓰지 데쓰로와 왕권신화의 재해석―『존황사상과 그 전통』을 둘러싸고」; 「和辻哲郎と王権神話の再解釈―『尊皇思想とその伝統』をめぐって」, 『国語と国文学』, 1994年 11月号.

「'세계사의 철학'의 귀결―전중에서 전후로」; 「'世界史の哲学'の帰結―戦中から戦後へ」, 『現代思想』, 1995年 1月号.

「율령국가의 왕권신화―『고사기』와 『일본서기』에서의 '국'과 '천하'」; 「律令国家の王権神話―『古事記』 『日本書紀』の'国'と'天下'」, 義江彰夫・平川南・神野志隆光 編, 『情況・別冊 日本の古代をひらく』, 情況出版, 1996.

「마루야마 마사오와 전후 일본―전후 민주주의의 '시작'을 둘러싸고」(강연); 「丸山真男と戦後日本―戦後民主主義の'始まり'をめぐって」, 『情況』, 1997年 1・2月 合併号.

「전시기 일본의 사회사상―현대화와 전시 변혁」; 「戦時期日本の社会思想―現代化と戦時変革」, 『思想』, 1997年 12月号.

「미키 기요시의 '세계사의 철학'―일중전쟁과 '세계'」; 「三木清の'世界史の哲学'―日中戦争と'世界'」, 『批評空間』 2期 19号, 1998. 10.

「일본 맑스주의와 식민지주의」(강연), 이광괭 옮김, 『진보평론』 8호, 2001. 6 ; 「マルクス主義の世界性とコロニアリズム」, 『情況』, 2000年 3月号.

「고대 동아시아 세계와 천황신화」; 「古代東アジア世界と天皇神話」, 『日本の歴史 8. 古代天皇制を考える』, 講談社, 2001(講談社学芸文庫, 2009).

「쓰다 소우키치와 와쓰지 데쓰로의 천황론―상징천황제론」;「津田左右吉・和辻
哲郎の天皇論―象徴天皇制論」,『岩波講座: 天皇と王権を考える 1. 人類社会の中
の天皇と王権』, 岩波書店, 2002.

「일중전쟁기의 천황제―'동아신질서'론·신체제운동과 천황제」;「日中戦争期の
天皇制―'東亜新秩序'論・新体制運動と天皇制」,『岩波講座: 近代日本の文化史 7.
総力戦下の知と制度』, 岩波書店, 2002.

「야나이하라 다다오의 '식민·사회정책'론―식민지제국 일본에 있어서 '사회'통
치의 문제」;「矢内原忠雄の'植民・社会政策'論―植民地帝国日本における'社会'
統治の問題」,『思想』, 2003年 1月号.

「전간기 지식인의 제국개조론」;「戦間期知識人の帝国改造論」,『日本史講座 9. 近
代の転換』, 東京大学出版会, 2005.

「식민지/제국의 '세계사의 철학'」;「植民地/帝国の'世界史の哲学'」,『日本思想史
学』 37号, 2005.

「포스트 동아시아, 새로운 연대의 조건」, 조기은 옮김,『반일과 동아시아』, 소명
출판, 2005 ;「ポスト'東アジア': 新たな連帯の条件」,『ポスト'東アジア'』, 作品社,
2006.

「오자키 호쓰미의 '동아협동체' 비판―일중전쟁기의 '사회' 문제」;「尾崎秀実
の'東亜協同体'批判―日中戦争期の'社会'問題」,『一九三〇年代のアジア社会
論―'東亜協同体'論を中心とする言説空間の諸相』, 社会評論社, 2010.

:: 그 외 공저

와쓰지 데쓰로,『와쓰지 데쓰로 전집』별권 1·2 ; 和辻哲郎,『和辻哲郎全集』別巻 1·
2, 岩波書店, 1992.

정황출판편집부 편,『마루야마 마사오를 읽는다』; 情況出版編集部 編,『丸山真男・
を読む』, 情況出版, 1997.

정황출판편집부 편,『내셔널리즘을 읽는다』; 情況出版編集部 編,『ナショナリズム
を読む』, 情況出版, 1998.

구리하라 유키오 편,『리비전 제2집. 초극과 저항』; 栗原幸夫 編,『レヴィジオン 第
2輯. 超克と抵抗』, 社会評論社, 1999.

고노시 다카미쓰 편, 『고사기의 현재』; 神野志隆光 編, 『古事記の現在』, 笠間書院, 1999.

나가이 히토시 외, 『사전·철학의 나무』; 永井均 等, 『事典·哲学の木』, 講談社, 2002.

다카하시 데쓰야 편, 『'역사인식' 논쟁』; 高橋哲哉 編, 『'歴史認識'論争』, 作品社, 2002.

이치노카와 야스다카·고모리 요이치·모리나카 다카아키·요네타니 마사후미, 『변성하는 사고―글로벌 파시즘에 저항하며』; 市野川容孝·小森陽一·守中高明·米谷匡史, 『変成する思考―グローバル·ファシズムに抗して』, 岩波書店·思考のフロンティア, 2005.

요네타니 마사후미 외, 『마루야마 마사오: 사후 10년, 민주주의의 '신화'를 넘어서』; 米谷匡史 等, 『丸山眞男: 没後10年, 民主主義の'神話'を越えて』, 河出書房新社, 2006.

니시타니 오사무·나카자토 이사오 편, 『오키나와/폭력론』; 西谷修·仲里効 編, 『沖縄/暴力論』, 未来社, 2008.

이치노카와 야스다카·고모리 요이치 편, 『붕괴하는 세계와 시대의 과제』; 市野川容孝·小森陽一 編, 『壊れゆく世界と時代の課題』, 岩波書店·思考のフロンティア, 2009.

요네타니 마사후미 외, 『다니가와 간―시인사상가, 부활』; 米谷匡史 等, 『谷川雁―詩人思想家, 復活』, 河出書房新社·道の手帖, 2009.

찾아보기